ANOREXIE, BOULIMIE, POURQUOI ?

Troubles de la nutrition et relation père-fille : faim du père, soif de contact

Margo Maine

Le Souffle d'Or
BP 3
05300 BARRET-LE-BAS

Titre original : Father Hunger : Fathers, Daughters & Food
Edité aux Etats-Unis par :
Gürze Books, P.O. Box 2238, Carlsbad, CA 92018

Traduction : Véronique MASSIN, avec la collaboration de Marianne COULIN
Couverture : Illustration : François CERMINARO
Maquette : AIR DESIGN / GRENOBLE
Mise en page : Véronique MASSIN
Impression et façonnage : BCI / St-Amand-Montrond

Dépôt légal : mai 1995
ISBN 2 840 58045 4

Le Souffle d'Or
BP 3 - 05300 BARRET-LE-BAS

SOMMAIRE

Troisième partie : COMMENT ABOLIR LA FAIM DU PÈRE

ANNEXES

REMERCIEMENTS

J'ai la chance de faire partie de ces rares femmes qui n'ont pas eu à passer par l'expérience de la faim du père. Le mien était disponible, présent et affectueux. Il m'invitait à partager son monde, mais savait aussi s'investir dans le mien et dans la vie de la famille — façon d'être que ma mère a d'ailleurs toujours soutenue et encouragée. Je les remercie tous deux, et dédie ce livre à la mémoire de mon père.

Je remercie également mon mari pour la patience et la compréhension infinie dont il a su faire preuve quand ce projet a commencé à prendre le pas sur notre vie quotidienne. Son soutien permanent a joué un rôle essentiel qui m'a aidée à mener mon travail à bien. J'ai également beaucoup apprécié les encouragements de ma famille, de mes amis et de mes collègues, ainsi que leur compréhension et leur tolérance lorsque j'étais préoccupée ou indisponible.

Merci aussi à Marianna Nelson, coordinatrice de recherches à l'hôpital pour enfants de Newington, pour sa très précieuse collaboration. Son aide au niveau de l'écriture et sa compréhension des concepts que je souhaitais faire passer dans ce livre m'ont été d'une aide inestimable. Jamais je n'aurais pu mettre le point final sans son soutien, ses conseils et son intuition d'écrivain.

Avoir eu l'occasion de collaborer avec les éditions Gürze a également été un grand cadeau pour moi. J'ai profondément apprécié la contribution de Lindsey Hall et de Leigh Cohn, que ce soit au niveau conceptuel ou au niveau des multiples mises en formes éditoriales. Je les remercie de s'être ainsi engagés afin de permettre au grand public de mieux connaître les troubles de la nutrition, et je les remercie aussi pour leur persévérance et leurs encouragements tout au long du chemin qui vit mes notions brutes sur la faim du père se transformer peu à peu en une théorie sensée et compréhensible.

Je remercie enfin les jeunes femmes qui m'ont laissée pénétrer dans leurs vies ainsi que leurs familles. J'ai beaucoup appris d'elles. J'espère que ce livre contribuera à votre guérison.

PRÉFACE

Dr Craig Johnson

Comprendre ce qui pousse certaines personnes à aller jusqu'à mettre leur vie en danger en suivant des régimes de famine ou en se livrant à des purges pour être minces, constitue depuis plus de deux siècles un défi pour les cliniciens. Les théories étiologiques en la matière vont de la possession démoniaque au déséquilibre neurochimique. L'augmentation des cas d'anorexie mentale et de boulimie au cours des deux dernières décennies a suscité un essor soudain de la recherche sur les causes de ces troubles de la nutrition. Les résultats nous ont permis de mieux comprendre pourquoi certains individus développent une obsession vis-à-vis de la nourriture, de leur poids et de leur corps.

Des similarités démographiques frappantes ont été mises en évidence au sein des groupes étudiés. Ainsi, parmi les personnes sujettes à ces troubles alimentaires, neuf sur dix sont des femmes et dans quatre-vingt-dix pour cent des cas les problèmes se manifestent entre la quinzième et trentième année. En général, la plupart des femmes concernées sont célibataires, de race blanche, ont fait des études supérieures et sont issues de familles intactes, d'une classe sociale moyenne à supérieure. Il est important de noter que la fréquence des cas d'anorexie mentale et de boulimie est directement liée au degré d'occidentalisation du pays concerné. Ces troubles sont par exemple aussi répandus à Tokyo qu'aux Etats-Unis, mais pratiquement inexistants dans le Japon rural où le degré d'occidentalisation est moindre. Par ailleurs, le fait qu'ils n'existent quasiment pas dans les groupes socio-économiques les plus défavorisés, porte à croire qu'ils sont fortement liés à des facteurs socio-culturels et qu'il s'agit avant tout de syndromes culturels.

Plusieurs auteurs, parmi lesquels Margo Maine, ont ainsi cherché à savoir si les changements récemment survenus dans la culture occidentale pouvaient se trouver à l'origine de l'augmentation des troubles alimentaires et des préoccupations pondérales des jeunes femmes. Ils ont en particulier avancé l'argument selon lequel vers le milieu des années soixante, la mode de la minceur ayant été fortement idéalisée, les jeunes femmes ont essayé de perdre du poids à tout prix : restrictions draconiennes des calories, exercices physiques à outrance, purges par vomissements volontaires, abus de laxatifs et de diurétiques... course à la minceur qui allait parfois jusqu'à engendrer de véritables troubles psychiatriques. Mais si la théorie socioculturelle peut effectivement permettre d'expliquer cette augmentation rapide des cas d'anorexie et de boulimie, elle n'explique pas pourquoi seulement quelques jeunes femmes (environ deux sur cent) sont amenées à souffrir de troubles cliniques plus importants.

Comment se fait-il que dans un même contexte culturel, certaines jeunes femmes développent des troubles de la nutrition extrêmes ? La question reste posée. Les théoriciens privilégiant une approche biologique tentent de démontrer qu'à long terme, les restrictions caloriques, le maintien d'un poids trop en dessous de la normale ou les crises de boulimie suivies de vomissements génèrent des transformations biologiques qui entretiennent un grand nombre de ces symptômes. Les théoriciens privilégiant une approche psychologique émettent quant à eux l'hypothèse que les personnes les plus susceptibles de développer des problèmes en rapport avec la nourriture et l'image du corps, sont celles qui ont vécu une profonde déception dans leurs relations avec leurs proches. Elles essayeraient alors de combler leurs besoins en se tournant vers des substituts comme la nourriture, la drogue ou l'alcool.

C'est sur la “déception relationnelle” que Margo Maine mettra l'accent dans son livre. Jusqu'à aujourd'hui, ce sujet a pratiquement toujours été abordé dans la perspective des problèmes liés aux relations mère-enfant, générant hélas chez bon nombre de mères le sentiment qu'elles étaient seules responsables des problèmes de leurs filles. En insistant sur l'importance du rôle du père dans le développement émotionnel des filles, Margo Maine propose une approche originale et porteuse d'espoir.

Afin de décrire ce désir naturel que les enfants éprouvent pour leur père — et qui, s'il n'est pas satisfait, risque d'engendrer de nombreux problèmes — Margo Maine parle de la "faim du père". Elle montre comment certains facteurs socioculturels et certains comportements transmis depuis des générations ont amené les pères à se détacher de leur famille, aussi bien au niveau physique qu'au niveau émotionnel, et analyse les conséquences de cette distanciation dans le développement de la sexualité, de l'image du corps, de l'estime de soi et de l'identité des adolescentes.

Tout au long de son livre, Margo Maine a su exprimer des théories psychologiques élaborées et complexes dans un langage compréhensible par tous. Loin de s'acharner sur les pères, elle cherche plutôt à proposer une explication impartiale des différences entre le développement psychologique des femmes et celui des hommes, et à montrer pourquoi les hommes ont du mal à exprimer leurs émotions et à s'occuper de leurs enfants.

On trouvera ainsi dans cet ouvrage des suggestions précises pour aider à réparer la relation père-fille. Margo Maine s'adresse directement aux pères, indiquant ce qu'ils doivent changer en eux tout en soulignant ce que les mères peuvent faire pour faciliter ces changements. Mais elle invite également les filles à s'efforcer d'améliorer leur relation avec leur père, cette relation faisant partie intégrante du processus de guérison. Les conseils de Margo Maine sont avisés, stimulants et à la portée de tous les membres de la famille.

Je crois que le succès d'un livre tient souvent à ce qu'il délivre la bonne information au bon moment. Or l'époque est indiscutablement propice à un ouvrage soulignant l'importance des pères dans la vie des filles. Puisque le père devrait représenter la moitié de notre expérience dans notre relation avec nos parents et être au moins l'un des hommes les plus importants de la vie d'une femme, il est alarmant que des livres comme celui-ci n'apparaissent que maintenant.

Ce livre propose en outre des informations solides. Margo Maine a effectué un travail remarquable, intégrant des événements socioculturels et des données sur le développement et sur la théorie des systèmes pour aboutir à une explication détaillée et intelligible montrant comment la détérioration de la relation père-fille peut augmenter la susceptibilité des jeunes femmes à développer des problèmes liés à la nourriture. Ce livre me paraît fort utile et je suis certain qu'il rendra service aux patients, à leurs familles et aux professionnels.

Le docteur Craig Johnson, auteur de *The Etiology and Treatment of Bulimia Nervosa* et de *Psychodynamic Treatment of Anorexia Nervosa and Bulimia*, est une autorité mondialement connue dans le domaine des troubles de la nutrition.

INTRODUCTION

C'est en 1980, peu après avoir commencé à m'occuper de jeunes souffrant de troubles alimentaires, que je décidai de me spécialiser dans ce domaine. La complexité des interactions entre le mental, le corps et l'âme me déconcertait tout en m'incitant à en savoir plus, et je n'ignorais pas non plus que j'avais beaucoup à apprendre pour devenir une bonne thérapeute. A l'époque, bon nombre de mes mentors et collègues me mirent en garde contre le risque de limiter mon champ d'intervention si tôt dans ma carrière, persuadés que l'engouement pour les troubles alimentaires ne durerait pas plus de quelques années. De mon côté, j'avais plutôt la nette intuition qu'en réaction aux diktats culturels irréalistes et négatifs de beauté, de perfection, de régime alimentaire et d'expression des sentiments, de plus en plus de personnes allaient connaître des problèmes en rapport avec la nourriture et l'image du corps. Je ne me trompais malheureusement pas : en l'espace de deux ans, nous vîmes à l'hôpital où je travaillais un si grand nombre d'enfants et d'adolescents sujets à des troubles alimentaires, qu'en 1983 un programme interdisciplinaire officiel fut mis en place pour offrir un service interne et externe apte à répondre de façon personnalisée aux besoins de ces patients et de leurs familles.

Mon travail clinique m'a mise en contact avec des milliers de personnes dont la vie avait été affectée par des problèmes liés à la nourriture tels l'anorexie mentale, la boulimie, une alimentation compulsive, des régimes yo-yo, une mauvaise image du corps, l'obsession du poids... Ces personnes provenaient de différents contextes culturels et socio-économiques et leurs histoires familiales étaient variées ; on trouvait aussi bien des grands-parents que des nourrissons, et la gravité de la maladie était variable. J'ai ainsi constaté que les filles grandissaient souvent en haïssant leur corps, souffrance qu'elles exprimaient, avec d'autres, dans leur rapport à la nourriture. Sous-alimentation, régimes à répétition, suralimentation, alimentation compulsive, abus d'exercices physiques, troubles alimentaires et problèmes de santé liés à la malnutrition découlent souvent de cette souffrance, tout comme les difficultés sexuelles, relationnelles et une mauvaise estime de soi. Il nous faut vite renverser cette tendance. Trop de personnes souffrent.

La plus grande leçon, peut-être, que j'ai tirée de cette expérience a été d'apprendre à écouter mes patientes et de constater qu'elles détiennent souvent elles-mêmes la solution de leur problème. En les écoutant attentivement, j'ai également découvert que le développement et la guérison des problèmes liés à l'alimentation ne concernent pas uniquement les femmes, ou la relation mère-fille, ainsi que la littérature le laisse supposer. Le père joue un rôle crucial.

J'aimerais partager avec vous la façon dont j'ai fait cette découverte. A l'époque où je fis mes débuts dans ce domaine, je consacrais quelques heures par soir à la lecture de revues cliniques et des derniers rapports de la recherche. Je pensais apprendre beaucoup de cette façon, jusqu'au jour où une expérience particulièrement intense m'amena à revoir toute ma conception de thérapeute.

J'étais assise dans la chambre de Barbara, une jeune patiente de 15 ans qui venait juste d'être admise à l'hôpital et que je rencontrais pour la première fois. En traitement externe pour anorexie depuis un an, elle avait récemment commencé à manifester également des symptômes de boulimie. C'était une belle jeune fille, timide et émaciée. Je lui posai quelques questions et elle se mit peu à peu à me parler d'elle, de sa famille, de son sentiment de désespoir et du mariage de ses parents. Tandis qu'elle me parlait de son sentiment vis-à-vis de son père, je compris tout à coup que j'étais en train d'interpréter ses paroles en fonction des théories que j'avais lues la veille ! Ce fut un moment intuitif très puissant qui joua aussi un rôle décisif dans ma carrière de thérapeute. Je compris que je pourrais aider mes patientes bien davantage si je cessais d'interpréter leurs paroles par le filtre d'un cadre théorique. Il me fallait arrêter de vouloir ressembler à tous ces théoriciens que j'avais lus, et m'en remettre entièrement à ma capacité à aider des patientes comme Barbara, ainsi qu'à leur propre capacité à s'aider.

Il se trouve que j'eus cette révélation au moment même où Barbara était en train de me parler de son père. Or mes lectures portaient pour la plupart sur les mères, accordant une importance minime au rôle du père, tant au niveau des causes qu'à celui du traitement des troubles de la nutrition. Etant donné le rôle que mon propre père avait joué dans ma vie, ce déséquilibre me dérangeait. Le fait que je me sois orientée vers un métier où je pouvais aider les autres était fortement lié à notre étroite relation, à travers laquelle j'avais pu sentir son influence, ses valeurs, son amour et son respect pour moi. Alors que j'écoutais Barbara, des images très claires de mon propre père surgirent dans mon esprit.

Je me demandai ce qu'aurait été ma vie si j'avais eu un père différent. J'avais du mal à m'imaginer grandir sans son soutien, sans l'intérêt qu'il me portait, sans cette façon qu'il avait de m'assurer de ma valeur, sans son désir de passer du temps avec moi. Je me souvins de toutes les lettres qu'il m'avait écrites lors de ce premier semestre d'université où j'avais tant souffert d'être loin de la maison. D'autres souvenirs firent également surface, et je compris immédiatement combien l'expérience de Barbara et la mienne étaient différentes : nos pères étaient si différents...

Je me trouvais tout à coup en territoire inconnu. Mon expérience n'avait pas grand-chose à voir avec celle de cette jeune femme. Je ne m'étais jamais sentie privée de l'amour de mon père et je n'avais jamais été en manque de lui comme elle avait pu l'être du sien. Me référer à la littérature clinique ne servait à rien. La description que Barbara donnait de son père ne correspondait pas à celle que les théories donnaient des pères de filles souffrant de troubles de la nutrition. Il n'était ni indifférent, ni inattentif. Il se sentait au contraire profondément concerné par sa famille, mais était totalement inepte dans son rôle de père. Le jour où je le rencontrai, je découvris un homme prêt à tout pour aider sa fille, mais qui n'avait pas la moindre idée de ce dont elle avait besoin. Tout ce qu'il savait faire, c'était lui acheter des cadeaux en espérant que cela lui rendrait le bonheur. On ne lui avait jamais montré comment donner de lui-même. Mais heureusement pour Barbara, il était prêt à apprendre. Une thérapie familiale lui permit de mieux exprimer ses émotions et de s'impliquer de façon plus active dans la vie de sa fille. Ces changements aidèrent Barbara à guérir.

Des années plus tard, je pense toujours à cette première heure de thérapie avec Barbara, décrivant son besoin d'une relation affective avec son père. Elle croyait qu'avec un corps différent elle lui plairait davantage ; alors elle se mettait au régime, maigrissait, faisait du sport à outrance et se purgeait, masquant ainsi sa douleur et son vide intérieur.

Mon travail avec Barbara et avec d'autres personnes atteintes de troubles alimentaires m'a aidée à comprendre à quel point les filles ont besoin de l'aide de leur père pour devenir des jeunes femmes positives, fortes, sûres d'elles et capables de bien gérer leurs relations à autrui. Quand les pères ne s'impliquent pas, sont absents ou trop faibles, leurs filles passent par la même expérience que Barbara : une faim profonde et insatiable du père.

Au fil des ans, j'ai découvert que cette faim du père ne concernait pas uniquement les adolescentes et qu'elle pouvait également se traduire par autre chose qu'un trouble alimentaire. Filles et garçons grandissent tout pareillement avec ce profond désir d'un père, mais il y a peu de temps que l'on s'intéresse d'aussi près au sujet. De par les rôles que notre culture a attribués aux hommes et aux femmes, la faim du père est devenue une expérience quasi universelle dans nos sociétés occidentales et s'exprime par maints comportements autodestructeurs.

Il est temps de faire le point sur le rôle positif et crucial que les pères jouent pour leurs filles au moment où celles-ci commencent à forger leur identité et leur estime de soi. Il n'existe pas de substitut à l'amour d'un père. Et il n'y a probablement rien de pire que d'en être privé ou d'en douter.

La première partie de ce livre s'intéresse aux origines de la faim du père. Elle décrit l'influence qu'a exercé notre culture sur le fonctionnement de la famille en perpétuant des mythes qui donnent au père un rôle secondaire, notamment dans l'éducation des filles. Cette partie s'attache aussi au dilemme auquel sont confrontées les jeunes filles dans leur lutte pour répondre aux attentes imprécises et conflictuelles issues de la rapide évolution des rôles des deux sexes durant la deuxième moitié du XXème siècle.

La deuxième partie montre comment une faim du père particulièrement dévastatrice peut pousser certaines jeunes femmes à entrer en guerre contre leur corps pour faire face à leur vide intérieur. On continuera d'y découvrir comment un père peu présent peut représenter une perte pour toute la famille. La faim du père y est décrite au moyen de présentations de cas et de témoignages.

Dans la dernière partie, j'ai essayé de voir comment nous pouvions modifier nos rôles et changer les mythes, afin qu'hommes et femmes puissent partager le pouvoir et les responsabilités de façon plus équitable et mieux travailler ensemble, à l'intérieur de la famille comme dans le monde. Il y a un chapitre adressé aux pères, un aux mères et un aux filles. Le dernier chapitre s'intéresse à ce que chacun de nous pourrait faire afin d'offrir un rôle plus positif aux pères et prévenir les problèmes liés à l'alimentation et à l'image du corps qui affectent tant de jeunes. Les annexes proposent quelques suggestions spécifiques s'adressant aux divers professionnels susceptibles d'avoir une influence sur la vie de ces jeunes et de leurs familles.

J'ai essayé d'inciter les lecteurs à réfléchir à leur relation avec leur père. En avançant, peut-être vous découvrirez-vous d'anciennes cicatrices ou des blessures encore ouvertes. Observez-les bien : elles vous offrent une chance de guérison. Quand vous aurez terminé ce livre, j'espère que vous aurez découvert des moyens pour améliorer les relations entre les hommes et les femmes et celles des pères avec leur famille. Imaginez des enfants qui se sentiraient aimés et en sécurité dans leur relation à leur père. Imaginez des hommes à l'aise avec leurs émotions et capables de les exprimer, des pères disponibles qui auraient plus de temps et plus d'énergie à consacrer à leur famille, des hommes qui auraient besoin d'autrui. Imaginez que les pères soient plus que les simples pourvoyeurs et protecteurs de la famille. Imaginez des hommes et des femmes capables de partager les responsabilités à la maison comme au travail. Imaginez la fin de la faim du père.

Première partie

LES ORIGINES DE LA FAIM DU PÈRE

1

FAIM DU PÈRE ET SOIF D'ÊTRE MINCE

La *faim du père* est ce désir profond et persistant d'un lien émotionnel avec le père que connaissent tous les enfants. Quand ce besoin légitime est satisfait, les enfants ont suffisamment confiance en eux pour grandir avec le sentiment qu'ils sont en sécurité, forts et “à la hauteur”. Mais souvent, ce désir n'est pas reconnu et l'enfant ressent de plus en plus profondément ce besoin et l'aspiration de le satisfaire. Il en résulte un manque de confiance en soi, de la souffrance, de l'anxiété, de la dépression, mais aussi des difficultés d'apprentissage et des troubles du comportement. Nous emploierons ici l'expression “faim du père” pour parler de ce besoin inassouvi d'une relation avec le père, besoin qui, chez les jeunes filles et les femmes, se traduit souvent par des conflits liés à l'alimentation et au poids.

S'ils n'ont pas trouvé un moyen d'accepter ce sentiment de perte ou de mettre en place un autre type de relation avec leur père, les adultes peuvent eux aussi continuer à ressentir ce manque, le perpétuant dans leurs nouvelles relations : la faim du père s'intègre ainsi à leur rôle d'époux, d'épouse et de parent. Bien qu'elle soit rarement identifiée et que l'on en parle peu, la faim du père devient alors une expérience partagée, transmise de génération en génération, et malheureusement acceptée comme un sous-produit naturel et normal de la culture occidentale. Ainsi notre société s'est-elle organisée autour d'hypothèses et de pratiques qui amènent la plupart des enfants à grandir sans vraiment connaître leur père.

Malgré la souffrance qu'elle cause, nous nous sommes adaptés à cette faim du père. L'évolution des rôles sociaux impartis à l'homme et à la femme — c'est-à-dire la structure familiale elle-même — a d'ailleurs plutôt favorisé cet état de fait que cherché à le combattre. Les diktats culturels et les mythes ont ainsi limité le rôle de l'homme, véhiculant la notion que les mères étaient importantes et les pères superflus. Ce qui a fini par créer un manque pour tous les membres de la famille : les enfants sont obligés de se contenter d'une relation minimale avec leur père, les mères doivent prendre en charge la majorité des soins courants, et les hommes se sentent mal à l'aise et incapables d'assumer leurs rôles domestiques.

Le cycle de la faim du père se transmet d'une génération à l'autre. La façon dont nous traitons les hommes et les attentes que nous avons à leur égard contribuent largement à ce schéma. On oblige très tôt les garçons à se détacher, à s'isoler et à ne pas exprimer leurs sentiments. On les encourage à agir mais pas à ressentir. Et quand ils sont à leur tour parent, leur rôle de père nécessite plus d'intimité qu'ils ne sont capables d'en donner. C'est ainsi que, génération après génération, les adolescents entrent dans l'âge adulte avec un intense besoin d'une relation avec leur père, mais inconscients de ce schéma dysfonctionnel et incapables d'y mettre fin.

Si la faim du père pose particulièrement problème aux filles, c'est parce qu'on les a très tôt poussées à voir les relations comme une priorité. Comme elles valorisent les contacts affectifs étroits, elles sont très perturbées par cette distanciation de leur père. Elles recherchent un contact avec lui, mais leur désir génère en elles une grande confusion. En réaction à ce conflit, de plus en plus de jeunes femmes se mettent au régime et font une fixation sur leur poids afin de se conformer aux normes culturelles, espérant gagner ainsi l'approbation de leur père.

Ce livre montre que la faim du père concerne aussi bien les pères que les filles. Il montre aussi comment elle débouche sur un raisonnement du type « Si seulement j'étais mince » et conduit les femmes, obsédées par la nourriture et l'image de leur corps, à rejeter leurs besoins physiques et psychologiques. Heureusement, le fait que ces concepts soient reconnus nous aidera à ouvrir de nouvelles voies afin qu'hommes et femmes puissent se retrouver et mieux maîtriser l'apparition et les conséquences de la faim du père.

LE PIÈGE DU « SI SEULEMENT »

Les personnes qui adoptent un raisonnement du type « Si seulement j'étais mince » essayent de fuir une souffrance. Paradoxalement, chez mes patientes atteintes de troubles alimentaires — alimentation compulsive, régimes chroniques, abus d'exercices physiques — et chez les personnes obsédées par le poids, les problèmes que je rencontre n'ont en fait pas grand-chose à voir avec le poids et l'alimentation. Ceux-ci ne sont que des symptômes : les problèmes sous-jacents ont toujours leurs racines dans une relation ancienne et douloureuse. Pour beaucoup, le père représente de façon marquée une source de malaise et de frustration. Les patientes racontent combien elles souhaitaient plaire à leur père et ne se sentaient jamais “à la hauteur”, décrivent comment elles utilisaient leur corps pour obtenir son affection ou son approbation, ou comment le fait de manger trop ou trop peu les aide aujourd'hui à vivre avec leur tristesse. Ces femmes ont trouvé une solution apparemment simple à la souffrance causée par la rupture de leur relation avec leur père. « Si seulement j'étais mince », « Si seulement je pouvais arrêter de manger »... sont leurs leitmotiv désespérés.

Dans notre culture, la minceur est mise en avant comme la solution au problème de la faim du père et à beaucoup d'autres problèmes. Les médias nous bombardent de messages où un corps mince et parfait est associé à la richesse, au succès, au statut social et au bonheur. Un tel environnement nous incite à croire que les mensurations du corps constituent la réponse à nos problèmes interpersonnels et à nos émotions négatives. Ces fantasmes artificiels et séducteurs sont partout : dans la rue, à la radio, à la télévision, au cinéma ; dans les livres, les magazines et la publicité. Leur présence permanente contribue à perpétuer le piège du « Si seulement », déformant notre pensée et nos attentes.

Nous exprimons souvent nos désirs avec des « Si seulement ». Nous aimons les explications simples. Attribuer une cause et un effet aux situations difficiles nous aide à donner un sens à la vie et à mettre de l'ordre dans une existence souvent confuse. Croire qu'en faisant une certaine chose nous pourrons en changer une autre nous donne le sentiment d'être maître à bord. Une jeune femme peut ainsi se dire : « Si je maigris, papa me respectera et sera fier de moi. » Manipuler son alimentation et son poids lui semble un traitement socialement acceptable pour guérir sa faim du père.

Nous ne devons pas oublier que le raisonnement du « Si seulement » est un langage que les enfants comprennent particulièrement bien. En effet, avant d'atteindre le stade de développement cognitif dit des opérations formelles, les enfants pensent naturellement en termes concrets et utilisent des schémas de raisonnement fondés sur la relation linéaire « A est la cause de B », c'est-à-dire sur la logique du « Si seulement ». Ce n'est que plus tard que les enfants seront capables de conceptualiser les problèmes d'une façon plus complexe, en commençant à élaborer des concepts abstraits au lieu d'utiliser les seuls faits concrets pour trouver des solutions.

Les personnes souffrant de problèmes alimentaires peuvent être très intelligentes, mais dès qu'il s'agit de trouver une solution à leur tristesse ou à leur mauvaise estime de soi, leur raisonnement se bloque au stade concret du « Si seulement ». Elles sont incapables de distinguer la part culturelle qui intervient dans leur relation à leur corps ou dans leurs schémas d'interaction familiaux. La logique du « Si seulement » peut être confortable dans la mesure où elle constitue un retour à la simplicité de l'enfance, mais elle peut également être dangereuse...

L'importance accordée à la nourriture, au poids ou à la forme du corps, inhérente à une vision de la vie basée sur le raisonnement du « Si seulement j'étais mince », nous aide à éviter d'affronter la réalité. Elle simplifie, déforme et occulte les problèmes sous-jacents, et ce faisant entretient la souffrance et la tristesse liées au manque de contact affectif, notamment avec le père. Elle empêche aussi bien le père que la fille de faire face à leurs sentiments et à leurs problèmes dans le cadre du système familial. Cette logique du « Si seulement » fait du corps de la fille et de sa relation à la nourriture les seuls responsables de la faim du père. Elle renforce en la fille la croyance selon laquelle son père serait plus proche d'elle si elle mangeait moins et perdait du poids. Mais si la fille espère contrôler les choses en suivant son raisonnement jusqu'au bout, elle ignore que sa méthode ne tient pas compte des vrais besoins de son corps. Et elle passera des années à se détester pour ce qu'elle considère comme un manque de volonté et un corps honteux.

Les parents et les amis de jeunes filles souffrant de troubles alimentaires ont eux aussi leur propre lot de « Si seulement » : « Si seulement elle mangeait... » ; « Si seulement elle pouvait s'aimer... » Eux aussi doivent passer à un raisonnement autre que « A est la cause de B ». Que vous ayez des problèmes avec la nourriture ou que vous essayiez simplement d'aider quelqu'un, sachez que chaque fois que vous vous surprendrez en train de dire « Si seulement... », vous serez sur la mauvaise voie ; vous serez en train de simplifier et d'éviter les vrais problèmes.

Selon cette logique, chaque problème possède une seule cause et une seule solution. Mais la vie n'est pas si simple. Je n'ai entendu qu'une seule fois un « Si seulement » sensé. Ayant demandé à une jeune femme qui avait réussi à guérir de ses troubles alimentaires si elle pensait que l'on aurait pu éviter sa maladie, elle me répondit :

> « *Si seulement tout avait été différent dans ma vie et dans celle de mes parents, je pense que je n'aurais pas eu besoin d'être malade. Mais tout aurait dû être vraiment différent.* »

RELATIONS ET PROBLÈMES ALIMENTAIRES : LA THÉORIE DES SYSTÈMES

Nous savons maintenant pourquoi la bonne vieille logique du « A est la cause de B » et du « Si seulement » ne fonctionne pas. Pour comprendre les troubles alimentaires et la faim du père il nous faut une autre perspective. La théorie des systèmes, par exemple, permet d'expliquer le comportement humain d'une façon bien plus efficace. En résumé, elle suggère que « l'ensemble est plus grand que la somme de ses parties », principalement par suite des interactions entre ces parties.

Si l'on applique cette théorie aux familles, il devient évident que le comportement du père n'influence pas seulement la fille, mais que chaque membre de la famille influence les autres et que tous sont influencés par les systèmes appartenant à l'environnement immédiat du noyau familial. Parmi ces autres systèmes, on trouve les mythes et schémas élaborés et transmis par les générations précédentes, l'environnement social et ses attentes vis-à-vis des individus, ou encore les différents rôles culturels assignés à chaque membre de la famille et à chaque sexe.

En appliquant la théorie des systèmes à la faim du père, nous comprenons qu'il est inutile de continuer à reprocher aux pères leur absence et leur incapacité à prendre leurs filles en charge. Au lieu de cela, voyons plutôt comment notre culture en est arrivée à saper ce lien important entre des hommes et des femmes de différentes générations. Les réponses ne sont pas linéaires (comment le père influence-t-il sa fille), mais systémiques (comment les membres de la famille sont-ils en interaction les uns avec les autres et avec les influences externes).

Les spécialistes de cette approche savent très bien expliquer comment ces facteurs interagissent et de quelle façon naissent les différents schémas et problèmes familiaux. La famille est décrite comme un système cybernétique et dynamique, dont toutes les parties s'influencent les unes les autres par des interactions, interrelations et rétroactions. Ce système prend en compte la constitution physique, biochimique et psychologique de l'individu ; les blessures issues de sa petite enfance et de son vécu psychologique ; l'organisation et le fonctionnement de la famille ; les schémas familiaux transmis par les générations passées ; les traumatismes subis dans l'enfance et les pressions extra-familiales.

Dans un système, aucune partie n'exerce un contrôle unilatéral sur une autre partie. Mara Selvini Palazzoli, célèbre spécialiste italienne de la thérapie familiale, souligne que lorsqu'un membre d'une famille semble être à l'origine du comportement d'un autre membre de la famille, il s'agit en réalité de l'effet cumulé d'anciens schémas d'interaction dans l'ensemble de la famille. Les familles créent des « réponses comportementales fixes » dans lesquelles une personne apparaîtra comme la “méchante” ou semblera être à l'origine de tous les problèmes, alors qu'en réalité, l'ensemble du système contribue au schéma — celui-ci n'est pas le fait d'une seule personne.

Par exemple, à propos du rôle restreint du père au sein de la famille, Palazzoli déclare : « Le père soi-disant inefficace est le produit d'une coopération de tous les membres du système, et non un fait intrapsychique. » C'est exactement cela que me disent à leur façon ces femmes atteintes de troubles alimentaires, quand elles décrivent comment des tendances culturelles ou des schémas comportementaux hérités des générations passées ont cantonné leurs parents dans certains rôles. Dans de tels systèmes familiaux, la culture, la structure familiale et la répartition des rôles voulaient que le père occupe une place périphérique et exerce l'autorité. Le père ne choisissait pas d'être non-impliqué : son rôle était écrit bien avant qu'il ne le joue.

Les schémas hérités des générations passées et les facteurs de stress externes comprennent les traditions, les mythes, les croyances, les comportements d'habitude et les rôles tenus pour acquis par la famille. Bien que les mythes et les rôles offrent une structure familière, ils ne sont pas toujours adaptés à la génération suivante et engendrent stress et souffrance chez les individus de la génération présente. Les problèmes liés à l'image du corps et à la nourriture peuvent constituer des réponses logiques à ces conflits culturels et familiaux. La mise en application de la théorie des systèmes dans votre vie pourrait vous aider à dépasser le piège du « Si seulement » et à mieux gérer la faim du père.

LE PÈRE, ANTIDOTE POTENTIEL AU FANTASME DU « SI J'ÉTAIS MINCE »

La culture contribue de bien des façons — et elles sont souvent complexes — aux problèmes liés à la nourriture et au refus de son corps. Depuis l'aube des temps, les femmes ont été endoctrinées, incitées à se concentrer sur leur apparence et à la modifier pour plaire. Aujourd'hui, dans la culture occidentale, l'apparence compte énormément et la minceur est assimilée à la féminité et à la beauté. Par ailleurs, la technologie offre aux femmes de nombreuses manières d'atteindre le corps “parfait”. Or la plupart des spécialistes des troubles alimentaires considèrent ces pressions culturelles et technologiques comme l'une des principales raisons qui amènent les jeunes femmes à se mettre au régime et à devenir anorexiques et boulimiques.

Les pères peuvent être des médiateurs, c'est-à-dire amplifier ou amortir l'impact de ces diktats sociaux. Par exemple, si un père est d'accord avec le fantasme répandu selon lequel un corps parfait résout tous les problèmes, il contribue au développement d'un trouble alimentaire chez sa fille. Mais il peut aussi faire passer à sa fille d'autres messages sur la beauté, la valeur personnelle et l'image du corps, et contrebalancer ainsi ces puissantes influences culturelles. Les filles ont besoin d'un homme adulte pour corriger l'image que la société donne de la minceur, du charme et de la réussite. Aujourd'hui, même de très jeunes filles sont persuadées qu'on les aimerait davantage ou que leurs parents seraient plus fiers d'elles si elles étaient minces. Quand les pères ne leur font pas clairement sentir qu'elles sont acceptées et reconnues, les jeunes filles ont tendance à se focaliser sur leur apparence et sur leur poids, espérant ainsi gagner cette reconnaissance et cette attention.

Autre facteur culturel qui contribue à renforcer ces attitudes et à briser les relations père-fille : la tendance sociétale à des comportements sexuels chez les enfants et les adolescents. Depuis que les progrès de la contraception ont permis aux jeunes d'avoir des relations sexuelles sans risque de grossesse, notre société ne considère plus les relations sexuelles entre adolescents comme anormales ou inacceptables ; les médias traitent très tôt — bien trop tôt — les enfants comme des êtres sexuels ; la publicité n'hésite pas à faire paraître les petites filles plus vieilles qu'elles ne le sont ; et de plus en plus de produits initialement destinés à une clientèle adulte visent désormais une clientèle d'enfants. Aujourd'hui, les entreprises de cosmétiques commercialisent des produits de beauté destinés à des petites filles de neuf ou dix ans, simplement parce qu'elles ont de l'argent de poche à dépenser. Du coup, ces enfants ressentent le besoin de se rendre plus séduisantes, plus jolies ou plus sexy.

Beaucoup réagissent alors à ces messages en se préoccupant de leur apparence, par exemple en s'habillant d'une manière provoquante ou en imitant les adultes. Or cette manifestation prématurée de la sexualité dépasse les pères, les incitant à prendre leurs distances alors qu'il faudrait justement qu'ils se rapprochent de leurs filles. S'ils ne le font pas, elles en concluront que leur père ne s'intéresse pas à elles ou ne les accepte pas, et essaieront désespérément de changer leur corps, soit pour lui plaire, soit pour attirer l'attention d'autres hommes.

Pour les jeunes filles d'aujourd'hui, la minceur est devenue la réponse à une myriade d'incertitudes sur leur vie et leur identité. Pendant la dernière moitié du XXème siècle, le rôle des femmes a pris une expansion considérable dans notre culture. Elles ont adopté des professions, des centres d'intérêt et des modes de vie jusqu'alors exclusivement réservés aux hommes. Contrairement à ce qu'elles s'imaginaient étant jeunes, de nombreuses femmes de ma génération vivent ainsi des vies totalement différentes de celles de leurs mères. Le livre de Kim Chernin *The Hungry Self: Women, Eating and Identity*[1] explore ce sujet de manière très détaillée, notamment les difficultés que rencontrent les jeunes femmes quand elles surpassent leur mère. Ces mutations révolutionnaires ont contribué à perturber les femmes et à les faire douter d'elles-mêmes, et les petites filles et adolescentes d'aujourd'hui ont hérité de ces incertitudes.

1 K. Chernin (1985). New York, Times Book.

L'obsession de l'apparence physique et du poids est devenue le principal moyen de vivre avec son anxiété. « Si seulement j'étais mince, je serais plus sûre de moi... » ; « Si seulement j'étais mince, les gens me trouveraient plus jolie... » Et aujourd'hui, les moyens dont les femmes disposent pour transformer leur corps sont infinis : pilules amaigrissantes, diurétiques, laxatifs, régimes spéciaux, substituts de repas, maquillage, programmes de remise en forme, thalassothérapie, chirurgie esthétique... sont autant de promesses censées mettre un terme aux incertitudes des femmes. Malheureusement, pour pallier leur confusion et leur manque d'identité et d'estime de soi, les femmes ont plus facilement accès à ces réponses "technologiques" qu'à des réponses "relationnelles".

Des messages positifs du père peuvent aider la fille à affronter ses doutes face à ce que signifie être une femme aujourd'hui. Ils peuvent l'aider à mieux cerner ses valeurs, son identité et la direction qu'elle peut donner à sa vie. Si le père soutient émotionnellement sa femme et reconnaît son travail, à la maison comme à l'extérieur, la mère s'impliquera de manière plus positive dans la famille et les enfants verront qu'un homme et une femme peuvent tout à fait travailler ensemble. Quand le père a un rôle constructif dans la famille, la fille n'a pas besoin de se rabattre sur des raisonnements à la « Si seulement j'avais un corps parfait » pour se sentir compétente, appréciée et à l'aise avec sa féminité. Plus la faim du père aura été satisfaite, moins la fille en quête de son identité aura tendance à suivre cette logique dangereuse qui débouchera sur une mauvaise image du corps et une relation conflictuelle avec l'alimentation.

GUÉRISON : LA FIN DE LA LOGIQUE DU « SI SEULEMENT »

Comprendre l'influence exercée par notre culture constitue une étape essentielle à la guérison des troubles alimentaires ou d'une mauvaise image du corps. Cela permet en effet de voir les différents facteurs qui ont contribué au développement de ces problèmes. Bien que les raisonnements de type « Si seulement » soient séduisants, ils ne peuvent rien changer. Ils montrent du doigt et condamnent, mais comme ils ne cherchent ni à comprendre, ni à résoudre, la guérison ne peut pas se produire. C'est ce que disait, à sa façon, cette femme guérie d'un grave trouble de la nutrition :

> *« A l'école, j'adorais les cours de maths. Avec les maths, on peut avoir des idées et se les représenter très exactement. Et ça marche ! J'adorais travailler sur des trucs comme ça. La guérison c'est en quelque sorte l'inverse, ça n'a plus rien à voir avec les problèmes de maths — là, vous voyez que les choses ne sont en réalité pas si simples. »*

Je partage cet avis. Guérir, c'est en finir avec les petits problèmes de logique où A est la cause de B. C'est le moment où l'on commence à essayer de changer ses propres réactions face à des situations que l'on ne contrôle pas. Les problèmes des familles dont je parle dans ce livre sont trop complexes pour correspondre à des causes ou à des solutions du type « Si seulement ».

Les problèmes liés à l'alimentation indiquent bien autre chose qu'un simple dysfonctionnement individuel. La personne qui souffre de troubles alimentaires ou qui n'aime pas son corps a effectivement des problèmes à régler, mais la structure de la famille et les attentes culturelles doivent elles aussi être modifiées. En nous montrant plus sensibles à la façon dont nos systèmes familiaux favorisent cette faim du père, peut-être serons-nous en mesure de transformer notre société, et de faire en sorte qu'elle suscite des relations père-fille plus satisfaisantes et empêche la souffrance liée aux problèmes alimentaires et d'image du corps.

2

PÈRES, FILLES ET NOURRITURE : DIX MYTHES

Mythe n°1 : Les troubles alimentaires et les problèmes d'image du corps sont typiquement féminins.

Mythe n°2 : Les hommes ne peuvent pas comprendre...

Mythe n°3 : Les troubles alimentaires proviennent de problèmes dans la relation mère-fille.

Mythe n°4 : Les pères distants et non impliqués dans leur relation à leur fille sont la cause de ses troubles alimentaires.

Mythe n°5 : Les pères jouent un rôle sans importance dans le développement de leurs enfants.

Mythe n°6 : Le rôle des pères est de subvenir aux besoins matériels de la famille.

Mythe n°7 : Les hommes accordent peu d'importance à l'éducation des enfants.

Mythe n°8 : Les pères n'ont aucune sensibilité.

Mythe n°9 : Les filles apprennent la féminité auprès de leur mère.

Mythe n°10 : Pendant l'adolescence, les filles ont besoin de leur mère, non de leur père.

Les mythes sont des légendes ou des croyances traditionnelles qui guident notre expérience et nous aident à trouver un sens au monde. Par définition ils peuvent, ou non, avoir un « fondement identifiable » et sont « élaborés en réponse aux désirs du groupe, plutôt qu'à partir d'une analyse des fondements de ces désirs »[1]. D'après ces définitions, les mythes ne représenteraient donc pas forcément la réalité des faits, mais seraient plutôt le reflet de nos désirs.

Des études sociologiques soulignent que nos systèmes de croyances entretiennent le statu quo en imputant nos attitudes et comportements courants aux doctrines sacrées, à la loi naturelle ou aux anciennes sagesses. Il en résulte que l'on hésite à les remettre en question, allant parfois jusqu'à modifier notre vie afin de nous adapter à ces systèmes. Les mythes sont structurants, simplifient les réalités accablantes et nous expliquent les choses en termes de causes et d'effets, ce qui nous rassure. Il peuvent être pratiques et utiles, mais ils peuvent aussi s'avérer dangereux le jour où nous cessons de les remettre en question et commençons à les accepter comme des faits : quand nous conceptualisons un mythe et en faisons la seule réalité, nous étouffons notre créativité, notre capacité à résoudre nos problèmes et notre aptitude à nous adapter à de nouvelles situations.

Nous entretenons aujourd'hui de nombreux mythes périmés et destructeurs qui sous-estiment l'importance des pères. Ces croyances favorisent la faim du père, encourageant ainsi les conflits liés à l'alimentation et à l'image du corps, nés de la rupture de la relation entre une fille et son père. Et bien que le conflit mère-fille ait aussi son importance, les femmes qui développent des troubles alimentaires ont *toujours* été affectées par leur père. D'après nos mythes, toutefois, les problèmes liés à l'alimentation auraient peu de choses à voir avec la distance entre la fille et son père, et avec la lutte que mène la fille pour comprendre et intégrer le masculin et le féminin dans ses relations. Au contraire, nos

---

1 Random House American Dictionary and Family Reference Library, 1968, p. 805.

mythes favorisent la croyance selon laquelle ces problèmes viendraient des difficultés rencontrées dans la relation mère-fille, tandis que les pères ne seraient que des spectateurs sans importance. Ces croyances sont d'ailleurs si bien enracinées, que nous ne nous sommes jusqu'à présent pas intéressés au rôle du père dans le développement des troubles alimentaires et des problèmes d'image du corps. Il est temps de nous montrer plus critiques et plus conscients de nos conceptions de la famille, des pères et du développement des filles, et des rôles de l'homme et de la femme.

Mythe n°1 : Les troubles alimentaires et les problèmes d'image du corps sont typiquement féminins.

Face à l'évolution des attentes et des rôles sociaux, les deux sexes luttent pour savoir comment se comporter face à l'autre. Et le fait que les femmes essaient aujourd'hui de se réaliser dans des domaines autrefois réservés aux hommes est également générateur de conflits pour les deux. Quand ces problèmes ne sont pas abordés directement, les femmes ont souvent tendance à se tourner vers la nourriture ou à se préoccuper de leur corps pour exprimer leur malaise ou tenter de le contrôler. Ainsi, les problèmes alimentaires des femmes reflètent leur mal-être dans leurs relations et leur difficulté à déterminer ce qui est féminin et ce qui est masculin.

La tension actuelle entre les sexes est particulièrement difficile à vivre pour les femmes, car celles-ci accordent beaucoup d'importance à la relation. Elles feront tout leur possible pour faire plaisir aux autres ou préserver une relation : régimes chroniques, jeûnes de famine, guerre ouverte contre leurs corps... Souvent, il s'agira de tentatives maladroites pour se faire apprécier des hommes, les satisfaire, les séduire ou les attirer ; dans d'autres cas, il s'agira surtout d'un retrait lié à une peur des relations avec les hommes.

Les hommes aussi ont des problèmes avec la nourriture et l'image du corps. Souffriraient-ils de maux féminins ? Non. Ils souffrent en réalité de la même confusion entre le féminin et le masculin, et du même mal-être dans leurs relations avec l'autre sexe. En fait, beaucoup de spécialistes des troubles alimentaires pensent que les hommes présentant ce type de comportements sont bien plus nombreux qu'on ne pourrait le croire. Mais puisque nous avons défini les problèmes alimentaires comme étant typiquement féminins, les hommes ont moins tendance à demander de l'aide. (Notre culture leur apprend à être forts, durs, à ne pas ressentir d'émotions et à n'avoir besoin de personne, aussi leur est-il beaucoup plus difficile d'admettre qu'ils pourraient avoir un problème nécessitant une assistance thérapeutique.) Par ailleurs, les hommes disposent de moyens plus acceptables pour se purger et gérer leurs problèmes d'image du corps. Ils peuvent être obsédés par la gymnastique ou le body-building, ou encore choisir d'ignorer totalement les tendances de la mode — ce que les femmes, élevées dans l'idée de plaire et “d'être jolies”, font rarement. Cependant, les hommes sont aujourd'hui soumis à des pressions sociales croissantes afin d'être minces et de changer leurs habitudes alimentaires. Il est donc possible qu'ils soient à l'avenir de plus en plus nombreux à avoir des problèmes avec la nourriture et l'image du corps.

Les deux sexes sont concernés, et le nombre de personnes directement ou indirectement affectées par les troubles alimentaires ne cesse d'augmenter. Hommes et femmes doivent regarder en face ces attitudes et comportements qui contribuent à créer des problèmes liés à l'image du corps et à l'alimentation.

Mythe n°2 : Les hommes ne peuvent pas comprendre.

Les hommes peuvent comprendre toutes sortes de choses très complexes sur les femmes si on leur en donne la possibilité, par exemple en les informant. Et bien qu'il existe de nettes différences dans la façon dont les uns et les autres sentent les choses, ressentent leur corps ou abordent la vie, ces différences sont souvent accrues ou exagérées par la socialisation, et non du fait de particularités biologiques.

Si les femmes ont parfois l'impression que « les hommes ne peuvent pas comprendre » c'est parce que l'un et l'autre perçoivent leur corps et la nourriture de façons différentes.

On a toujours appris à l'homme à accepter son corps sans se préoccuper de sa forme et à s'en servir pour *se sentir* bien, tandis que les femmes ont appris à le critiquer et à souffrir pour qu'on *les trouve* bien. Les hommes et les femmes fonctionnent et interagissent sans vraiment se connaître parce qu'ils suivent des rôles qui leur dictent ce qu'ils “devraient” être. Aucun ne comprend l'autre : voilà pourquoi les hommes se moquent souvent des femmes pour l'intérêt qu'elles portent à leur corps, et voilà pourquoi les femmes prétendent que les hommes ne comprennent rien...

Cela étant, si les femmes essayaient de communiquer et d'interpréter leurs expériences, les hommes pourraient très bien comprendre leur point de vue. Ecouter les femmes et tirer des enseignements des luttes qu'elles mènent contre leur corps serait très profitable aux hommes d'aujourd'hui. Eux aussi subissent des pressions pour être minces, forts et en parfaite condition physique, sans compter que l'on attend également d'eux qu'ils élargissent leurs rôles et y intègrent une part émotionnelle et relationnelle. Hommes et femmes doivent abandonner leurs scénarios culturels et communiquer avec les mots du cœur afin de se comprendre enfin.

Mythe n°3 : Les troubles alimentaires proviennent de problèmes dans la relation mère-fille.

Les domaines du développement de l'enfant, du développement de la personnalité et de la psychologie pathologique regorgent de théories sur l'impact négatif que la mère exerce sur les enfants. Et les livres consacrés aux troubles alimentaires n'échappent pas à la règle. De par son rôle central — la mère est nourricière à la fois du corps et de l'affectif de l'enfant — les théories l'ont plus souvent qu'à son tour désignée comme la “vilaine”. Les problèmes liés à l'alimentation ne sont pas simples ; au contraire, ils débouchent bien souvent sur une myriade d'autres problèmes. Et si la relation mère-enfant est particulièrement puissante et peut se trouver à l'origine de certains problèmes, elle n'est pas seule responsable des difficultés de l'enfant. Beaucoup d'autres facteurs entrent en ligne de compte : le fonctionnement et le climat émotionnel du système familial, son contexte social et culturel, le rôle du père, la relation conjugale, les problèmes de développement de l'enfant, etc.

L'environnement culturel contribue tout particulièrement aux troubles alimentaires et aux problèmes d'image du corps. Le nôtre a systématiquement dévalorisé les femmes, et les récentes tentatives du mouvement féministe pour rétablir l'équilibre ont souvent été accusées de minimiser, voire de porter atteinte aux attributs féminins du sentiment maternel et de la maternité. En tant que société, nous avons surévalué les vertus masculines de la force et de l'indépendance. La structure de la famille reflète ce système de valeurs, aussi bien de façon explicite qu'implicite. Parce qu'ils sont à l'image du contexte culturel, les rôles, les règles et les relations à l'intérieur de la famille transmettent les attentes, les attitudes et les schémas d'interactions de la société. C'est pourquoi on ne peut isoler complètement les problèmes personnels ou interpersonnels de ces autres forces et des changements sociaux.

Bien que les personnes atteintes de troubles alimentaires aient souvent des relations conflictuelles avec leur mère, leur problème va bien au-delà de cette relation. La simplification est peut-être séduisante, mais un trouble de la nutrition ne signifie pas seulement que l'on a un problème avec sa mère.

Mythe n°4 : Les pères distants et non impliqués dans leur relation à leur fille sont la cause de ses troubles alimentaires.

Si la non-implication du père était réellement la seule cause des troubles alimentaires, nos problèmes avec la nourriture seraient autrement plus nombreux ! Un père non impliqué n'est qu'un facteur parmi d'autres. Certains comportements profondément ancrés dans l'histoire personnelle des parents, leur relation de couple, les rôles au sein de la famille et son type d'organisation, les facteurs de stress personnels... encore renforcés par l'importance accordée par notre culture à la minceur, à la forme physique, au perfectionnisme et à la maîtrise de soi, favorisent les modifications de la structure familiale ainsi que la confusion au sujet des rôles de la femme et sa féminité. Comme dans le mythe n°3, de nombreux facteurs entrent en ligne de compte dans le développement des conflits liés à la nourriture et à l'image du corps.

Notre intention n'est donc pas de faire ici le procès des pères : ceux-ci sont, au même titre que nous tous, victimes des mythes, des structures familiales et des schémas sociaux qui les tiennent à l'écart de la vie émotionnelle de la famille et les empêchent d'avoir des relations étroites avec leur fille.

Mythe n°5 : Les pères jouent un rôle sans importance dans le développement de leurs enfants.

Voici un concept simple et séduisant, entretenu lui aussi par ces mythes qui soulignent le rôle indispensable de la mère et la quasi-inutilité du père dans l'éducation des enfants. Mais que les hommes ne soient pas biologiquement capables de mettre les enfants au monde et de les allaiter ne signifie pas qu'ils n'ont pas d'importance. Si vous réfléchissez à ce que vous êtes devenu, à ce qui vous a blessé, à vos défenses et à ce qui compte pour vous dans la vie, pouvez-vous vraiment dire que votre père n'a pas eu d'importance dans votre développement ?

Parmi les personnes qui liront ce livre, beaucoup auront eu des relations très limitées avec leur père ; non parce que le père ou elles-mêmes le désiraient, mais simplement parce que les choses étaient et continuent d'être ainsi. Cette distance n'est toutefois pas sans conséquences : elle a un énorme impact sur l'estime de soi, l'identité, les émotions et le comportement. Et si chacun en exprime les effets de façon différente, les filles ont souvent tendance à répondre en utilisant leur corps ou leur alimentation.

Nous persuader que nos pères n'ont pas d'importance nous aide à éviter de regarder en face la souffrance, la déception et la nostalgie que nous éprouvons. Mais si nous nous autorisions à ressentir notre souffrance — notre faim du père — peut-être pourrions-nous nous rapprocher de notre vie émotionnelle et de nos pères.

Mythe n°6 : Le rôle des pères est de subvenir aux besoins matériels de la famille.

Cantonner le père dans le rôle du “pourvoyeur économique” et la mère dans celui de “pourvoyeur affectif” ne marche pas, et ne reflète pas non plus la réalité de nombreuses familles où les responsabilités sont aujourd'hui partagées. Beaucoup de femmes seules subviennent financièrement à l'éducation de leurs enfants tout en assurant la vie émotionnelle de la famille. De même, de plus en plus de pères divorcés obtiennent l'autorité parentale ou la garde de leur enfant. Pourtant, nous nous accrochons toujours au mythe selon lequel la mère est responsable de la vie affective de la famille et le père de ses contingences économiques. Cette attitude était peut-être juste autrefois, alors que des forces sociales comme la révolution industrielle et la division du travail avaient conduit les hommes à aller travailler à l'usine pendant que les mères élevaient les enfants et s'occupaient de la maison. Mais les rôles ont changé et les mythes doivent eux aussi changer.

Tant que nous n'aurons pas favorisé le développement de nouveaux mythes, beaucoup de personnes s'efforceront de s'adapter aux anciens. Les hommes peuvent ainsi se sentir menacés si leur femme acquiert un pouvoir financier, et les femmes se sentir désécurisées si leur mari essaie de s'impliquer davantage dans la famille. La dichotomie entre les rôles économique et émotionnel au sein de la famille est injuste pour tous. De plus, la croyance selon laquelle la priorité des hommes devrait être de gagner de l'argent et d'assurer la sécurité financière du ménage, restreint leur capacité à se donner émotionnellement et à s'impliquer spontanément dans la vie de la famille. Cela empêche les enfants d'avoir accès à leur père en tant que personne et ne leur montre pas que l'homme et la femme peuvent travailler ensemble et partager le pouvoir, les responsabilités et leur éducation. Cette croyance pousse les mères à penser qu'elles sont seules responsables de la vie émotionnelle de la famille, et que leurs autres centres d'intérêts, ou bien leur travail, sont secondaires ou sans importance.

En clair, personne ne profite de la mythologie actuelle. Et bien que ce sixième mythe ne soit plus aussi approprié, nous continuons d'insister sur le rôle de soutien de famille du père, créant ainsi des obstacles au partage des responsabilités auquel tant de couples aimeraient parvenir.

Mythe n°7 : Les hommes accordent peu d'importance à l'éducation des enfants.

Voici un mythe particulièrement illusoire et nuisible. Les thérapeutes ont depuis longtemps reconnu que devenir père est l'une des expériences les plus profondes et les plus bouleversantes de la vie d'un homme. Elever un enfant pose beaucoup de problèmes aux hommes. Cela les oblige à faire face à des sentiments et à des situations auxquels ils ne sont absolument pas préparés. Cela implique d'être tout à coup adulte et responsable, étape d'autant plus difficile que ce sont essentiellement des femmes qui ont pris soin d'eux pendant des années — d'abord leur mère, puis leur épouse... Et soudain, les voilà responsables d'un bébé et d'une famille ! Alors que le jeune père essaye de s'adapter à cette nouvelle situation, l'attention de la mère, elle, est accaparée par le bébé. Le père se sent alors souvent désarmé et laisse la plupart des soins à sa femme. Et comme la société le confine dans la fonction de pourvoyeur économique, il a peu de chance de bâtir une relation pleine et satisfaisante avec ses enfants qui grandissent.

Rien d'étonnant donc à ce que le père se sente souvent ignoré, seul, inutile et sans importance. Et quand il a réellement envie de s'investir, il ignore bien souvent comment s'y prendre. De plus, pour compliquer les choses, un fils qui devient père voit réapparaître en lui tous les conflits non résolus avec son propre père : il peut ainsi prendre conscience de l'absence de son père pendant son enfance et des sentiments de manque que cela générait en lui — sa faim du père. En réaction à cela, certains hommes se sentent encore plus seuls et plus accablés, tandis que d'autres exultent à la perspective d'être un père actif. Les hommes ont, semble-t-il, de nombreuses réponses à la paternité — étape de la vie qui évoque des sentiments mêlés d'incertitude, d'anxiété, d'accomplissement, de tendresse, de rêve, et un désir d'intimité.

Nous avons cru que les hommes accordaient peu d'importance à leur rôle de père parce qu'ils donnaient l'impression que celui de “pourvoyeur” leur convenait parfaitement. Ne serait-il pas temps de s'occuper de ce que les pères ressentent ? Que se passerait-il si l'on disait aux hommes qu'ils ont le droit d'être sensibles à leur paternité ? Que se passerait-il si on les encourageait à parler des sentiments que cela fait naître en eux ? C'est simple : nous comprendrions toute l'importance que la paternité revêt pour eux.

Mythe n°8 : Les pères n'ont aucune sensibilité.

Il serait plus exact de dire que les hommes déplacent et nient leurs sentiments plutôt que d'affirmer qu'ils n'en ont pas. En réalité, ce schéma est le fruit d'années de socialisation qui, dès l'enfance, ont appris aux hommes à ne pas ressentir et à ne pas pleurer, mais à partir à la conquête du monde. Les hommes grandissent en ignorant comment reconnaître, accepter et faire le tri dans leurs sentiments et leur besoin d'intimité. Et à force de nier leurs émotions, ils finissent même par perdre le contact avec leur corps. Ils ne prêtent pas attention aux messages que ce dernier leur transmet pour les avertir qu'ils en font trop ou qu'ils ne prennent pas assez soin d'eux — et sont ainsi plus sujets que les femmes aux maladies liées au stress (hypertension, ulcères, dysfonctionnements cardiaques, abus divers, etc.). C'est d'ailleurs sans doute l'une des raisons pour lesquelles, aux Etats-Unis, l'espérance de vie des hommes est inférieure de sept à huit ans à celle des femmes. Si le stress est l'expression d'émotions refoulées, les hommes ressentent probablement bien plus qu'on ne le croit.

Nous avons beau essayer de croire que les hommes n'éprouvent rien, la plupart d'entre nous se souviennent certainement avoir vu un jour des larmes briller dans les yeux de leur père. Mais ces larmes n'ont jamais pu couler : un homme ne doit pas pleurer. Nous avons vu nos pères souffrir et prétendre qu'ils allaient bien, mais nous refusons de le reconnaître afin de pouvoir continuer à entretenir ces mythes dépassés. Et nous contribuons ainsi à enfermer nos pères dans des rôles limités.

Il ne fait aucun doute que les hommes ont des sentiments. A nous d'apprendre à être à l'aise avec. Pour décrire le dilemme émotionnel des hommes, Frank Pittman, thérapeute familial, a utilisé cette métaphore : « L'hypermasculinité n'est qu'une armure — un revêtement protecteur — une coquille, comme celle des moules, des clams, des homards ou des crevettes. Mais sous la coquille, la chair est tendre et douce. »[2]

Mythe n°9 : Les filles apprennent la féminité auprès de leur mère.

Les théories sur le développement de l'enfant et la formation de son identité ont traditionnellement souligné l'importance du parent du même sexe. En d'autre termes, pour devenir des hommes et des femmes adultes, les filles auraient besoin de leur mère et les garçons de leur père. Mais ce n'est pas si simple. Les enfants ont besoin de leurs deux parents. L'interaction avec le parent du sexe opposé permet aux jeunes de comprendre ce que leur propre sexe a d'unique. En découvrant la masculinité, la fille comprendra ainsi certains des aspects importants de sa féminité. Le père peut même être un professeur très important en la matière.

La fille développe des croyances sur les comportements féminins en voyant son père interagir avec les femmes. Elle observe les traits de caractère qu'il apprécie, les attitudes qu'il encourage ou qu'il dédaigne et la façon dont il se comporte avec elles. Le comportement du père face à la mère influence la fille adolescente dans sa lutte pour déterminer en quoi elle devra ressembler à sa mère, et en quoi elle devra

---

2 F. Pittman : *The Secret Passions of Men*. Intervention présentée lors de la 47ème Conférence Annuelle de l'American Association for Marriage and Family Therapy, 28 octobre 1989, San Francisco, Californie.

en être différente. Ceci fait partie intégrante du processus de séparation et d'individuation, ou de différenciation du moi, et implique les deux parents à part égale.

En grandissant, filles et garçons verront peut-être que leur père est plus investi à l'extérieur de la famille que leur mère. Et bien que la mère aussi ait souvent des rôles importants à l'extérieur, les enfants ne la voient agir qu'à l'intérieur de la famille. En conséquence, les opinions du père sur le monde et la vie des adultes à l'extérieur du foyer revêtent pour le reste de la famille une importance et une signification particulières. Le père représente un point de vue extérieur, aussi les filles ont-elles tendance à se tourner vers lui — plutôt que vers la mère — pour en savoir plus sur les opinions, les définitions et les croyances culturelles liées à la féminité. Les rôles des femmes ayant considérablement évolué — et continuant d'évoluer — les filles ont besoin d'être le plus possible conseillées et guidées tant par les femmes que par les hommes qui comptent dans leur vie.

Mythe n°10 : Pendant l'adolescence, les filles ont besoin de leur mère, non de leur père.

Encore une fois, les filles ont besoin de leur père *et* de leur mère, et non de l'un *ou* de l'autre. Cela est particulièrement vrai pour celles dont les parents sont séparés ou divorcés — et qui ne devraient pas avoir à choisir entre les deux. Les mères doivent ainsi accepter l'intérêt que leurs filles portent à leur père, et celui que leur mari portent à leurs filles. Si les conséquences de la rupture dans la relation avec le père se manifestent assez tôt chez les garçons, chez les filles, ces conséquences n'apparaissent généralement pas avant l'adolescence ou l'âge adulte, quand elles prennent conscience de leur sexualité et développent leurs relations sociales et intimes avec les hommes.

Les pères jouent un rôle très spécial pour les filles au moment où celles-ci passent de l'enfance à l'adolescence. Pour pouvoir devenir des jeunes femmes, elles ont en effet besoin d'être “courtisées”, d'une façon non séductrice, par leur père. Elle veulent se sentir séduisantes, féminines et acceptées par l'homme le plus important de leur vie. Cela les aide à bien vivre les changements qui se produisent dans leur corps et à se sentir plus sûres d'elles avec les garçons. Quand cette acceptation ne se produit pas, les filles sont amenées à douter d'elles, à se dévaloriser et à déprimer. Une détresse qu'elles peuvent exprimer de diverses façons : repli sur soi, nombreuses aventures sexuelles, ou encore dégoût et rejet de soi débouchant sur des troubles alimentaires.

Il y a différentes raisons à cette perte d'attention du père. A force d'avoir dit aux pères qu'ils étaient sans importance pour leurs enfants — particulièrement pour leurs filles — ceux-ci ne consacrent peut-être pas assez d'énergie à la nouvelle relation qui s'instaure quand les filles passent de l'enfance à l'adolescence. Dans bien des cas, le père n'apprécie pas les nouveaux centres d'intérêt de sa fille, ni l'attention qu'elle accorde à son apparence et à tous les détails de leur relation. Parallèlement, comme elle ne vient plus le chercher pour jouer ou pour se faire raconter la petite histoire du soir, il ne sait plus comment s'y prendre pour entrer en contact avec elle. C'est pourquoi les filles peuvent assimiler le fait de perdre leur père avec celui de devenir une jeune femme dotée d'un corps plus sexué. Grandir signifie alors perdre des relations importantes et devient un processus sans attrait, dénué de tout intérêt.

D'un autre côté, nombre d'études ont montré que les femmes ayant eu pendant leur enfance un père attentif et proche d'elles, ont développé un puissant sens de leur identité et une très bonne estime personnelle. De même, parmi une population donnée d'étudiantes, celles qui estiment avoir un père proche d'elles, émotionnellement accessible et intéressé par leur développement, s'adaptent bien ; tandis que celles qui se sentent rejetées par leur père ont de moins bons résultats. Celles qui s'identifient à leur père sont plus autonomes, et celles qui ont un père attentif et impliqué ont une fois adultes plus de facilités dans leurs relations avec les hommes.

Pour que le processus de développement soit positif et que la fille ait envie de devenir adulte, elle a besoin d'un père disponible. Un tel père l'aidera à intégrer sa maturation sexuelle dans sa relation avec lui et avec les hommes en général ; il lui permettra également de vivre une continuité entre l'enfance et son développement futur, et de se sentir plus en sécurité face aux nouvelles expériences, aux défis et aux responsabilités de l'adolescence et de l'âge adulte ; enfin, il lui donnera surtout une garantie de son amour pour elle. Or, quel que soit son âge, une fille a toujours besoin d'être sûre de l'amour de son père.

Pour résoudre le problème de la faim du père, les changements et la guérison ne doivent pas seulement se produire au niveau individuel et familial, mais aussi au niveau culturel. Les mythes actuels et les rôles des hommes et des femmes dans la famille font peut-être la part maigre à l'homme, mais en tout cas, ils fonctionnent bien ; ou plus exactement, ils servent bien un objectif fonctionnel. C'est pourquoi les familles qui adhèrent à ces traditions culturelles ont l'air de bien fonctionner à un niveau superficiel. Mais ces règles et ces rôles réducteurs sont en réalité à l'origine de nombreuses insatisfactions personnelles et d'un dysfonctionnement de la famille.

Il nous faut combattre les mythes et les idées qui acceptent ces rôles déséquilibrés, et faire connaître à toutes les générations la notion de faim du père. Si nous voulons redistribuer de façon équitable le pouvoir et les responsabilités dans la famille, nous devons créer de nouveaux rôles, à la maison comme au travail et aussi bien pour les hommes que pour les femmes. Prenez quelques instants pour faire travailler votre esprit en vous livrant au petit exercice qui suit. Ensuite, réfléchissez à de nouveaux mythes qui pourraient favoriser la relation père-enfant et réduire progressivement les conséquences épidémiques de la faim du père.

Thèmes de réflexion

- A combien de mythes souscriviez-vous avant de lire ce chapitre ? Et maintenant ?

- Comment ces mythes ont-ils affecté votre vie et vos relations avec votre père ?

- Qu'est-ce qui changerait dans nos vies si les pères étaient plus disponibles et plus impliqués dans la famille ?

3
LE PÈRE, CITOYEN DE SECOND ORDRE

Les traditions et les mythes américains ont traité les hommes comme des citoyens de second ordre, des ombres dans les familles. Pour Michael Lamb, l'un des premiers chercheurs à avoir étudié le rôle du père, cette dévalorisation aurait systématiquement amené les enfants américains à souffrir d'une « véritable carence paternelle »[1]. Dans ce chapitre, nous étudierons l'évolution du rôle du père dans les environnements culturels et les structures sociales d'hier. Car pour comprendre les pères d'aujourd'hui, il nous faut comprendre ceux d'hier. Dans la mesure où les schémas, les rôles sexuels et les modes relationnels de l'individu sont déterminés par les fondements économiques, la structure et les événements historiques d'une société, nous nous attacherons à montrer comment le contexte socioculturel peut favoriser ou entraver le rôle du père.

Grâce au mouvement féministe, les femmes qui s'estimaient dégradées par les rôles culturels imposés ont pu faire entendre leur voix, se battre contre ces restrictions, se libérer et se sentir valorisées, respectées et reconnues pour leur rôle capital dans la société. Les hommes, eux, n'ont jusqu'à présent pas pu bénéficier de ce type de force culturelle,

---

[1] M.E. Lamb (1975). *Fathers : Forgotten contributors to child development.* Human Development, p. 260.

exception faite peut-être d'un mouvement masculin récemment apparu aux Etats-Unis[2] — et qui sera peut-être un jour assez puissant pour mettre un terme à la faim du père qui mine la famille contemporaine.

La division du travail ou la distinction des rôles en fonction du sexe, sont des phénomènes que l'on retrouve dans toutes les cultures. Même des écrits anciens indiquent que les pères jouaient un rôle plus distant que les mères et qu'ils étaient sévères, sages, autoritaires et non impliqués vis-à-vis de la famille et des enfants. Et si nous considérons le rôle des pères au XXème siècle, nous constatons qu'ils sont toujours plus autoritaires et moins accessibles que les mères. Mais aujourd'hui, ce rôle de l'homme dans la famille ne nous convient plus, ce qui ouvre la voie à un important potentiel de transformation.

RÉTROSPECTIVE DU RÔLE DU PÈRE DANS LA FAMILLE

L'une des premières structures sociales à avoir été étudiée en profondeur est la société de chasse et de cueillette. Au premier abord, nous pourrions penser que les pères de cette époque, partis pendant de longues périodes en quête de nourriture, s'occupaient encore moins de leur famille que les pères actuels. Pourtant, si nous approfondissons notre analyse, nous verrons qu'il n'en était rien. Il est vrai que dans ces communautés les pères s'absentaient parfois plusieurs semaines, leur absence variant en fonction de la saison, du temps ou d'autres facteurs ; mais s'ils partaient, c'était uniquement pour subvenir aux besoins essentiels de leur famille. Et dès que la chasse était terminée, ils rentraient chez eux.

En fait, les familles de ces sociétés n'étaient pas privées de contact avec les figures paternelles. Quand le père était

---

2 Robert Bly, poète créateur de mythes et auteur de *Iron John* (1990, New York, Addison Wesley), est considéré comme le leader de ce mouvement.

absent, il y avait peu de problèmes car les deux parents jouaient un rôle structurant essentiel. Quand le père était présent, il était disponible et impliqué. Il apprenait à chasser à ses fils et transmettait les us et coutumes de la société à ses enfants. Les hommes plus âgés, trop faibles pour chasser, étaient aussi là et participaient à l'éducation des enfants en leur apprenant les techniques de survie. En un mot, les hommes étaient visibles et actifs dans la famille.

Malgré une nette division du travail, les deux sexes se partageaient le pouvoir. Ainsi, quand les hommes s'absentaient, les femmes étaient investies d'une autorité incontestée et leurs tâches, faire la cueillette et préparer la nourriture, étaient reconnues comme essentielles à la survie du groupe. A leur retour au camp, les hommes étaient chaleureusement accueillis et, absents ou présents, leur contribution était appréciée et reconnue. De cette façon, la division du travail renforçait les rôles de chaque sexe et l'égalité entre hommes et femmes était plus réelle qu'aujourd'hui. Comme ces sociétés de subsistance étaient sans classes, les problèmes de pouvoir entre les sexes n'étaient pas aussi graves qu'ils finirent par le devenir. Les hommes et les femmes étaient impliqués à part égale dans la famille et y contribuaient de façon équivalente en tant que parents.

C'est avec la transformation des sociétés de subsistance, fondées sur la chasse et la cueillette, en sociétés agraires que la structure familiale et les rôles de chaque sexe se modifièrent de façon notoire. Les travaux agricoles nécessitant une plus grande force physique, les hommes devinrent fermiers et les femmes cessèrent de travailler avec eux. Les villages sédentaires remplacèrent le mode de vie nomade des sociétés de chasse et de cueillette, et pendant que les hommes travaillaient durement dans les champs, les femmes s'occupaient de la maison et des enfants. Tant qu'ils n'étaient pas assez forts pour le seconder à la ferme, les enfants étaient très peu en interaction avec leur père. L'ère agraire et son impact sur les rôles parentaux sont peut-être à l'origine de la faim du père qui marque notre société moderne.

Avec le passage à un mode de subsistance basé sur l'agriculture, apparut aussi la possibilité de se créer des réserves, ce qui procura à l'homme une source de revenus et le rendit plus puissant. Comme les fermiers pouvaient accumuler les provisions, la richesse et la classe sociale se fondèrent dès lors davantage sur le travail des hommes que sur le fruit d'un travail commun entre les hommes et les femmes. La famille prit une structure plus patriarcale, avec des hommes moins directement impliqués dans la vie de la famille mais plus actifs au niveau de la prise de décision. Alors que les femmes étaient responsables des enfants et de la maison, les hommes détenaient l'autorité du fait de leur statut social et de leur richesse potentielle. Pour J. Bloom-Feshback, un écrivain américain qui s'est intéressé de très près à l'évolution du rôle du père, le chasseur devenu fermier avait un besoin important d'assurer son autorité au sein de la famille. Comme il l'écrit : « Le chasseur domine sa proie tandis que le fermier gouverne sa famille. »[3]

A cette époque, les jeunes mariés allaient d'ailleurs souvent s'installer dans la famille du mari, ce qui était très symbolique du pouvoir de l'homme. Les pères, de plus en plus inaccessibles à leurs enfants, conservaient le pouvoir en dehors de la famille et devinrent de distants patriarches. Plus tard, avec l'urbanisation, la terre perdit de son importance et les couples allèrent plus souvent habiter chez la famille de la femme après le mariage, changement qui ôta une partie de leur influence aux pères — toujours aussi éloignés de la vie quotidienne de la famille — et annonça le déclin de leur statut.

L'impact de la révolution industrielle

La révolution industrielle a sans doute été le facteur le plus important dans l'évolution et le déclin du rôle du père dans la famille. Jusque-là, le père travaillait à la maison ou à proximité : pendant la journée, ses enfants pouvaient ainsi le voir, lui et d'autres hommes, ce qui leur donnait au moins une idée de ce qu'il faisait. Mais avec l'industrialisation, les hommes commencèrent à partir travailler de longues heures

3 M. E. Lamb (ed.), *The Role of the Father in Child Development*. New York, John Wiley, p. 81.

loin de chez eux. Dès lors, les enfants ne virent pratiquement plus leur père et furent entièrement pris en charge par les mères. Traditionnellement responsables de l'enseignement des valeurs morales et religieuses et des techniques de survie — chasse, agriculture... — les pères virent rapidement leur rôle se réduire à celui de faire "bouillir la marmite". En obligeant les pères à partir de la maison, le passage d'une société non-industrielle à une société industrielle modifia considérablement l'environnement familial.

L'évolution de la mode et des parures physiques reflète cette transformation des rôles de l'homme et de la femme. Avant l'ère industrielle, hommes et femmes étaient également attirés par la beauté, les ornements physiques et la mode. (Pour vous en convaincre, regardez les peintures de la Renaissance. A cette époque, les hommes s'intéressaient beaucoup à la mode. Ils portaient des perruques, se maquillaient et se pomponnaient autant que les femmes.) Une fois que les hommes commencèrent à travailler dans les usines, ils se vêtirent plus sobrement. Désormais, ce furent les femmes qu'ils habillèrent et parèrent pour montrer les fruits de leur labeur — argent, pouvoir, statut social. Historiquement, les femmes avaient toujours modifié leur apparence pour plaire, mais avec la révolution industrielle, l'apparence de la femme et sa tenue vestimentaire devinrent avant tout l'expression du statut du mari. Cette valorisation accrue de la beauté de la femme est l'une des conséquences négatives de la modification des rôles féminin et masculin née de la révolution industrielle, et contribue à cette obsession de l'image du corps dont souffrent tant de femmes aujourd'hui.

Avec la révolution industrielle, se développa aussi un intérêt pour l'éducation, le développement de l'enfant et la psychologie. Ces nouvelles théories soulignaient l'importance de la maternité et ignoraient totalement la paternité. Parallèlement, apparaissait un style de vie renforçant le mythe voulant que les enfants aient exclusivement besoin de leur mère. Les pères étaient considérés comme superflus. Ils conservaient bien entendu la responsabilité de l'éducation morale des enfants et la tâche ingrate de leur inculquer la discipline, mais leur fonction se résumait à celle de juge, de policier et de pourvoyeur financier, ce qui ne pouvait que miner leurs relations avec leurs enfants. Maintenus à l'écart de la famille avec pour seul rôle de subvenir à ses besoins et de faire appliquer la discipline, les pères se retrouvèrent dans une situation intenable.

Aujourd'hui encore, nous subissons le contrecoup de la révolution industrielle. Avant d'aborder les tendances les plus récentes, résumons en quelques lignes les principales conséquences de ces transformations économiques et sociales :

La révolution industrielle, en retirant au père un rôle visible dans la famille, marqua le début d'une époque où les enfants furent élevés sans leur père. Elle fit de la réussite professionnelle le premier objectif des hommes, laissant la responsabilité de l'éducation des enfants aux femmes, dont l'apparence et la beauté servaient à véhiculer l'image et le statut social du mari. En attribuant aux hommes et aux femmes des rôles très différenciés, elle a contribué à limiter les possibilités d'intimité, de confiance et d'expression des émotions au sein de la famille. Ces schémas culturels sont à la base du développement des problèmes d'image du corps et de nourriture dont tant de femmes souffrent aujourd'hui.

Le père du XXème siècle

Nos mythes et nos attentes culturelles ont placé le père du XXème siècle dans une impasse. Il ne peut tout simplement pas s'en sortir ! Pour être un "bon père", il doit être à *l'extérieur* de la famille. En fait, dans la seconde moitié du XXème siècle, plus le père s'éloigne de chez lui pour son travail, mieux il remplit son rôle de pourvoyeur. On retrouve cette vision des choses dans un article du Dr T. Berry Brazelton, adressé aux parents et paru au début des années soixante-dix dans la revue américaine *Redbook*. Brazelton y déclare que le travail de l'homme à l'extérieur de la famille est le « cœur même de sa position au sein de la famille » et que son absence devrait être considérée comme un témoignage de son amour et de son engagement envers elle[4]. Mais les

---

4 T. Berry Brazelton (1970). *What Makes a Good Father*. Redbook, juin.

enfants ont besoin d'avoir des preuves concrètes et physiques de l'affection qu'on leur porte et se sentent ignorés et dans l'insécurité si leur père ne leur consacre pas de son temps. Tel est le dilemme auquel le père américain moderne se trouve confronté. Plus il est loin de chez lui, meilleur père il est, même si ses enfants le connaissent à peine !

Jusqu'à la fin des années vingt et l'aube des années trente, le modèle du père pourvoyeur économique et chargé de la discipline demeura incontesté aux Etats-Unis. Mais la grande crise de 1929 porta un coup considérable à l'image de l'homme américain, touchant son identité et son estime de soi. Malgré leur dur labeur et tout l'argent gagné, les hommes n'arrivaient plus à subvenir aux besoins de leur famille. Or l'identité de ces hommes, qui n'avaient bien souvent aucune autre fonction dans la famille, était tout entière centrée sur leur rôle de pourvoyeur économique. A cette époque, beaucoup perdirent tout ou partie de leur travail : certains tombèrent en dépression, d'autres se suicidèrent, d'autres encore sombrèrent dans l'alcool. Et s'ils étaient plus souvent dans leur famille, ils n'étaient pas plus présents au niveau affectif.

Depuis cette époque, les pères sont privés de leur droits et malheureux, las de la pression qui les oblige à faire vivre leur famille et ne leur laisse qu'un accès minimal à leur vie affective. Certains auteurs pensent que ces pressions et le manque de soutien affectif que nous apportons au père ont contribué aux personnalités de type A[5] et aux diverses maladies liées au stress dont souffrent si fréquemment les hommes. Le destin qu'ont connu les hommes durant ce dernier siècle en a incité certains à s'interroger sur la sagesse qu'il y avait à définir leur identité et leur vie exclusivement à travers leur travail.

---

5 Selon l'appellation donnée par Friedman et Rosenman, deux chercheurs américains qui établirent le lien entre l'attitude et le comportement d'un sujet et sa susceptibilité aux maladies cardiaques, les personnalités de type A correspondent aux individus extrêmement tendus, vivant dans l'urgence, facilement irritables...

La seconde guerre mondiale a également eu une influence capitale sur la famille américaine. A la fin des années trente, l'économie commençait à se redresser : grâce à la guerre, les usines tournaient à plein et les hommes étaient à nouveau en mesure de faire vivre leur famille. Quand l'armée américaine intervint, les femmes remplacèrent les hommes, partis se battre en Europe, dans les usines. Le climat qui régnait était favorable à la guerre et reconnaissait la haute responsabilité des hommes qui devaient protéger leur famille et le monde contre les forces destructrices du nazisme et de l'impérialisme. Une fois de plus, le rôle du père à l'extérieur de la famille se trouvait valorisé et renforcé, tandis que la guerre renforçait la position de la femme américaine, responsable à la fois de la vie économique de sa famille et de celle de son pays. A cette époque, les rôles des deux sexes se stabilisèrent, et ce fut le début d'une période de respect et de soutien mutuels.

Puis la guerre prit fin. Les femmes, à nouveau reléguées à la maison, perdirent leur statut, tandis que les hommes reprenaient leurs distances vis-à-vis de la famille pour profiter des opportunités économiques de l'après-guerre. Pendant cette période de consolidation, la famille était fortement valorisée et les rôles des deux sexes strictement définis : le père devait réussir sa vie professionnelle et la mère s'occuper de la famille. Tout en restant responsables de l'éducation morale des enfants, de la discipline et de la vie économique de la famille, les pères virent alors leur rôle se modifier. Ils commencèrent à servir de modèle à leurs fils en matière de réussite financière et professionnelle, de volonté, de maîtrise de soi et de logique non-affective repliée sur soi. Les filles, quant à elles, étaient encouragées à reproduire le comportement de leur mère et à s'occuper avant tout de tenir la maison et de veiller au bien-être de la famille. Les rôles des hommes et des femmes étaient donc très différents.

Malgré ces changements importants, les familles ne menaient pas une existence désagréable après la seconde guerre mondiale. Sans doute était-ce le calme qui devait précéder la tempête. Sous cette apparente tranquillité se tramaient en effet des conflits qui, vers la fin des années soixante, allaient remettre en question les valeurs et les rôles de la famille traditionnelle. La guerre du Viêt-nam et le Mouvement Féministe furent les deux éléments clés de cette période.

L'intervention des Etats-Unis dans la guerre du Viêt-nam fut à l'origine d'un violent conflit entre les générations, conflit qui divisa les Américains et les amena à s'interroger sur la sagesse de l'autorité masculine. Le mouvement d'opposition à la guerre, en majorité composé d'étudiants, remit en cause l'ordre établi avec plus de force et de véhémence que jamais aucun groupe ne l'avait fait pour aucune guerre. La jeune génération refusait les décisions et l'autorité de ses pères et remettait ouvertement en question la moralité et les valeurs de ses deux parents. Le désaccord entre les générations fut si profond qu'il déboucha sur un rejet quasi total des coutumes et des valeurs traditionnelles. Les parents, qui avaient travaillé dur pour offrir le bien-être matériel et la sécurité à leurs enfants, connurent alors des moments difficiles. De son côté, la vieille génération, qui avait grandi dans l'idée que la guerre faisait partie de la vie et que les Etats-Unis étaient les gardiens de la démocratie, ne comprenait pas les incessantes disputes et remises en question des jeunes sur la moralité et le but de l'intervention américaine en Asie du sud-est. Beaucoup de personnes portent aujourd'hui encore les blessures de ce conflit entre les générations né de la guerre du Viêt-nam.

Les familles continuent à en ressentir les effets d'autres façons encore. Beaucoup de vétérans ont souffert à terme de conséquences psychologiques et de problèmes d'estime de soi. L'opposition à cette guerre était telle que certains ont même eu honte d'y avoir participé. D'autres sont fiers de s'être battus mais en colère de ne pas être reconnus. D'autres encore s'inquiètent des effets que leur exposition à des produits chimiques (principalement l'Agent Orange) risque d'avoir à long terme sur la santé de leurs enfants. Vétérans et opposants sont tout pareillement hantés par l'expérience qu'ils ont vécue alors ; certains ont développé des problèmes psychologiques ou se sont mis à abuser de substances diverses pour essayer de se libérer des répercussions de cette guerre dans leur vie. Pour toutes ces raisons, les hommes de cette époque ont souvent eu du mal à se sentir efficaces et positifs en tant que pères.

Pendant que la guerre du Viêt-nam stimulait les possibilités de changement et nous poussait à reconsidérer d'urgence nos valeurs en tant que société, le mouvement féministe, réactivé depuis la fin des années soixante, nous obligeait à porter un regard différent sur les rôles de l'homme et de la femme. En favorisant la réorganisation progressive de la société, il permit d'élargir le champ d'action des femmes vers l'extérieur de la famille, et celui des hommes vers l'intérieur de la famille. Beaucoup de jeunes hommes qui rejetaient la guerre et étaient dégoûtés par les valeurs de leurs pères, commençaient à voir la masculinité traditionnelle comme un symbole négatif et néfaste. Ils se tournèrent vers le mouvement féministe, justement parce que ce dernier remettait en question le rôle de l'homme accepté par la culture de l'époque.

D'autres facteurs interviennent également en faveur d'une modification du rôle des pères. Bien qu'ils soient toujours obligés de faire vivre leur famille, les hommes passent en général moins d'heures à travailler aujourd'hui qu'il y a cent ans. De plus, comme les femmes cherchent à travailler et à s'accomplir à l'extérieur, les hommes sont contraints de s'impliquer davantage dans la famille. La dernière guerre à laquelle les Américains ont participé nous fournit à ce titre un excellent exemple : en effet, lors de la guerre du Golfe, quand des femmes américaines partirent se battre, ce furent les pères qui restèrent à la maison pour s'occuper des enfants. Plus les femmes feront l'expérience des aspects de la vie traditionnellement considérés comme masculins, plus les hommes auront la possibilité de faire l'expérience de leur côté féminin et nourricier. Mais nous devons aider les deux sexes à vivre ces changements.

Les hommes de cette fin de siècle ont la possibilité de s'investir davantage dans la famille, mais cette transformation ne sera pas facile. La plupart continuent à considérer leur travail comme la clé de leur identité et ont du mal à trouver un équilibre entre leur emploi et leur vie de famille. Leurs employeurs attendent d'eux qu'ils se déplacent souvent et prennent sur leur temps privé pour améliorer ou maintenir leur position au sein de l'entreprise. Et les hommes se surmènent souvent en acceptant des tâches ou des responsabilités supplémentaires : subvenir aux besoins de leur famille demeure pour eux un facteur crucial dans la définition de leur identité, de leur estime personnelle et de leur rôle de "bon père". Par ailleurs, de nombreux métiers requièrent aujourd'hui une spécialisation, un isolement et des comportements agressifs incompatibles avec la vie de famille. L'esprit de compétition, la mentalité de battant et la capacité à prendre des décisions rapides et logiques qui sont les clés de la réussite professionnelle, sont souvent des qualités qui se révèlent désastreuses à la maison.

L'augmentation du nombre de femmes engagées dans la vie professionnelle ne facilite pas non plus les choses pour les hommes. Le fait d'être en concurrence avec elles peut les intimider, voire même les irriter. Si la plupart des hommes ont grandi dans des familles où les pères étaient des drogués du travail et où les femmes étaient censées les soutenir coûte que coûte, aujourd'hui, le scénario a changé. Les hommes peuvent désormais se retrouver face à des femmes qui, au travail, sont leurs concurrentes, et à la maison, leur demandent de s'investir davantage. Résultat : ils se sentent perdus, inefficaces, menacés et ont l'impression de n'être soutenus ni d'un côté, ni de l'autre.

Aujourd'hui, aux Etats-Unis, les hommes mènent une véritable lutte pour trouver leur place dans la famille. La plupart d'entre eux ont été élevés par leur mère, ont eu un père absent, et ont grandi en s'attendant à vivre le même genre de vie. Mais les femmes refusent ces schémas et ne veulent plus du mariage à l'ancienne mode. Avec tous les bouleversements qu'a apporté le XXème siècle, la plupart des hommes refusent d'être simplement les pourvoyeurs économiques de la famille, mais il n'existe aucune carte leur indiquant la voie vers ces nouvelles contrées du rôle paternel.

ÊTRE UN PÈRE ACTIF, OU L'INSTINCT PATERNEL

Les méthodes, les hypothèses et les tendances de la recherche psychologique traditionnelle ont malheureusement renforcé l'image du père citoyen de second ordre, contribuant ainsi à perpétuer le cycle de la faim du père. Et si nous savons aujourd'hui peu de choses sur ce que nous pourrions appeler “l'instinct paternel”, comportement humain pourtant important, cela tient simplement au fait que récemment encore, nous en ignorions complètement l'existence.

En s'intéressant quasi exclusivement à la relation mère-enfant, Freud avait posé les jalons d'une vision du père que la psychologie et la psychiatrie allaient par la suite adopter. Et bien qu'il reconnût la protection paternelle comme « absolument capitale pour l'enfant », et admît la mort du père comme l'un des événements les plus importants de la vie d'un homme, jamais il ne s'intéressa à l'aspect nourricier ou génératif du père actif. Plus avant dans le XXème siècle, John Bowlby, auteur de nombreux ouvrages sur le processus d'attachement des jeunes enfants, relégua lui aussi le père dans le rôle de « soutien économique et émotionnel » de la mère et ne se consacra qu'à la relation avec la mère[6]. Au milieu du XXème siècle, alors que les domaines de la psychologie et du développement de l'enfant étaient en plein essor, la recherche, par esprit pratique, ne s'intéressa quasiment qu'à la relation du nourrisson avec sa mère. Au niveau conceptuel, il est vrai, il est plus simple d'étudier une relation dyadique (entre deux personnes) que de chercher à comprendre comment l'ensemble du système familial interagit. De plus, comme les chercheurs travaillent en général pendant la journée, et qu'à ce moment-là les pères sont eux aussi au travail, les mères étaient bien souvent le seul parent disponible. Ainsi, consciemment ou pas, les théories psychiatriques contribuèrent à préserver le mythe ôtant toute importance aux pères.

C'est seulement depuis ces vingt dernières années que les chercheurs commencent à s'intéresser au père et à son rôle dans le développement de l'enfant. Plusieurs facteurs furent à l'origine de cette nouvelle approche, et en premier lieu les conditions socioculturelles qui régnaient dans les années soixante-dix. A l'époque, la structure de la famille traditionnelle commençait à sérieusement se modifier, le

---

[6] John Bowlby (1966). *Maternal Care and Child Health.* New York, Schoken Books, p. 13.

taux de divorce avait augmenté et les pères étaient physiquement absents dans de nombreux foyers. En conséquence, l'impact de cette absence paternelle devint un centre d'intérêt de la recherche. Mais à l'image des mythes sur les relations père-enfant, la plupart des études ne s'intéressèrent aux conséquences de cette absence que sur les garçons, ignorant celles qu'elle pouvait avoir sur les filles.

D'autres facteurs renforcèrent également l'intérêt porté au rôle du père dans la famille. Beaucoup de pères divorcés, malgré leur absence du foyer, faisaient d'énormes efforts pour s'impliquer activement dans la vie de leurs enfants. Cela nous permit de comprendre que les enfants pouvaient parfaitement développer des relations fortes avec d'autres personnes que leur mère. A la même époque, les chercheurs découvrirent aussi que les nourrissons étaient plus que des récepteurs passifs d'interactions et suggérèrent que l'on avait peut-être sous-estimé leur capacité à développer des relations.

Au moment même où l'on faisait ces découvertes, le secteur de la santé mentale comprenait peu à peu que le développement de l'enfant n'est jamais sous l'influence d'un seul facteur, unique et indépendant, et commençait à apprécier la complexité et l'influence de l'environnement familial élargi. De simples concepts comme la relation à la mère ne suffisaient plus à expliquer le comportement de l'enfant ; les thérapeutes reconnaissaient que la qualité de la relation entre les parents avait un réel impact sur l'enfant ; de nouveaux travaux sur le développement des adultes révélaient que l'expérience de parent affectait aussi bien l'homme que la femme... autant de facteurs qui ouvraient la voie à une nouvelle reconnaissance de l'importance du rôle du père dans la famille.

Lorsque nous eûmes élargi notre vision des choses et accepté l'idée que le père était important pour ses enfants, de nombreuses découvertes intéressantes virent le jour. En 1974, deux médecins américains écrivirent ainsi un article sur les conséquences qu'engendre l'arrivée d'un enfant sur les pères, phénomène qu'ils appelèrent « *engrossment* » : d'après leurs observations, les pères développent un lien très étroit avec le nouveau-né, et pendant les tout premiers jours de sa vie, ils sont comme “accrochés” à l'enfant. Les deux médecins constatèrent aussi que la société ne les aidait pas à maintenir cette relation et à se sentir à l'aise avec le bébé. Les pères sur lesquels portait leur étude avaient également fait part du profond sentiment d'accomplissement et de valorisation qu'avait fait naître en eux l'arrivée de l'enfant.

Le fait de devenir père éveille en l'homme d'étonnantes et puissantes émotions. C. McEnroe, père d'un bébé et écrivain, comparait récemment ses sentiments à « un feu d'artifice intérieur », comme si des « boules de feu d'amour » l'avaient traversé[7]. Dans son livre, McEnroe apporte la preuve que le fait de s'occuper de leurs enfants peut aider les hommes à découvrir en eux des côtés merveilleux auxquels ils n'auraient pas eu accès autrement. Encore faut-il, bien sûr, qu'ils s'autorisent à vivre cette expérience.

Il arrive que même avant la naissance, les hommes se préparent psychologiquement à leur futur rôle de père. Pendant ces neuf mois, ils sont souvent d'humeur instable et passent par des périodes d'angoisse et d'inquiétude. Lors d'une étude portant sur des grossesses normales, on a constaté qu'un futur père sur quatre allait consulter pour des symptômes gastro-intestinaux qu'il n'avait jamais manifestés auparavant. Dans certaines sociétés plus primitives, la couvade (lorsque l'homme simule le travail et la délivrance) est un phénomène très fréquent : le fait que l'homme accompagne ainsi sa femme en simulant physiquement l'accouchement est censé atténuer la douleur et la protéger, ainsi que l'enfant, pendant le processus de la naissance.

La relation père-enfant peut s'établir assez tôt dans la vie de l'enfant et elle est aussi importante pour le nourrisson que pour le père. A neuf mois, les bébés sont déjà très attachés à leur père. En fait, c'est parce qu'ils interagissent avec leurs bébés d'une façon différente des mères que les pères peuvent jouer un rôle crucial et unique dans la socialisation des enfants. Les mères s'occupent des enfants et de

---

7 C. McEnroe (1991). *To Joey with love from a guy who grew to see fireballs*. Hartford Courant, dimanche 16 juin 1991, p. 1.

leur éducation. Elles sont souvent plus conventionnelles, plus prévisibles et plus orientées sur le résultat que les pères. Ce sont elles qui donnent à manger aux enfants, les baignent et changent leurs couches, tandis que les pères jouent avec eux, les stimulent physiquement et les incitent à l'action. Les bébés commencent à associer le père au jeu, à l'aventure, aux nouvelles expériences, à la spontanéité ; ils s'intéressent à lui et, quand les circonstances le permettent, une relation réciproque peut alors se développer.

Le travail des anthropologues peut nous éclairer et aider les hommes à devenir un parent plus actif. Parmi ceux qui se sont intéressés au sujet, plusieurs ont découvert que ce rôle de père actif était un comportement plastique, modelable, fortement affecté par l'environnement. Les recherches de William Redican effectuées sur d'autres primates[8] ont ainsi révélé que ce comportement est présent chez certaines espèces où l'on ne s'attendait pas du tout à le trouver, y compris chez des animaux mâles très indépendants et très agressifs. Il en a conclu que l'instinct paternel est une capacité innée, dont la présence dépend dans une large mesure des possibilités d'expression qui lui sont offertes.

Après avoir étudié différentes cultures humaines, les anthropologues Mary West et Melvin Konner sont parvenus à des conclusions similaires. Pour eux, il n'existe pas une façon unique, naturelle ou correcte d'être père : ce sont les rôles culturels de l'homme et de la femme qui nieront ou favoriseront l'expression de l'instinct paternel. West et Konner ont constaté que les cultures dans lesquelles les pères sont les plus impliqués sont des cultures où il n'y a pas de guerre, où les relations entre hommes et femmes sont monogamiques, où la division du travail permet aux pères d'avoir accès à leurs enfants et où le travail de la mère à l'extérieur de la famille est considéré comme important. Nous pouvons peut-être tirer des leçons des travaux de West et Konner. C'est quand l'homme et la femme travaillent

---

8 W. K. Redican (1976). *Adult male-infant interactions in non-human primates*. In M. E. Lamb (ed.), *The Role of the Father in Child Development*. New York, John Wiley.

ensemble, en vrais partenaires, que les hommes peuvent remplir leur rôle de père. Cela semble facile, n'est-ce pas ?

Ces travaux récents sur la relation père-enfant réfutent le mythe qui voudrait que l'instinct parental soit plus fort chez la femme, voire exclusivement féminin. En réalité, les qualités parentales se développent “sur le tas”. C'est la pratique qui rend les mères “expertes”. Et c'est en ne pratiquant pas que les pères restent désarmés, même s'ils peuvent développer cet attachement réciproque que nous associons généralement à la mère. On a constaté que les enfants ayant des pères impliqués dans leur éducation ont un meilleur fonctionnement cognitif et développemental, une plus grande empathie, un meilleur contrôle de soi et des stéréotypes moins rigides à propos du rôle de l'homme et de la femme. Une étude menée sur 17 familles dans lesquelles le père était celui qui s'occupait le plus des enfants a montré que les bébés de ces familles étaient plus réactifs socialement et avaient un développement supérieur à la moyenne. Quand les pères sont obligés de s'occuper des bébés, quand ils y sont incités ou quand ils choisissent de le faire, ils en sont tout à fait capables. Bien qu'ils l'expriment de façon différente, les parents ont tous deux la capacité d'élever des enfants et de s'en s'occuper. Et le père peut être un parent de première classe au lieu d'un citoyen de second ordre.

L'INFLUENCE CULTURELLE SUR LE RÔLE DU PÈRE

Se sentir soutenu et en sécurité dans son rôle de parent est aujourd'hui un objectif malheureusement hors d'atteinte pour les hommes comme pour les femmes. Les mass médias et la psychologie populaire, les deux nouvelles influences de la seconde moitié du XXème siècle, nous assaillent d'informations sur les dernières tendances et les meilleures méthodes d'éducation des enfants. Chaque journal, chaque magazine que nous prenons en main propose une nouvelle théorie en remplacement des conseils personnels que les parents recevaient de leurs familles élargies, à l'époque où ce n'étaient pas encore des cellules éclatées. Mais les avis des experts changent sans arrêt et peuvent ne pas être adaptés aux besoins des individus concernés.

Susie Orbach, psychothérapeute féministe, a beaucoup écrit sur les facteurs socioculturels à l'origine des troubles alimentaires. Pour elle, les incessants changements des tendances définissant la meilleure manière d'éduquer les enfants ont contribué à créer une insidieuse insécurité chez les parents, insécurité qui, à son tour, contribue au développement des troubles alimentaires. Elle affirme que « la rigidité du syndrome est une tentative symbolique pour rendre cohérentes des choses qui ne le sont guère, et pour créer une manière d'être qui soit solide et sûre et puisse résister à cette exigence de changement[9]. »

La confusion qui règne autour du rôle de la mère touche aussi bien les hommes que les femmes ; et si elle peut être à l'origine de problèmes comme les troubles alimentaires, elle peut aussi créer des évolutions positives pour la famille. Certaines se sont d'ailleurs déjà produites. En tant que culture, nous avons ainsi commencé à reconnaître que les pères pourraient et devraient s'occuper de leur famille, et que les deux parents devraient se partager l'éducation des enfants. Nous avons commencé à nous intéresser aux droits des pères et à leur reconnaître le droit de garde et de congé de paternité. Mais parallèlement à ces changements qui favorisent un rôle plus actif du père, nous assistons aussi à une augmentation des taux de divorce et, en conséquence, à la rupture des relations père-enfant. Aux Etats-Unis, l'augmentation du nombre de femmes chef de famille fait que des millions d'enfants grandissent sans père. C'est une époque critique pour les pères et pour les familles. Nous devons en finir avec le schéma de la faim du père. Les enfants ont besoin dans leur vie aussi bien des hommes que des femmes. Nous devons lever le voile sur le mystère des pères et les rendre plus accessibles à leur famille. Nous devons mettre un terme à cette rétrogradation culturelle du père vers un rôle de citoyen de second ordre.

---

9 S. Orbach (1986). *Hunger Strike : The Anorectic's Struggle as a Metaphor for our Age*. New York, W. W. Norton, p. 42.

Thèmes de réflexion

- Imaginez ce que serait votre relation avec votre père si vous aviez vécu à une autre époque. Quelle aurait été alors l'influence de la culture sur son rôle ?

- Que pourraient faire les employeurs afin de rendre les hommes plus disponibles pour leur famille ? Quelle influence le congé de paternité et la flexibilité du temps de travail pourraient-ils avoir sur les enfants et sur les familles ?

- Que pourrait-on faire au niveau des droits de garde et des droits de visite pour favoriser la relation père-enfant ?

4

LE DÉVELOPPEMENT PSYCHOLOGIQUE DES HOMMES : *une base peu solide pour la paternité*

Pères et adolescentes ont chacun leurs propres soucis, leurs propres rêves, insécurités, pulsions et désirs qui, jusque-là, étaient peut-être en sommeil, plus faciles à gérer ou moins importants. Mais lorsque la fille entre dans la puberté, les différences et les conflits qui les opposent s'accentuent. L'adolescence remet en cause l'équilibre, à la fois entre les deux sexes et entre les générations. Beaucoup de pères et de filles voient alors leur relation se briser totalement, rupture qui conduit la jeune fille à désirer de tout son être l'affection et l'approbation paternelles — en d'autres termes, à ressentir la faim du père.

Ce sont des moments difficiles, pour la fille comme pour le père. Tous deux peuvent être perturbés par des problèmes non réglés remontant à leur enfance et par les changements qui couvent face à cette nouvelle phase de leur vie. Le père, parvenu à l'aube de la seconde moitié de son existence, vit une transition qui lui fait reconsidérer ses objectifs et ses valeurs : peut-être va-t-il décider de modifier sensiblement sa vie, jetant la confusion chez sa fille déjà en proie au chaos de l'adolescence ; ou bien va-t-il devenir très rigide, incapable de s'adapter aux combats et aux besoins d'un adolescent. La fille, en pleine période de construction de son identité, traverse quant à elle une phase de vulnérabilité qui lui fait aborder la relation avec un sens incertain d'elle-même. Elle a besoin d'être soutenue, sécurisée, acceptée, tout particulièrement par l'homme le plus important de sa vie. Malheureusement, les pères sont dans bien des cas mal préparés à répondre à cette demande.

Les différences entre les psychés masculine et féminine, qui contribuent à la faim du père et qui sont si manifestes dans les familles où l'on rencontre des troubles alimentaires, commencent à la naissance et s'enracinent dès la toute petite enfance. Pour certains psychologues, ces différences existeraient déjà avant la naissance, issues de l'inconscient collectif et de l'histoire de l'humanité, ou bien des comportements, attentes et expériences personnelles des parents, ou encore des différences physiologiques présidant au développement et au fonctionnement des deux sexes.

Quoi qu'il en soit, quelle que soit la cause de ces différences, ou le moment de leur apparition, la socialisation et l'expérience culturelle exercent une forte influence sur les hommes et sur les femmes. Je partage l'avis des psychologues féministes qui considèrent le contexte socioculturel actuel comme « une entrave au développement des jeunes filles »[1]. Mais il en est de même pour les jeunes gens. Les garçons grandissent privés de liens profonds, et tout particulièrement de relations constructives avec des figures paternelles. Aucun des deux sexes ne semble jouir d'un départ sain ou facile dans la vie. Avec notre façon actuelle d'élever les enfants, chaque sexe semble contrarié dans son expression, incomplet et non soutenu par l'autre.

Ce chapitre étudiera comment, dans notre société occidentale, le développement psychologique des hommes affecte leur rôle de père et leur fait reproduire le cycle selon lequel un homme qui a été privé d'un lien profond avec son père, se

---

1 C. Steiner-Adair (1989). *Developing the voice of the wise woman : College students and bulimia.* In L. C. Whitaker and W. N. David (eds) : *The Bulimic College Student : Evaluation, Treatment and Prevention.* New York, Haworth Press, p. 152.

trouve dans l'incapacité de pourvoir aux besoins de la génération suivante. Ce rôle, de par les différences entre ses aptitudes propres et les besoins de sa fille, sera plus difficile encore face à une adolescente.

« DÉTACHEZ-VOUS ! PRENEZ VOS DISTANCES ! »

La formation de la personnalité repose sur la différenciation du moi, ou création d'une identité individuelle. Il s'agit là d'un processus d'une grande complexité, qui durera toute la vie et exige énormément de la personne qui prend soin de l'enfant. Dans la culture occidentale, ce rôle échoit généralement à la mère — d'où une évolution différente chez les garçons et les filles, avec des effets divergents qui par la suite affecteront l'adaptation personnelle, la relation de couple et le rôle de parent.

Pour les garçons, construire une identité et se différencier signifie quitter la chaleur et les caresses maternelles pour se rapprocher du père, parent plus distant, moins démonstratif, et souvent plus exigeant. C'est un processus difficile, en raison de la nature particulière de la relation qui lie les mères à leurs fils. Des études ont montré que celles-ci permettent davantage à leurs fils de jouer avec la nourriture et d'établir leurs propres horaires de repas, alors qu'elles demandent à leurs filles de se plier à des demandes plus extérieures telles que manger proprement et à heures fixes. Les mères sèvrent leurs garçons et leur apprennent à être propres plus tard que leurs filles. Ainsi la relation mère-fils peut-elle être considérée comme permissive, ou à tout le moins spéciale et très aimante.

L'indulgence dont la plupart des garçons font l'objet durant leur petite enfance crée des difficultés lorsque, un peu plus tard, ceux-ci sont confrontés aux phases de développement exigeant de se détacher de leur mère. Ils avaient l'habitude d'être dorlotés, et voilà maintenant que leur mère les pousse “hors du nid” ! Quand leur mère les incite à trouver leur indépendance, les fils comprennent instinctivement la nécessité de se séparer et de devenir autonomes. Il n'en reste pas moins que cette coupure avec la mère peut s'avérer très traumatisante, et d'autant plus si le père est absent, se désintéresse de son fils ou le rejette. Un lien profond avec leur père peut, au contraire, aider les garçons à faire face à cette nouvelle relation avec leur mère.

Mais dans notre société, les hommes sont généralement peu disponibles pour les enfants. Beaucoup de garçons ne connaissent jamais les encouragements, l'affection, le soutien ou la profondeur d'une relation avec un homme adulte. Il arrive que ces garçons ne sachent pas comment rechercher un soutien, ou qu'ils grandissent sans même savoir comment se faire des amis parmi leurs pairs.

Privés de la relation douillette avec leur mère et dans l'incapacité de trouver un lien profond avec les hommes, les garçons grandissent avec de nombreux besoins émotionnels non satisfaits. Ceux-ci sont généralement ajournés jusqu'à la rencontre d'une femme qui compte, car les hommes se sentent souvent plus à l'aise pour exprimer ou rechercher l'affection dans la relation physique. Se retrouver dans les bras d'une femme aimante les aide peut-être à renouer le contact avec des stades antérieurs de leur développement où ils se sentaient choyés par leur mère.

Cette question non réglée et la déception du garçon dans sa relation avec ses parents affecteront également son comportement de père. Par exemple, un homme qui ne peut se sentir proche d'une femme que dans une relation physique, peut ne pas savoir comment rester proche de sa fille lorsque sa sexualité se développe. Nombreux sont les pères qui choisissent de s'éloigner de leur fille pour éviter ce malaise. D'autres hommes, dont les besoins relationnels ne peuvent être satisfaits que par la relation nourricière féminine qui leur manque depuis leur enfance, deviendront quant à eux excessivement dépendants de leur fille, allant jusqu'à en faire inconsciemment une seconde mère ou une seconde épouse, voire entretenir une relation sexuelle avec elle.

Pour mieux comprendre les besoins non satisfaits de l'homme, il suffira de songer aux messages que nous adressons aux petits garçons pour les inciter à devenir indépendants et à se développer. « Sois un grand garçon », « Débrouille-toi tout seul », « Sois fort », « Ne pleure pas », « Cela ne fait pas mal », s'entendent-ils répéter depuis la petite enfance — pour ne citer que quelques-uns de ces nombreux messages invalidants. Nous apprenons aux petits garçons à ne pas reconnaître ou, au minimum, à ne pas exprimer leurs émotions, et nous leur affirmons qu'ils n'ont besoin de personne.

Ces directives incessantes leur laissent un sentiment de vide, de solitude, de peur et de vulnérabilité ; mais ils ne sont pas censés éprouver de tels sentiments, et font comme si tout allait bien. Très tôt les petits garçons se font à l'idée que les émotions sont "féminines" — c'est bon pour les "mauviettes". Puisqu'on veut faire d'eux "des hommes", ils se mettent à dévaloriser les sentiments et à nier leurs besoins. Ainsi, nous encourageons en fait les garçons à se couper non seulement de leurs deux parents, mais également de leur propre vie émotionnelle intérieure.

LE PRIX DE L'AUTONOMIE : « PAS DE SATISFACTION »

Les pressions psychologiques et sociales que subissent les garçons au cours de leur développement vont nous aider à comprendre pourquoi les hommes trouvent si rarement satisfaction en eux-mêmes ou dans leurs relations. Cernés de messages qui musellent l'expression émotionnelle masculine, les garçons ne peuvent pas faire savoir à autrui combien ils se sentent tristes et seuls tandis qu'ils doivent rompre avec leur mère et s'efforcent de s'identifier à leur père et de l'imiter. S'ils reconnaissent la force et le pouvoir de leur père dans le monde, ils perçoivent également en lui un homme qui fonctionne de façon minimale dans la famille et qui se montre souvent démuni sur le plan émotionnel et relationnel. Les pères étant dans l'incapacité d'admettre ces "faiblesses", les fils nient ce qu'ils ont perçu et masquent leurs propres sentiments de faiblesse ou de manque en faisant tout ce qu'ils peuvent pour communiquer avec leur père et obtenir son approbation.

Le prix que les garçons doivent payer pour obéir à ces injonctions — se séparer de leur mère, être fort, réussir, *faire* plutôt que *sentir* — est très élevé. Les hommes grandissent en ne connaissant, selon la formule de Mick Jagger, *No satisfaction*, « Aucune satisfaction ». Comment, alors que nous leur apprenons à ignorer ou éviter les émotions, les garçons pourraient-ils trouver “satisfaction”, trouver un lien avec eux-mêmes et autrui qui leur fasse du bien, qui représente l'amour, l'acceptation, la sécurité ? A cela, ils vont faire face de diverses façons.

Les comportements axés sur la performance — tentative logique pour construire un lien réciproque avec le père, pour amoindrir la souffrance de la séparation et obtenir quelque “satisfaction” — se mettent en place très tôt. Nous connaissons tous de ces petits garçons endurcis qui jouent dans une équipe benjamine de football [américain], se font casser les dents et exhibent tout au long de l'année des genoux couronnés. Ils se forcent à exceller, imitant le comportement de leur père dans l'espoir de recueillir son attention et d'approfondir leur relation.

Si la plupart des garçons s'efforcent de satisfaire, et parfois de vivre les fantasmes de leur père, d'autres rejettent ces valeurs. Ce seront des rebelles, peut-être sujets aux problèmes scolaires — s'ils ne vont pas jusqu'à la délinquance. Ces garçons se construisent une solide carapace pour masquer leur solitude et leur sentiment de rejet. Mais la pulsion sous-jacente reste la même : ils sont affamés de satisfaction — avides d'une relation qui leur fasse du bien.

Quand les garçons sortent de l'enfance sans avoir établi de liens satisfaisants, ils entrent blessés dans l'adolescence. Ils ont appris à garder leurs sentiments à l'intérieur et à essayer d'obtenir la satisfaction de leurs besoins par des voies détournées. Ils ont aussi pris pour acquis que la place des hommes se trouve à la périphérie de la famille et qu'ils sont reconnus pour leur réussite sociale. Ils auront eu parfois le sentiment que leur père les négligeait, mais sont également persuadés qu'ils ne devraient pas avoir besoin de lui. Beaucoup ont entendu raconter combien leur père s'était sacrifié pour eux, et ne se sentent pas habilités à solliciter une relation profonde : leur père ne leur a-t-il pas déjà donné sa vie ? La culpabilité éprouvée par un fils à propos de ses besoins se transforme rapidement en une forme subtile de loyauté. Ceci est manifeste chez les jeunes gens qui tentent de résoudre leurs sentiments de perte, de colère et de culpabilité en adoptant un mode de vie et des valeurs similaires à ceux de leur père. Quant à ceux qui ont connu une période de rébellion, leur remords peut être si vif qu'ils feront face en manifestant une loyauté excessive.

Le développement de cette loyauté familiale est un processus inconscient, insidieux et puissant, qui vise l'obtention de quelque satisfaction au travers d'une relation plus profonde. Les jeunes gens dont le père était absorbé par son métier, par exemple, deviennent souvent des bourreaux de travail pour créer un lien avec leur père. Leur faim du père est convertie en réussite professionnelle. Comme leur père, ils vont bâtir le monde — et jouer un rôle minimal dans la vie de leurs enfants. A l'inverse, s'ils ne réussissent pas leur vie professionnelle, certains hommes vont sombrer dans la dépression, voire abandonner leur famille, sous prétexte de leur incapacité à honorer la fidélité qu'ils pensent devoir à leur père et à respecter le scénario qui a été écrit pour eux. Et le cycle se poursuit : en essayant de rester loyaux envers leur père, les hommes qui ont grandi sans père vont élever leurs enfants de la même façon. La faim du père, perpétuée sous forme de loyauté envers les vieux mythes et les vieilles traditions, reste plongée dans l'ombre.

Pour faire face à leur besoin d'une relation profonde, certains hommes vont même manifester une loyauté excessive envers les valeurs de leur père, en essayant par exemple de le surpasser sur le plan financier. Ceux qui y parviennent découvrent cependant parfois que ce faisant, ils ont abandonné le système de valeurs familial et se trouvent confrontés à une pression et un mode de vie inconnus. Face à cette expérience d'adulte à laquelle leur père ne les a pas préparés, ils se sentent particulièrement délaissés et négligés. Ce sont des bourreaux de travail, mais qui n'ont aucune énergie pour les relations personnelles. Il leur manque un lien tant avec leur père qu'avec leur famille, avec le passé qu'avec le présent.

D'autres hommes vont vouloir créer un nouveau terrain, en essayant de davantage s'impliquer émotionnellement avec leur famille. Certains se livrent à un travail intérieur. Mais tout comme leurs contreparties qui cherchent à surpasser leur père sur le plan matériel, eux aussi peuvent se sentir privés de père, abandonnés et mal préparés.

La plupart des hommes de notre société, en dépit des divers chemins qu'ils peuvent prendre dans leurs relations importantes, ont eu des pères distants, non impliqués. Ils entrent dans l'âge adulte, le mariage et la paternité avec de graves blessures engendrées par un processus de socialisation qui les a détournés de leurs sentiments. Ils en restent meurtris d'un profond désespoir et avides d'une relation profonde avec leur père. Ayant chèrement payé la séparation, ils ne connaissent qu'une satisfaction minime, voire nulle, dans leur relation à eux-mêmes et à autrui, et sont piètrement équipés pour élever leurs enfants, particulièrement leurs adolescentes de filles.

LE SYSTÈME DE VALEURS MASCULIN

De cette pression mise sur les hommes pour les séparer si totalement, découlent un système de valeurs, une vision du monde et une série de comportements spécifiques au sexe dit fort, qui handicapent les pères dans leur rôle au sein de la famille. L'accent mis sur la séparation donne aux hommes un grand pouvoir dans le monde. Cependant, les mêmes valeurs et comportements qui engendrent le statut social à l'extérieur de la famille, ne sont dans bien des cas guère appréciés à la maison. En fait, les actes et comportements qui assurent la réussite sociale aux hommes conduisent souvent à la déception dans les relations privées. Il s'agit là de ce que nous appelons une double contrainte : la réussite dans le monde conduit souvent au vide à la maison. Ainsi, le cycle de la faim réciproque du père se poursuit : les pères ont faim d'un contact profond et d'approbation, et les enfants ont faim de leur attention.

Contrôle de soi, indépendance, autonomie et individualité : ces valeurs naissent de cette emphase sur la séparation, encore accentuées par un processus de socialisation qui apprend aux garçons à n'avoir besoin de personne, à se prendre en charge, et à ne pas laisser les autres leur dicter leur loi. Ils apprennent à s'affirmer, à protéger leur territoire ou leur réputation, et à lutter pour leurs droits. L'usage de la violence ou de l'agression physique est le cas échéant acceptable. Celui qui n'a pas les muscles ou l'envie de se battre, sera considéré comme incapable, comme une “poule mouillée”, et selon toute vraisemblance mis au ban de la société. Un garçon doit rechercher la liberté et l'autonomie, et tout en lui doit montrer qu'il sait mener sa vie et a du pouvoir sur lui-même et sur les autres.

Contrairement aux filles, les garçons apprennent à ne pas tenir compte des opinions d'autrui. Leur estime et leur sens d'eux-mêmes se trouveront par conséquent moins affectés par les opinions des autres que ceux d'une fille. Tandis que les filles voient dans la popularité le moyen de mesurer leur valeur personnelle, les garçons mettent l'accent sur l'indépendance, le savoir-faire, la compétence et la réussite. Les garçons se soucieront moins de blesser les sentiments d'autrui et prendront donc plus fréquemment des risques. Même s'ils ont peur de faire quelque chose, les hommes se sentent poussés à le faire, parce qu'il “faut le faire”, sans trop se soucier des conséquences interpersonnelles. Le processus de prise de décision est ainsi très différent d'un sexe à l'autre, les hommes faisant des choix plus rapides, plus strictement rationnels, alors que les femmes vont constamment considérer les implications sur leur entourage. Ainsi, tandis que « l'impératif moral ... chez les femmes est une injonction à se montrer attentionnées »[2], pour les hommes, cela sera de respecter l'indépendance et les droits individuels.

Ces valeurs opposées entraînent filles et garçons à réagir différemment en de nombreuses circonstances de la vie. Si par exemple vous observez des enfants dans une cour de récréation, vous pourrez voir l'impact de cette divergence sur leur comportement social. Vous remarquerez probablement que les garçons semblent davantage apprécier les jeux physiques que les filles. (Ce comportement pourrait-il refléter les interactions encouragées chez les garçons au

---

2 C. Gilligan (1982). *In a Different Voice : Psychological Theory and Women's Development*. Cambridge, Harvard University Press, p. 100.

moment de la tétée et des repas ? Souvenez-vous que dès le départ, les mères tendent à davantage permettre aux petits garçons un rôle actif au sujet de la prise de nourriture, tandis qu'elles encouragent les petites filles à bien se tenir et à vivre les repas plus passivement. De par la fréquence des repas lors de la première année de la vie, les interactions qui se produisent à ces moments-là s'engramment et peuvent tout à fait affecter par la suite les comportements ludiques de l'enfant.) Vous observerez probablement aussi que les jeux des garçons durent plus longtemps que ceux des filles, et qu'ils se poursuivent même en cas de différends. Les garçons tolèrent les disputes (peut-être même y prennent-ils plaisir) et les règlent de telle sorte que le jeu puisse se poursuivre. Mais si une controverse s'élèvent entre des filles, celles-ci ont davantage tendance à mettre fin au jeu ou à modifier les règles plutôt que de risquer d'engendrer un conflit. Les filles vont en fait, par peur des ennuis, s'adonner à des jeux moins compétitifs. Ainsi, en jouant, les garçons apprennent à organiser leur entourage et à négocier les problèmes, tandis que les filles apprennent qu'il est plus important de se montrer attentionnées envers les autres et d'éviter la compétition.

Avec des antécédents aussi différents, le père et la fille vont apporter dans toutes leurs interactions des aptitudes et des comportements eux aussi fort différents. Les pères aimeront faire et réussir des choses, alors que les filles se contenteraient peut-être de simplement parler et partager des émotions. Tandis que les hommes mettent l'accent sur le fruit de l'action, son principe ou la réussite, les filles vont donner du prix au processus. Les pères peuvent ainsi insister sur la compétition et la récompenser, mais les filles auront peut-être peur de réussir, pour ne blesser personne. Enfin, tandis que les hommes attachent du prix à l'indépendance, leurs filles peuvent apparaître dépendantes, tout simplement parce qu'elles meurent d'envie de contacts profonds. Cet écart entre les scénarios et valeurs masculins et féminins provoque beaucoup d'incompréhension entre les hommes et les femmes et influence indubitablement la façon dont le père adulte et la fille adolescente négocient leur relation. Les jeunes gens deviennent des pères qui ont appris à être séparés, indépendants et sans émotions, tandis que leurs filles ont besoin d'être reliées, interdépendantes et expressives. D'où faim du père.

IMAGE DU CORPS, SEXUALITÉ, NOURRITURE ET ÉDUCATION

Cette insistance sur la séparation détermine également la façon dont les hommes ressentent leur corps, la sexualité, la nourriture et l'éducation. Leur comportement dans ces domaines est par conséquent spécifiquement masculin, ne leur offrant aucune base vécue à partir de laquelle développer une compréhension intuitive de ce que leurs filles vivent et ressentent.

Cet état de fait à l'âge adulte provient d'un processus qui commence très tôt dans le développement, lorsque les garçons et les filles reçoivent des messages opposés sur le plaisir physique. Les parents prennent à propos de questions aussi simples que l'habillement, des décisions inconscientes qui peuvent avoir un impact durable sur la façon dont l'enfant vivra son corps. Ainsi, dès leur plus jeune âge, ils font porter aux garçons des vêtements confortables conçus pour l'activité et la découverte. Les garçons sont donc incités à prendre du bon temps et à ne pas être gênés par leurs vêtements. Ils voient leur corps comme un instrument de plaisir et de loisir — c'est leur propriété, pas celle de maman.

Au fur et à mesure qu'ils grandissent, les garçons considèrent souvent comme un avantage d'avoir un corps plus grand, car cela leur permettra de pratiquer des sports ou d'autres activités requérant une plus grande taille ou davantage de force et leur donnant l'occasion de se montrer “performants”. En fait, les garçons désirent souvent, au moment de la pré-adolescence et de l'adolescence, prendre du poids afin de ressembler à leurs héros — pour beaucoup de grandes figures du sport dotées d'un physique avantageux. Certains hommes s'engagent même dans des activités autodestructrices tels que l'abus de stéroïdes, des changements de régime alimentaire ou un exercice excessif pour obtenir un corps plus fort, plus musclé. Ajoutons à cela que depuis l'aube des temps, des types de corps masculins fort divers sont considérés comme normaux, ce qui permet à beaucoup d'hommes d'accepter leur corps.

La sexualité se vit elle aussi différemment chez les hommes et chez les femmes. Les garçons, qui perçoivent que leur corps va leur donner du plaisir et souvent aussi du pouvoir, voient avec bonheur leur corps grandir et se fortifier au moment de la puberté. Et si parfois ils s'inquiètent de leur performance en ce domaine, l'activité sexuelle suscite moins de conflits chez les hommes car ils acceptent mieux leur aspect physique et leurs pulsions. Alors que le sexe peut être un exutoire pour les hommes, il tend à constituer un sujet de préoccupation chez les femmes. Celles-ci critiquent leur corps, pensent que les hommes ne vont pas vraiment les aimer, et sont obsédées par la grossesse. D'une façon générale, tandis que la puberté, le développement physique et la sexualité suscitent des conflits et signifient une perte de pouvoir chez les femmes, les incitant à douter encore davantage d'elles-mêmes, les hommes associent ces changements à une amélioration de leur statut et de leur performance.

L'avancée en âge est également vécue différemment selon le sexe de l'individu. On trouve les hommes plus séduisants et plus puissants au fur et à mesure qu'ils vieillissent, alors que, sous la pression des valeurs culturelles de la société occidentale, les femmes voient décliner leur beauté et leur influence. Une carte d'anniversaire adressée par l'une de mes amies à mon mari illustre parfaitement ce contraste. Sur le premier volet de la carte, se trouvaient dessinés deux personnages, une femme à l'air plutôt triste et un homme souriant ; ce dessin était accompagné du texte suivant : « Les femmes vieillissent — Les hommes deviennent distingués. Les femmes se rident — Les hommes se patinent. Les femmes deviennent séniles — Les hommes deviennent charmants. » Et à l'intérieur on pouvait lire : « J'allais te souhaiter un bon anniversaire, mais je ne suis pas sûre de toujours t'aimer. »

De la même façon qu'ils vivent leur corps comme un instrument de liberté, les hommes voient dans le vieillissement une garantie de pouvoir et de puissance. A l'inverse, les femmes vivent leur corps et le vieillissement comme des prisons. Autant les hommes se sentent gagner du pouvoir au fil des ans, autant les femmes ont le sentiment d'en perdre. Le vieillissement n'est cependant pas totalement exempt de conflits pour les hommes. Ceux-ci peuvent connaître des crises vers le milieu de leur existence, et traverser des périodes d'anxiété en voyant leur performance physique commencer à décliner. En réaction à cela, certains vont s'adonner à outrance à des exercices physiques censés les maintenir en forme, ou avoir des aventures avec des femmes plus jeunes afin de prouver leur virilité.

La relation père-fille peut souffrir de tels conflits. Un père mal dans sa peau, qui ne se sent pas sûr de lui ou qui manifeste une sexualité débordante, il y a là de quoi effrayer une fille. S'il semble préoccupé par ce qui a trait au sexe ou se montre tout à coup moins discret quant à ses comportements sexuels, sa fille ne saura plus où elle en est ni comment réagir, elle qui a tant besoin durant cette phase de l'adolescence du soutien et de la stabilité de ses parents. A cela vient s'ajouter la tendance du père à la séparation et au déni, laquelle l'empêche de se rendre compte des besoins et des réactions de sa fille. La distance ainsi créée aura pour résultat d'intensifier la faim du père éprouvée par l'adolescente.

Autre domaine où des différences peuvent apparaître entre les hommes et les femmes : la nourriture. Les hommes, qui acceptent mieux leur physique, peuvent se sentir plus libres de goûter la bonne chère, car ils se soucient moins de leur poids — d'autant que les messages publicitaires du monde de la mode et des fabricants de régimes s'adressent peu à eux. Les femmes, en revanche, considèrent souvent la nourriture comme un ennemi, comme un combat à gagner. Mais pour les hommes, qui ont tant d'autres domaines où ils se sentent responsables, contrôler leur alimentation ne constitue pas un outil de mesure de leur estime d'eux-mêmes.

Par ailleurs, les hommes ne se sentent généralement pas obligés de faire la cuisine, cette tâche revenant habituellement aux femmes. Là encore, leur relation à la nourriture, qu'il s'agisse de cuisiner ou de manger, peut être une relation de plaisir. De même, s'occuper des autres, les nourrir, physiquement ou psychologiquement, reste pour eux davantage une option qu'une obligation. Cependant, beaucoup d'hommes préfèrent se tenir éloignés de la cuisine ou d'autres tâches domestiques par peur de l'échec. L'importance que leur éducation a donné à la réussite peut engendrer de nombreux obstacles à leur engagement dans des comportements parentaux rassurants pour les enfants. Certains hommes ne sauront jamais réellement comment entretenir ou "nourrir" une relation.

Les messages constants les incitant à "faire" et à se montrer autonomes peuvent occulter le désir naturel des hommes d'entrer en relation avec autrui. Ces schémas ont pour effet de susciter des problèmes d'intimité chroniques chez les deux sexes. Les hommes se sentent coupés du père qui n'était jamais là pour eux, d'où leur incapacité à être présents pour leur fille. Et la relation d'une fille avec son père constituant le prototype de ses relations futures avec tous les hommes, sa faim du père colorera sa vie jusqu'à la fin de ses jours.

Prenons quelques instants pour résumer ce qui, dans le développement des hommes, est susceptible de provoquer par la suite des difficultés dans des relations intimes telles que le rôle de parent. La façon dont ils sont élevés et le déni qui leur est inculqué coupent les hommes de leurs sentiments et les font agir de façon mécanique. Pourtant, ils ne naissent pas ainsi : c'est notre culture qui les fait entrer dans ce moule. Quand les petits garçons se détachent de leur mère, ils n'ont personne vers qui aller. Leur père n'est en règle générale pas disponible, ainsi, cette pression exercée pour qu'ils se détachent de leur mère laisse les petits garçons dans un sentiment de solitude et d'isolement. Comme ils mûrissent, ils éprouvent des difficultés à établir des relations étroites avec autrui : l'exemple du passé ne leur a-t-il pas montré que l'intimité finit par aboutir à l'abandon ? Ayant peu d'opportunités pour rechercher un contact nourricier auprès d'hommes adultes, les garçons ne voient pas dans les relations masculines l'occasion de trouver soutien et réconfort. Dans les rares cas où ils acceptent une relation étroite avec un homme, comme par exemple un jeune homme avec son mentor, nous laissons clairement entendre qu'il s'agit là d'une relation limitée dans le temps. Bref, on dit aux hommes que pour se développer, ils doivent se couper des personnes importantes de leur vie.

Nous ne cessons de souscrire à cette coupure et à cet isolement, en conséquence de quoi, lorsque les hommes deviennent des époux et des pères, il leur est difficile d'établir une relation profonde. Leur scénario leur enjoint de travailler et de subvenir aux besoins matériels de leur entourage ; mais il n'y est pas question d'exprimer leurs sentiments ou d'attendre grand-chose des autres sur le plan émotionnel. Ce processus de développement tel qu'il se déploie dans notre culture crée des hommes adultes, et donc des pères, blessés, craignant les relations intimes, et incapables de ressentir et d'exprimer leurs émotions. Comment pourraient-ils, dans ces conditions, répondre aux besoins de leur fille adolescente ? Ainsi se perpétue la faim du père.

Thèmes de réflexion

- En quoi la pression exercée sur les hommes pour qu'ils se détachent et deviennent indépendants a-t-elle affecté les hommes de votre vie ? Comment cela s'est-il répercuté sur vos relations avec eux ?

- Pensez-vous vous aussi que la plupart des garçons désireraient recevoir davantage de leur père pendant leur enfance et leur adolescence ? Comment avez-vous pu vous en rendre compte dans votre vie ? Comment cela a-t-il affecté vos relations, en tant qu'enfant et/ou parent ?

- Pensez-vous que votre père a trouvé satisfaction dans son rôle de parent ? Se sentait-il relié à vous ? A la hauteur, ou incapable ? Proche, ou distant ?

- Que savez-vous de ce qu'il a vécu en tant que fils ? A quoi ressemblait sa relation avec son père ? L'aurait-il modifiée s'il l'avait pu ?

5
LE DÉVELOPPEMENT PSYCHOLOGIQUE DES FEMMES : *le dilemme des filles*

Dans le chapitre précédent, nous avons vu comment le développement des hommes peut engendrer la faim du père. Voyons maintenant en quoi celle-ci est le reflet du développement psychologique des femmes. Ce n'est que fort récemment que l'on a commencé à prêter quelque attention aux problèmes spécifiques des filles qui grandissent dans notre culture. La “psychologie des femmes” constitue un secteur de connaissance nouveau et en pleine évolution, où les questions sont aussi nombreuses que les réponses. Mais une chose est certaine : l'homme et la femme sont très différents l'un de l'autre, disparité qui suscite souvent d'énormes obstacles dans les relations père-fille.

Or la plupart des études psychologiques se sont toujours appuyées sur un modèle de développement masculin. Depuis l'avènement du mouvement féministe, cependant, certaines femmes ont remis en question ce statu quo et sont peu à peu parvenues à se faire entendre. Les psychologues réalisent aujourd'hui que les théories se réclamant du modèle masculin et mettant en relief l'indépendance, la séparation, l'autonomie et les droits individuels, ne peuvent pas être utilisées pour décrire les modes de pensée et le fonctionnement des femmes. S'ils veulent établir des relations constructives, mutuellement épanouissantes, les hommes et les femmes doivent bien comprendre les différences qui les caractérisent.

Cette nouvelle psychologie prenant en compte la disparité entre les hommes et les femmes va nous aider à mieux comprendre les origines de la faim du père. Pour nous résumer, les hommes sont contraints à la séparation et à l'isolement, éprouvent des difficultés avec l'intimité, et peuvent ainsi ne pas savoir comment vraiment jouer leur rôle de père. Les femmes, elles, sont incitées à faire passer les autres en premier et ont du mal se séparer — d'où un besoin de se sentir reliées et une frustration, dans bien des cas, suscitée par un père distant, "périphérique". Cette aspiration à être proches de leur père et à avoir le sentiment de faire partie de son monde conduit de nombreuses femmes à connaître de graves problèmes touchant la nourriture et l'image du corps. Tandis que les garçons font face à leurs manques par l'action, bien souvent de façon excessive, les filles, elles, vont manipuler leur façon de s'alimenter et leur poids pour gérer leurs doutes quant à leur faculté de réussir, ou même simplement survivre, au sein du système masculin prévalant tout autour d'elles.

Ayant ainsi appris à s'exprimer si différemment, les pères comprennent rarement les affres de leur fille en proie à la faim du père. Aucun des deux ne trouvera "satisfaction" dans leur relation, à moins que chacun ne comprenne le caractère unique des deux expériences, masculine et féminine. Articuler ces différences les aidera tous deux à trouver un terrain commun pour qu'un jour soit comblée la faim du père.

« RELIEZ-VOUS ! ATTACHEZ-VOUS ! »

Au leitmotiv lancinant qui préside au développement des garçons — la séparation — répond une injonction équivalente pour les filles. Mais il s'agira pour elles d'établir des relations et des attaches. Au lieu de rechercher sa propre satisfaction, une fille cherchera à faire plaisir aux autres, espérant trouver ainsi le lien avec autrui si profondément désiré. Paradoxalement, s'occuper des autres constitue le centre du soi chez les femmes. Tandis que les hommes sont incités à faire preuve d'indépendance et à reporter toute leur attention sur eux-mêmes, les femmes reçoivent des messages subtils, et parfois beaucoup moins subtils, les exhortant à ignorer leurs propres besoins pour contenter ceux des autres.

Comme l'écrit Jean Baker Miller, auteur de nombreux ouvrages sur la psychologie des femmes : « Chez les femmes, le sens de soi s'organise peu à peu autour de leur faculté à instaurer, puis entretenir des attaches et des relations. »[1] En effet, en observant leur mère et en s'identifiant à elle, les petites filles apprennent non seulement que les relations et les attaches sont très importantes pour une femme, mais aussi que prendre soin des autres constitue le fait central de son existence — et ainsi se perpétue cette tradition. Si les mères prennent un soin tout particulier à enseigner aux petites filles à s'occuper de leurs cadets et des membres mâles de la famille, elles encouragent rarement leurs fils à en faire autant. Ces comportements orientés sur autrui, qui prennent place très tôt dans le processus de socialisation, deviennent pour les femmes le moyen de s'assurer relations et attaches.

Les femmes adoptent aisément un schéma dit "d'autruicité" [2], néologisme signifiant qu'elles sur-réagissent aux demandes extérieures et sous-réagissent à leurs propres messages intérieurs. Comme nous l'avons vu dans le précédent chapitre, les femmes permettent plus fréquemment à leurs garçons de jouer avec la nourriture, de fixer leurs propres horaires de repas et de vivre ces derniers au gré de leurs pulsions. Quand, à l'inverse, elles découragent leurs filles de vivre les repas activement et de faire des expériences avec la nourriture, les mères commencent à véhiculer un message bien précis, à savoir qu'une fille se doit de maîtriser ses appétits et de paraître propre et nette afin de contribuer à rendre son environnement agréable. Dès leur plus jeune âge, les pressions exercées sur les petites filles

---

1 J. B. Miller (1976). *Toward a New Psychology of Women*. Boston, Beacon Press, p. 83.

2 (En anglais : *otheration*.) E. G. Belotti (1975). *Du côté des petites filles*, Editions des Femmes.

laissent entendre, voire exigent, que la coopération et l'attention accordées aux désirs des autres passent avant la satisfaction de leur propre curiosité naturelle.

S'il est permis aux hommes de s'accomplir en se faisant plaisir et en étant autonomes, il s'agit généralement pour les femmes de satisfaire tous les autres. Quand on demande à des petites filles de se décrire, elles disent comment les autres les voient — et ce, à un âge aussi précoce que sept ans ; les garçons, eux, donnent leurs propres perceptions d'eux-mêmes. Cette orientation vers autrui engendre de nombreux problèmes, notamment des lacunes dans la conscience de soi et un manque d'affirmation de soi dans les relations. Les problèmes liés à l'alimentation et le déni des besoins nutritionnels et physiques du corps qui, à l'heure actuelle, mettent en péril de nombreuses femmes, constituent des expressions extrêmes de ce schéma courant.

Elevant nos petites filles en mettant l'accent sur les relations, nous leur permettons également bien plus d'intimité avec la mère qu'aux garçons. A l'adolescence, toutefois, quand vient le temps où elles doivent commencer à prendre leurs distances avec la famille, nombre de filles éprouvent des difficultés à le faire sans perdre leur attache la plus profonde et la plus intime, c'est-à-dire avec leur mère. De nos jours, la pression exercée sur les adolescentes est encore plus forte, car l'évolution culturelle des rôles de la femme leur demande de se réaliser à l'extérieur du domaine traditionnellement réservé aux femmes. Leur vie peut ainsi s'avérer très différente de celle de leur mère, et il arrive qu'elles craignent de surpasser cette dernière et de perdre son approbation en réussissant mieux qu'elle dans leurs études ou dans leur métier. L'adolescence souligne les conflits entre les valeurs traditionnelles nourricières de la féminité, et les attentes de réussite et d'action du monde masculin.

Confrontées à ces tensions et à ces choix, ne trouvant aucun réconfort auprès de leurs semblables, les filles associent parfois la période de l'adolescence à une perte des relations importantes. Ce sentiment sera particulièrement intense pour les filles dont le père n'est pas disponible au moment où elle se sentent contraintes de prendre une certaine distance par rapport à leur mère. Un lien étroit avec le père pourrait les conforter dans le potentiel d'intimité et d'attentions de leurs relations à venir, et leur assurer qu'elles trouveront un équilibre confortable entre la dépendance et l'indépendance, entre le féminin et le masculin.

LE PRIX DES RELATIONS : DÉNI DE SOI, CONFUSION, CULPABILITÉ, CODÉPENDANCE

Tout comme les hommes paient cher la séparation, le prix des relations est fort élevé pour les femmes : le déni de soi peut conduire à une identité mal définie, à la culpabilité et à la codépendance — terrain propice aux problèmes liés à la nourriture et à l'image du corps. Mais généralement, nous ne voyons pas apparaître ces contrecoups avant l'adolescence. Les filles affichent durant la préadolescence des opinions bien arrêtées et paraissent souvent confiantes et sûres d'elles. Carol Gilligan[3] décrit cette saine résistance en des termes fort simples : « Les filles de onze ans ne sont pas à vendre. » Ces dernières semblent capables de bien équilibrer les besoins des autres et les leurs.

Un changement se produit, cependant, lorsque les filles entrent dans l'adolescence. A ce moment-là, la plupart des filles sont passées de la confiance en soi à la confusion, et de l'affirmation au refus de soi. Même si les adolescentes peuvent paraître compétentes, elles se ressentent rarement ainsi. Elles sont au contraire incertaines, et souvent honteuses, de leurs pensées, de leurs désirs et de leurs sentiments. Cette métamorphose reflète quelques-uns de nos dilemmes quant aux valeurs et rôles de chaque sexe. C. Gilligan l'attribue plus précisément aux sentiments qui s'éveillent chez les filles comme elles prennent davantage conscience de la culture et de la structure culturelle qui les entourent. Ce qu'elles voient autour d'elles leur laisse penser que les femmes ont peu de pouvoir et doivent “se tenir tranquilles” et “se taire”. Ces filles qui furent des préadolescentes

3 C. Gilligan. *Making Connections : The Relational Worlds of Adolescent Girls at Emma Willard School*, p. 23.

fortes, aux opinions bien arrêtées et confiantes en elles-mêmes, semblent tout à coup avoir perdu cette belle assurance. Quand on leur pose une question dont pourtant elles connaissent la réponse — « Je ne sais pas », vont-elles immanquablement rétorquer.

Les adolescentes ne sont dans bien des cas guère préparées à faire face aux nouvelles pressions d'un monde moderne qui semble valoriser la séparation et l'autonomie. Elles ont appris à réprimer leurs besoins, prendre soin des autres, et éviter les activités "interventionnistes" — notamment celles qui impliquent de prendre des risques et de s'affirmer. C'est ainsi que lorsque les adolescentes parviennent à ce stade critique de leur vie, elles doutent de leur capacité à satisfaire à la fois les besoins émotionnels d'autrui et ce que désormais l'on attend d'elles. Elles ont parfois le sentiment que les points forts des femmes — priorité aux relations, attitude aimante et attentionnée — sont requis par notre culture masculine, mais pas récompensés. Il n'est dans ces conditions guère surprenant qu'au moment où elles entrent dans l'adolescence, les filles aient davantage tendance à ne plus savoir où elles en sont qu'à se montrer confiantes en elles-mêmes. Il leur est difficile d'énoncer leurs sentiments et de s'affirmer. Plus le père sera distant, plus ce stade de développement sera torturant, car elles seront alors aussi peu sûres d'elles-mêmes que des sentiments de leur père. Cependant, et en dépit de cette incertitude, il leur faut s'efforcer de trouver leur place dans le système masculin de notre société.

Le conflit éprouvé par les adolescentes entre les attitudes et valeurs masculines et féminines débouche sur des problèmes d'identité, qui peuvent les pousser à s'inquiéter de leur alimentation ou de leur aspect physique. Si par exemple elles pratiquent un sport, les mathématiques, les sciences ou autres domaines typiquement masculins, il arrive que les jeunes filles commencent à se demander si elles ne sont pas en train de perdre une part de leur féminité et de devenir trop masculines. Certaines réagissent à cela en redoublant d'attentions envers les autres, en se mettant au régime pour afficher un corps parfait, ou en se préoccupant à l'excès de leur aspect afin de sauvegarder leur féminité.

Dans cette tentative de se conformer aux modèles établis, elles risquent leur santé et se détournent de leur faim naturelle. Si au contraire la jeune fille s'écarte du modèle et ne cherche pas exclusivement à faire plaisir à tout son entourage, elle va culpabiliser et douter de plus en plus de la place de ses propres sentiments et besoins dans le contexte ambiant. Quels que soient leurs propres désirs, les filles sont persuadées qu'elles doivent au moins essayer de répondre à ce que le monde attend d'elles, même si elles doutent d'y parvenir. Le schéma “d'autruicité” qui s'est mis en place dans la petite enfance se poursuit donc, mais il va à contre-courant de cette exigence de développement individuel désormais exercée sur les femmes, aboutissant à des accès chroniques de condamnation de soi et de remords.

La culpabilité s'inscrit dans la psyché de la femme exactement comme l'isolement dans celle de l'homme. Les hommes apprennent à ignorer leurs sentiments, les femmes se demandent sans arrêt comment elles ont provoqué le problème sous-jacent. L'essor et les progrès de la communication de masse n'ont fait qu'intensifier leur déni d'elles-mêmes et ces reproches qu'elles s'adressent. Aujourd'hui, les médias bombardent sans relâche de leurs messages les femmes de tous les âges. Les filles ne sont pas encore de jeunes femmes, qu'on leur explique comment élever les enfants, plaire à un homme, maintenir leur famille en bonne santé grâce à une cuisine équilibrée, réussir dans leur carrière et gagner beaucoup d'argent — le tout, le plus naturellement du monde, et en entretenant une silhouette parfaite et une allure “mode” ! Se jugeant à l'aune d'impossibles canons, elles ne se sentent pas à la hauteur, et pensent qu'elles ne le seront jamais — terrain fertile où la culpabilité des femmes peut croître et prospérer.

L'ampleur de la culpabilité est probablement étroitement liée à cette soif d'un lien affectif profond avec leur père et les autres hommes de leur vie, et au doute de jamais y parvenir quelle que soit la voie choisie. Les filles savent moins bien aujourd'hui comment faire plaisir à leur père : jamais les options qui s'offrent à elles n'ont été aussi nombreuses. Elles peuvent poursuivre des études supérieures, pratiquer un sport, ou bien encore entrer dans les affaires et autres domaines considérés jusqu'alors comme typiquement masculins. Mais elles ont beau avoir pour motivation première de combler leur faim du père, dans bien des cas leur entreprise ne trouve aucun écho, ou bien le lien ainsi établi ne répond pas à ce qu'elles en attendaient. Et s'en croyant seules responsables, elles vont se reprocher cette non-relation.

Les jeunes femmes amènent leur sentiment de culpabilité et leur quête de l'approbation paternelle dans leur mariage et leurs autres interactions avec les hommes. Parvenues à l'âge adulte, elles essaient plus que jamais de bien prendre soin de leur mari et de leur famille afin d'être sûres que leurs propres activités ou centres d'intérêts ne priveront en rien leur entourage. Jonglant sans discontinuer avec leurs différents rôles et devoirs, elles cherchent avant tout à contenter les autres, mais connaissent généralement les effets désagréables d'une culpabilité chronique. Les femmes qui s'engagent dans le célibat ou vivent avec une autre femme se sentent tout aussi inaptes. Dans une culture dominée par l'homme, une femme sans homme reçoit maints messages négatifs — et peut ainsi trouver quasiment impossible de se sentir à l'aise dans la voie qu'elle a choisie.

La culpabilité peut aussi éclipser l'estime de soi et le bien-être mental que beaucoup de femmes ressentent lorsqu'elles travaillent à l'extérieur de chez elles. Elles vont par conséquent continuer de donner priorité aux besoins de leur mari ou de leur famille, ignorant encore un peu plus les leurs.

C'est là le fruit d'années “d'autruicité”, et la raison de la facilité avec laquelle les femmes s'engagent dans des relations de codépendance. La codépendance est un mécanisme qui aide à éviter de faire directement face aux problèmes afin de préserver un lien avec un membre de la famille. Nous en trouvons un exemple avec l'épouse qui, se culpabilisant de poursuivre sa propre carrière et de voler ainsi du temps à sa famille, excuse l'alcoolisme de son mari. Cette femme craint peut-être que son travail ne perturbe son mari et en conclut qu'elle n'a pas à se plaindre de son penchant pour l'alcool. Si elle s'occupait mieux de lui, pense-t-elle, il ne boirait pas. Ainsi, la codépendance est un moyen à la fois d'éviter la culpabilité, et de maintenir le contact.

Les mères, hélas, continuent de transmettre aux filles d'aujourd'hui la culpabilité suscitée par les désirs d'épanouissement personnel, la subordination des sentiments et une attitude maternante à l'excès — héritage dont les filles prennent très tôt connaissance. Leurs tentatives chroniques d'établir un lien en satisfaisant les autres, doublées d'un sens des responsabilités surdéveloppé, en fait d'excellentes candidates aux problèmes avec la nourriture, l'image de soi et les relations.

ASPECT PHYSIQUE ET IDENTITÉ

L'aspect physique revêt chez les femmes une signification particulière, qui reflète à la fois leurs rapports avec elles-mêmes et avec autrui. Les femmes savent qu'elles peuvent plaire aux autres par l'intermédiaire de leur corps. Leur faim croissante de l'approbation des hommes et la rigueur des canons de la beauté féminine ont pour effet de déclencher aujourd'hui chez de nombreuses femmes, même très jeunes, une véritable guerre contre leur corps.

Nous venons de parler de la force considérable de “l'autruicité”, c'est-à-dire de cette tendance à donner une importance excessive aux opinions et besoins des autres et à négliger ses propres sentiments. Nous avons également établi que les femmes attachent du prix à instaurer puis entretenir des relations. “Etre jolie” est l'une des façons d'y parvenir. Cette quête, nous commençons à l'inculquer aux filles dès leur petite enfance. Par exemple, les parents font porter à leurs petites filles de jolis habits, seyants et apprêtés, qui bien souvent ne sont ni pratiques, ni confortables. Tandis que les vêtements des garçons semblent dire « Amuse-toi, bouge », ceux des filles diraient plutôt « Reste propre, sois sage ». Alors que les filles sont encore toutes petites, nous leur apprenons à manger proprement afin de rester fraîches et jolies ; lorsqu'elles entrent à l'école, nous les incitons à bien dessiner et à bien écrire, sans faire de pâtés. Nous les exhortons à prêter attention aux détails et aux apparences bien plus qu'à s'amuser et apprendre. Parfois nous allons même, alors qu'elles n'ont encore que trois ou quatre ans, jusqu'à les engager dans cet étrange phénomène que sont les concours de beauté. Comme dans la version adulte de ces manifestations, ces petits bouts de femmes doivent sourire avec grâce, se comporter avec modestie, et exhiber des tenues féminines et froufroutantes pour remporter les suffrages des adultes.

Les petites filles apprennent bien ces leçons ; durant le reste de leur vie, elles vont consacrer un temps infini et un argent fou pour être à la mode et se faire belles. Mais, ironie du sort, il s'agit d'une bataille perdue d'avance, car si d'autres cultures reconnaissent la grâce et le charme de la maturité, la nôtre ne le fait point. Au fur et à mesure qu'elles mûrissent, les femmes sont confrontées au fait que leur évolution physique va à l'encontre de ce que notre société tient pour beau. Il s'ensuit que les mères, sentant leur propre beauté décliner, donnent parfois une importance toute particulière à la présentation physique de leur fille.

Ce souci de l'aspect physique des femmes n'est pas nouveau. On le retrouve tout au long de l'histoire, mais cette pression est aujourd'hui plus insidieuse et entretenue par le contexte culturel. Qui plus est, leur orientation vers autrui fait des filles des cibles faciles pour les publicitaires chargés de vanter le moindre article à la mode ou produit de beauté porteur d'une promesse d'acceptation ou d'approbation. Les filles qui grandissent aux Etats-Unis sont cernées par les magazines et autres médias ne présentant qu'un corps féminin mince, donc “parfait” et “beau”, et toutes sortes de produits plus ou moins nocifs pour l'obtenir. Prenez n'importe quel magazine féminin (même ceux destinés aux fillettes), ou allumez n'importe quel programme télévisé (même ceux qui s'adressent aux enfants qui ne vont pas encore à l'école). Vous verrez des femmes minces et jolies, visiblement heureuses et fières de leur réussite, chanter les louanges de produits de beauté, laxatifs, diurétiques, pilules amaigrissantes, équipements de musculation — jusqu'à la chirurgie esthétique. Tous ces messages promettent le corps “parfait” qui fera plaisir aux autres, et témoignent du souci que le consommateur de sexe féminin porte à son aspect.

Au fil des trente dernières années, les mannequins de ces publicités sont devenus de plus en plus minces, établissant un canon de beauté que peu de femmes peuvent, ou devraient, atteindre. Mais les femmes, extrêmement sensibles à ce qu'elles ressentent comme les désirs des autres, vont tout mettre en œuvre pour leur ressembler. Ainsi, non seulement les publicitaires utilisent le corps féminin pour vendre leurs produits ; mais les femmes elles-mêmes se servent de leur corps comme d'un objet pour acquérir du pouvoir ou se faire accepter dans le monde. Un corps mince et séduisant représente pour de nombreuses femmes doutant d'elles-mêmes, une voie sûre pour accéder au pouvoir.

Pour voir combien les facteurs extérieurs peuvent facilement assurer leur emprise, il suffit de réaliser combien il est naturel pour une femme d'observer son corps de près. Les filles subissent des transformations spectaculaires au cours de leur développement physique. Chez les garçons, l'arrivée de la puberté se traduit par la croissance du corps, une barbe naissante, une voix plus grave et un afflux d'hormones. Mais chez les filles, elle produit des changements marqués dans tout le soi physique. La poitrine plate, la taille peu marquée et les hanches droites de l'enfance font place aux formes et aux courbes. Souvent douloureuses ou perturbantes sur le plan physique, les règles peuvent aussi dans bien des cas provoquer un malaise latent et une conscience de soi exacerbée, liée à la crainte de tacher visiblement ses vêtements. Chaque mois, les fluctuations hormonales suscitent des sautes d'humeur et des transformations physiques telles que ballonnements, acné et fringale, toutes choses qui ramènent l'attention de la femme à son corps. Les femmes, même quand elles ne les vivent pas, ont conscience des transformations physiques liées à la grossesse, aux suites de l'accouchement et à la ménopause. Cette connaissance et l'examen physique qu'elles pratiquent tout naturellement en font toute leur vie durant des proies faciles pour les industries de la mode et de la beauté. De nombreux publicitaires ayant trouvé comment exploiter ce mécanisme d'auto-observation chez les femmes, ce qui jadis constituait des processus naturels a ainsi pris aujourd'hui des proportions démesurées.

Si nous considérons les effets conjugués de l'attention normale que portent les femmes à leur corps, des pressions qu'exercent sur elles les industries de la mode et de la beauté, et de leurs incertitudes quant à leur identité de femme, il est facile de comprendre pourquoi les femmes se soucient tant de leur apparence physique. Les femmes sont vis-à-vis de leur corps plus difficiles, plus exigeantes et plus critiques que ne le sont les hommes vis-à-vis du leur. Quand une femme décrit sa morphologie, elle accepte moins ses contours naturels, son poids et son image générale ; souvent, elle se grandira.

Même avant l'adolescence, la perception qu'une fille a de son poids affecte son estime d'elle-même. Dès les premières années d'école primaire, les fillettes sont convaincues que la minceur leur apportera la popularité et le succès en société. Un écrivain a décrit l'auto-observation des femmes comme « une acuité visuelle farouche et dévastatrice », opérant « quasiment comme un troisième œil »[4]. Mais si nombre de femmes s'adonnent à cet examen parce qu'elles sont persuadées qu'elles doivent posséder un corps parfait pour plaire au sexe opposé, les hommes sont vis-à-vis de l'aspect physique des femmes probablement bien moins critiques que les femmes elles-mêmes.

Une femme peut devenir son propre ennemi, et le pire qui soit, lorsqu'elle prête une attention excessive à ce qui, selon elle, pourrait bien satisfaire les hommes. (Si seulement les hommes et les femmes se parlaient davantage, comme les femmes pourraient se traiter plus gentiment !) Même lorsqu'elles vendent le “look naturel”, les industries de la mode et de la beauté ont d'une façon ou d'une autre réussi à convaincre la plupart des gens que les hommes ne sont attirés que par des femmes minces soucieuses de leur aspect.

Les hommes ont souvent des difficultés à comprendre pourquoi les femmes dépensent tant d'énergie et se soumettent à tant de sacrifices simplement pour essayer d'être

---

4 S. Orbach (1986). *Hunger Strike*. New York, Norton, p. 36.

"belles", selon les critères en vigueur. Ceci nous ramène aux différences intervenant dans la socialisation des hommes et des femmes. Les garçons sont incités à être indépendants et à prendre des risques ; les filles, à s'occuper des autres et à rechercher leur approbation. A l'adolescence, les jeunes filles sont plongées dans un mode de relation aux autres et à elles-mêmes qui repose dans une large mesure sur des comportements orientés vers autrui. Si leur connaissance d'elles-mêmes est minimale, leur désir de satisfaire le monde entier, lui, est maximal. Ainsi, les filles tendent à se regarder par les yeux des autres. Leur image d'elles-mêmes est fonction de ce que les autres pensent d'elles, ou du moins de leur idée à ce sujet. Elles ne cessent de se comparer à cette image de femme mince et jolie que leur présentent les médias. Le contraste qu'elles perçoivent entre ces images et ce que leur renvoie leur miroir peut constituer l'un des facteurs les plus puissants de l'image qu'une femme a d'elle-même. Comme le déclarait une ancienne anorexique :

> « *Quand un homme regarde un miroir, il peut se dire "Tu n'es peut-être qu'un vieux type pas très beau, mais tu es brillant et viril, et tu réussis." Quand une femme se regarde dans une glace, elle voit son être tout entier. Le lavage de cerveau social auquel elle a été soumise semble donner au miroir la faculté de lui en dire plus qu'à un homme.* »[5]

Tandis que beaucoup d'hommes aiment leur corps et le considèrent comme un instrument de plaisir, les femmes font la guerre au leur, persuadées que si elles possèdent un corps parfait, elles finiront par obtenir de leur père ou des autres hommes l'approbation dont elles ont besoin.

---

5 S. MacLeod (1982). *The Art of Starvation : A Story of Anorexia and Survival*. New York, Schoken, p. 69.

LA GAGEURE DES FEMMES : PRÉPARER LES REPAS ET SUIVRE UN RÉGIME

Pour comprendre pourquoi la nourriture est vécue de façon si différente par les hommes et par les femmes, il nous faut de nouveau nous pencher sur notre histoire. Les études anthropologiques indiquent que quels que soient l'époque ou le groupe étudié, c'est aux femmes que revient la charge importante de nourrir les autres, de même qu'elles ont toujours eu le quasi-monopole de l'éducation des enfants. De nos jours, beaucoup d'hommes apprennent à faire la cuisine et essaient d'aider leur femme dans ce domaine. Mais leur rôle reste généralement celui d'un simple assistant, ce ne sont pas eux qui sont aux commandes. Or, lorsqu'une personne est pleinement en charge d'une tâche, elle s'investit davantage dans le résultat, et sent donc peser un poids sur ses épaules. Aussi hommes et femmes approchent-ils la cuisine habités d'objectifs et d'émotions qui, là encore, vont être différents.

Les petites filles apprennent qu'une fois grandes, elles seront responsables de la nourriture et de la préparation des repas. Elles voient leurs mère, tantes et grand-mères confrontées quotidiennement aux tâches culinaires et vont peut-être noter que dans bien des cas les femmes n'aiment pas cela. Elles peuvent interpréter ce manque de plaisir comme un avertissement du rôle central mais parfois négatif que la nourriture est appelée à jouer dans leur existence. Aujourd'hui, bien que de nombreuses mères travaillent à l'extérieur, c'est généralement à elles que revient la responsabilité des repas. La préparation des repas et leur prise en commun, en famille, sont peut-être devenues moins importantes et plus rapides en raison de l'évolution de notre mode de vie et de l'existence des plats cuisinés. Mais, comme nous allons le voir, elles sont toujours causes de conflits. Nous trouvons donc dans la nourriture un facteur de plus qui sera vécu différemment par les deux sexes, et qui contribue au grand nombre de femmes souffrant de problèmes liés à la nourriture.

Faire la cuisine suscite chez les femmes davantage de conflits qu'auparavant. L'une des raisons en est que la nourriture et sa préparation nous sont devenues plus visibles. Sans cesse, de nouvelles études sur la nutrition viennent contredire les anciennes, et nous jettent dans la confusion : quelles sont donc les "bonnes" choses à donner à notre famille ? En outre, les progrès technologiques ont permis de fabriquer de nombreux engins sophistiqués destinés à la préparation de la nourriture, et dont la publicité nous rebat en abondance les oreilles. Ainsi, la préparation des repas est devenue le tout dernier domaine où les femmes doivent se montrer à la hauteur et "branchées".

Comme le monde de la mode, l'industrie alimentaire nous exhorte sans cesse à changer nos habitudes et à essayer quelque chose de différent, nouveau, et bien entendu supérieur à ce que nous connaissons déjà. Les femmes sont particulièrement sensibles à ces messages, persuadées qu'elles ont le devoir de prendre soin des autres et d'assurer la bonne santé de leur famille. Les médias favorisent cet état de fait en promettant aux femmes le bien-être de toute la famille grâce à de "bons" aliments, correctement préparés. Chaque semaine, programmes de télévisions, publicités, quotidiens et magazines nous inondent d'annonces mirobolantes sur telle nouvelle denrée censée prévenir le cancer, le vieillissement ou le cholestérol. Peu importe le sérieux des études sur lesquelles se fondent ces informations, cela fera un bon article ou une bonne promotion. Il y a là de quoi y perdre son latin, pour tout le monde. Mais les femmes, de par leur désir de prendre soin des autres et le rôle d'agent nourricier que la société leur a imputé, sont plus vulnérables et sombrent davantage dans la confusion et les conflits que les hommes.

L'évolution de leur rôle dans notre société complique encore la façon dont les femmes interprètent ces messages sur la nourriture et la préparation des repas. Avec le nombre croissant de femmes qui travaillent hors de chez elles, ces dernières sont de plus en plus nombreuses à se sentir coupables de ne pas s'occuper de leur maisonnée à plein temps. L'une des façons de gérer cette culpabilité sera de prendre soin de la santé de leur famille et de veiller à ses besoins nutritionnels. En dépit de leurs nouvelles responsabilités et de nombreuses évolutions sociales, les femmes tiennent à tout prix à leur rôle de cuisinier, trouvant probablement là une façon d'assurer la continuité avec le passé et de conserver un lien avec le comportement féminin traditionnel. Tout comme les hommes font souvent usage du sport ou autres activités physiques pour prouver leur virilité et gagner l'approbation de leur entourage, les femmes témoignent de leur féminité et de leur désir de relations par la cuisine.

Les dilemmes des femmes à propos de la nourriture se trouvent accentués par cette course à la minceur dans laquelle les entraîne notre culture. Bien que, selon le dicton, le chemin du cœur d'un homme passe par son estomac, pour obtenir l'attention des hommes il faut aussi être mince. Pour satisfaire leur besoin de liens avec les hommes, les femmes doivent donc les nourrir, mais restreindre leur propre appétit. L'industrie des régimes, comme l'industrie alimentaire et de la mode, axe ses publicités et sa recherche de clientèle sur les femmes pour qui suivre un régime est devenu une activité normale. Aux Etats-Unis, il y a en permanence plus de 50% des femmes adultes qui essaient de perdre du poids ! Il n'est dès lors pas étonnant que les petites filles soient persuadées que le régime constitue une part essentielle du statut de femme — un rite de passage, en quelque sorte. De récentes études indiquent qu'à l'âge de 13 ans, 80% des filles ont déjà essayé de perdre du poids (contre seulement 10% chez les garçons) et que dans certaines zones urbaines où le rythme de vie est plus rapide et où les enfants sont soumis plus tôt à des pressions d'adultes, ce sont jusqu'à 50% des filles de neuf ans et 80% des filles de plus de dix ans qui ont déjà pratiqué un régime amaigrissant.

La pratique du régime est tellement entrée dans les mœurs, voire encouragée, que les dépenses en ce domaine ont quasiment doublé entre 1980 et 1990. Pour la seule année 1990, les Américains ont dépensé plus de 33 milliards de dollars en produits et stages d'amaigrissement. D'ici le milieu de la décennie, le chiffre d'affaires de l'industrie américaine des régimes devrait dépasser les 50 milliards de dollars — somme qui excède de 5 à 10 milliards de dollars les prévisions annuelles, pour la même période, de tout le budget fédéral pour l'Education, la Formation, l'Emploi et les Services Sociaux.

Bien évidemment, la plupart de cet argent est dépensé par des femmes. Celles-ci sont en effet confrontées à un fieffé dilemme : comment puis-je nourrir ma famille tout en ignorant mon propre appétit afin d'être mince ? Certaines femmes tentent de résoudre ce conflit en préparant de vrais repas pour leur famille tandis qu'elles-mêmes se réchauffent un plat surgelé à moins de 300 calories — offrant à leur fille une avant-première des combats alimentaires dont elle finira probablement par hériter.

Aux Etats-Unis, les problèmes liés à la nourriture ne connaissent aucune limite d'âge. Les femmes d'un certain âge se soucient de leur poids et de leur apparence physique à peu près autant que les jeunes femmes. Pour elles, être mince est une façon de paraître jeune et séduisante. Ces conflits internes liés à la nourriture, nous pouvons en retrouver la trace jusque dans le jardin d'Eden : Eve n'a-t-elle pas mangé le fruit défendu pour “se trouver” et acquérir dans le monde une place digne de ce nom ? Dans leurs luttes avec leur alimentation, les femmes sont en quête d'un sens à leur vie, d'une identité et d'une “place”.

Si nous nous souvenons combien il est important pour les femmes de faire plaisir aux autres et d'entretenir des relations satisfaisantes, nous comprendrons plus facilement pourquoi elles sont si sensibles aux campagnes publicitaires et aux images présentées dans les médias qui leur disent comment elles “devraient” être. Tandis qu'elles se trouvent confrontées à des transformations radicales de leurs rôles et ne savent plus trop où se situe leur place dans le monde, un stage leur promettant le corps parfait peut paraître alléchant, surtout si elles sont jeunes. Encore en train de se chercher, une jeune femme ne possède pas une structure interne suffisamment forte pour l'aider à résister aux messages contradictoires qu'elle reçoit et pour conserver son objectivité devant les pressions auxquelles elle est soumise. Cette lutte implacable sera convertie en réactions conflictuelles par rapport à la nourriture et à son corps de femme.

Les filles apportent dans leur relation avec leur père une histoire psychologique et un sens d'elles-mêmes très différents des siens. Si, il y a encore peu de temps, nous ne tenions pas compte de ce fait, nous disposons maintenant de suffisamment d'informations pour nous aider à comprendre les origines de leur faim du père et ce qui continue de l'alimenter. Le père et sa fille étant chacun élevé en fonction de demandes et d'attentes différentes, le père ne comprend pas le besoin de sa fille pour des interactions étroites, intimes et laissant s'exprimer les émotions, allié à un désir tout aussi profond de faire plaisir aux autres. Les pères ne comprennent pas davantage les émotions et conflits qui habitent les femmes à propos de leur corps, de leur poids, de leur aspect physique et de la nourriture. Les hommes ont trouvé le pouvoir et la gratification avec un corps plus grand, plus fort, plus actif, mais leurs filles associent généralement approbation et statut à une morphologie réduite et à un aspect amélioré à grands renforts de cosmétiques. Les pères comprennent rarement comment les médias et leurs images de femmes minces influencent leurs filles, car leur éducation leur a appris à ne pas se laisser influencer par des sources extérieures — « Sois indépendant », « Prends tes propres décisions », leur répétait-on sans cesse. Cette dichotomie nourrit la faim du père.

Suite à l'évolution du rôle des femmes dans la société occidentale, les pères sont encore plus importants pour leurs filles en cours de développement, et la faim du père n'en est que plus nocive. Les filles sont confrontées, entre autres, à un grave dilemme : comment concilier les pressions les incitant à agir et à se montrer autonomes dans un monde masculin, et leurs besoins féminins de prendre soin des autres et de leur faire plaisir ? Les femmes ne savent pas encore s'occuper d'elles-mêmes et d'autrui sans se sentir coupables. Les filles ont besoin de l'aide et des conseils des deux parents pour savoir comment surmonter ces problèmes et se forger une identité qui leur soit propre. Et bien que les filles aient besoin de leur père pour les aider à comprendre la masculinité et la féminité et à négocier un équilibre entre les besoins des autres et les leurs, la plupart se sentiront plutôt privées de leur père que proches de lui.

Dans une attente désespérée de son approbation, elles vont choisir la faim physique en suivant un régime ou en maltraitant leur corps plutôt que de faire face à la souffrance provoquée par son peu d'intérêt. Elles vont apporter cette faim du père dans toutes leurs autres relations, cherchant à être acceptées, reconnues et aimées.

Thèmes de réflexion

- Comment la pression exercée sur les femmes au sujet des relations vous a-t-elle affectée et a-t-elle affecté les autres femmes de votre vie ?

- Pensez-vous vous aussi que la plupart des filles désireraient une relation plus étroite avec leur père ? Comment avez-vous pu vous en rendre compte dans votre propre existence ?

- Quels sont les problèmes les plus difficiles que rencontrent les jeunes filles au cours de leur développement ? Comment leur père peut-il les aider ?

- De quelle façon les hommes et les femmes diffèrent-ils dans leur relation à la nourriture et à leur corps ? Comment cela affecte-t-il leurs relations avec eux-mêmes et autrui ?

Deuxième partie

LA FAIM DU PÈRE AU QUOTIDIEN

6

DES FILLES BLESSÉES EN MAL D'IDENTITÉ

Le problème central de la relation père-fille réside dans la disparité entre les besoins de la fille et ce que son père est en mesure de lui apporter. Les filles ressentent profondément le besoin de liens et d'intimité, et ont faim de leur père ; mais ce dernier valorise la séparation et l'indépendance, et reste distant. Cette dichotomie leur fait en outre définir de façon différente le pouvoir personnel, l'identité, la direction que l'on donne à sa vie, le plaisir, l'estime de soi, l'expression des émotions, la communication, les objectifs, les valeurs. Il s'ensuit que pères et filles se comprennent rarement.

Après les fondements théoriques et historiques de la faim du père, présentés dans les chapitres précédents, nous allons maintenant découvrir les sentiments qui en résultent. Les conséquences émotionnelles de la faim du père se manifestent lorsque les filles approchent de l'adolescence et que s'intensifie leur besoin de vivre un lien étroit avec leur père et de se sentir aimées de lui. Quand une fille ne connaît pas son père ou ne se sent pas valorisée par lui, sortir de la famille et entrer dans cette société où la plus grande part du pouvoir revient aux hommes, constitue une perspective peu engageante. La faim du père, si elle reste insatisfaite, se convertit en problèmes touchant à la nourriture, à l'image du corps, à l'estime de soi et aux relations. Ce chapitre répertorie les points fondamentaux du développement émotionnel des femmes, les illustrant par des témoignages de femmes ayant souffert de troubles alimentaires et des préjudices et effets à long terme liés à une attention insuffisante de la part de leur père.

LIEN AFFECTIF

Une femme a besoin de se sentir reliée aux autres. Très tôt dans son développement et tout au long de sa vie, son sens de soi, son identité et sa satisfaction sont fonction de ses relations. Sa motivation première étant généralement de se sentir reliée sur le plan émotionnel, prendre soin des autres peut facilement devenir plus important que s'occuper d'elle-même.

A l'adolescence, période où l'identité se forme et se fixe, les relations représentent un domaine particulièrement délicat ; et à ce stade de son existence, les intérêts d'une jeune fille se tournent tout naturellement vers les hommes. Le père, dont l'éducation a amoindri l'importance des liens interpersonnels et dont le sens de soi découle de la séparation, peut ne pas reconnaître ces besoins. La fille peut alors avoir honte de désirer une relation plus profonde avec son père, et se trouver anormale d'en attendre davantage. Elle peut commencer à douter de la validité de ses appétits, que ce soit appétit de relations, de nourriture ou dans le domaine sexuel. Entourée d'une culture et de mythes induisant que les filles ont seulement besoin de leur mère et où le père apparaît comme un luxe, l'adolescente va faire de son mieux pour nier le besoin qu'elle a de son père. Elle peut même, convaincue de ne pas mériter son affection, se punir en ne s'alimentant pas, en mangeant trop, en se purgeant, ou par un abus d'exercice. Au lieu de reconnaître et déplorer l'absence du lien souhaité avec son père, elle se reproche sa faim du père.

Bien qu'ayant moi-même connu une relation étroite avec mon père, je n'en étais pas moins fortement influencée par les normes culturelles et sous-estimais l'importance de ce lien affectif. Il m'a fallu longtemps pour réaliser combien mon père avait été essentiel à mon développement, et quelle importance les pères de mes patientes revêtent également pour elles. Mais après avoir appris à écouter, j'ai découvert que la plupart des adolescentes et des femmes adultes souffrent du retrait émotionnel de leur père et de son manque d'implication dans la vie de la famille. Selon leurs propres termes, leur père était « absorbé par sa propre personne », « inaccessible », « enfermé dans son propre ego », « incapable de faire face aux sentiments ».

L'incapacité du père à se relier avec sa fille engendre en elle des sentiments de rejet, d'abandon, de doute d'elle-même, d'anxiété, de peur et de tristesse. Un grand nombre de femmes en cours de guérison considèrent cette relation comme l'un des facteurs ayant le plus fortement contribué à leurs problèmes alimentaires. La non-implication émotionnelle du père mine les jeunes filles de nombreuses façons, dont la plus importante réside dans leur sentiment de ne pas être aimées. Pour décrire ce qui avait provoqué son anorexie, Liz, dont vous lirez l'histoire un peu plus loin, déclara très simplement : « Tout ce que je voulais, c'était l'amour de mon père. » Ce dont elle avait besoin et ce à quoi elle aspirait de tout son être, était un lien affectif avec son père.

AMOUR NON PARTAGÉ

Les femmes en proie à des problèmes liés à la nourriture et à l'image du corps parlent souvent d'amour non partagé lorsqu'elles évoquent leur père. « Je ne me suis jamais sentie assez bien pour lui » est un refrain courant. Beaucoup disent avoir ressenti une déception chez leur père tout au long de leur vie. Un sentiment chronique d'amour non partagé peut se révéler extrêmement nocif pour les filles, qui s'attachent plus tôt et plus intensément que les garçons.

Dans la plupart des familles où l'on rencontre des troubles alimentaires, les pères sont de bons pourvoyeurs. En fait, ils prennent souvent tellement au sérieux leur rôle traditionnel de chef économique de la maisonnée qu'il ne leur reste plus rien d'autre à donner à la famille. Dans les quelques cas pour lesquels le père ne m'a pas été décrit comme un bon pourvoyeur, il s'agissait presque toujours d'un homme malade ou dépressif. Là, il est probable que le père éprouvait des difficultés à offrir amour et affection à sa fille en raison d'une faible estime de soi, liée à son incapacité à subvenir aux besoins de sa famille.

Parmi les femmes qui développent des troubles alimentaires en réaction à ce climat interpersonnel, certaines pensent que la déception de leur père a commencé dès leur naissance, lorsqu'il a vu arriver une fille au lieu d'un garçon. Comme le disait l'une d'entre elles :

> *« Mes parents avaient toujours voulu un garçon. J'étais leur dernière tentative. Mon père me racontait combien il avait été déçu. Je me sentais proche de lui quand j'étais petite ; mais quand j'ai compris qu'il n'y avait entre nous aucun lien réel, cela a été terrible. J'ai été pulvérisée. J'ai réalisé que jamais je ne pourrais répondre à ses attentes. »*

Sentant la préférence de leur père pour les garçons et leur gêne avec les filles, de nombreuses jeunes filles expriment leur faim du père en faisant du sport, en brillant dans leurs études, ou en s'adonnant à d'autres centres d'intérêt qui sont ceux de leur père. Certaines se mettent à faire du sport à l'excès, souvent avec leur père, menant leur corps au bord de l'épuisement. Elles vont s'efforcer d'obtenir un corps ferme et filiforme, convaincues qu'ainsi leur père les acceptera. Si elles pratiquent un sport, c'est dans bien des cas davantage en espérant faire plaisir à leur père que pour satisfaire un quelconque désir personnel. Comme les petits garçons, elles se persuadent que de bons résultats leur gagneront l'amour de leur père.

Tandis que certaines filles peuvent pratiquer des activités plus masculines et se comporter en “garçons manqués”, d'autres vont chercher, face à cet amour non partagé, à exacerber leur féminité et entreprendre de modeler leur corps à grand renfort de régimes, d'exercice, ou de comprimés tels que laxatifs, diurétiques ou coupe-faim. Certaines vont aller jusqu'à la chirurgie esthétique. D'autres encore, peuvent se priver de nourriture pour se punir, ou manger de façon incontrôlée pour éviter la prise de conscience douloureuse de l'amour non partagé qu'elles entretiennent à l'égard de leur père. Toutes mettent leur santé en péril — voire risquent leur vie — pour obtenir un peu d'amour.

PÉNURIE DE RESSOURCES

Les pères et les filles de la famille occidentale traditionnelle ressentent tout deux cet amour non partagé dont nous venons de parler. Les pères, poussés à penser que leur plus important devoir est de subvenir aux besoins de leur famille, portent de nombreux fardeaux pour lesquels ils ne se sentent pas reconnus. Quand ils rentrent à la maison à la fin de la journée, préoccupés par leur travail et des soucis d'argent, il leur reste peu d'énergie pour la famille. Ils ont "déjà donné" au bureau et sont émotionnellement épuisés.

Un père épuisé, à bout de forces, n'a pas grand-chose à donner. L'état d'esprit du père peut aussi faire régner un climat de négativité et de ressentiment, qui va valider encore un peu plus chez sa fille le sentiment de ne pas être aimée. Une femme a résumé cela en ces termes :

> *« Mon père était toujours pris par ses affaires, il n'avait que cela en tête. Il ne se montrait jamais affectueux. Quand il était là, ce n'était que pour se montrer négatif et critique. »*

Une ambiance de stress, de fatigue, de mécontentement et de désapprobation ne crée pas la vie de famille sécurisante dont ont besoin les jeunes gens. L'adolescence s'accompagne d'une immense insécurité. Ses passagers ont besoin d'être réconfortés, acceptés et aimés à la maison pour survivre à ses flots turbulents. Les adolescentes, pour qui les opinions des hommes revêtent une telle importance, ont besoin d'être soutenues affectivement et "rechargées" par leur père.

Accepter les nombreuses transformations liées à l'adolescence, particulièrement la sexualité, ne constitue pas simplement un processus intérieur. Les filles ont besoin des autres, et notamment de leur père, pour les aider à intégrer la maturité sexuelle dans leur identité et leur mode de vie personnels. Un père épuisé n'a rien à donner à sa fille. Tous deux fonctionnent à vide, les batteries à plat.

COMMUNICATION RESTREINTE

Les problèmes de communication et d'affirmation de soi sont eux aussi le reflet des différences fondamentales caractérisant ce que chaque sexe apprend à valoriser. Ainsi, les femmes veulent savoir ce que les autres pensent et ressentent, et reportent ce besoin profond sur leur père au moment de l'adolescence comme elles essaient de comprendre et de négocier leur position vis-à-vis du sexe opposé. Les hommes, en revanche, ont reçu une éducation les poussant à ne pas montrer ou verbaliser leurs sentiments ; déni et maîtrise de soi seront donc les apports du père dans sa relation avec sa fille.

En règle générale, les pères qui sont le plus identifiés au rôle de pourvoyeur économique seront les moins doués en matière de communication personnelle. Mais mettre un couvercle sur ses sentiments aboutit à des explosions de colère qui peuvent être très effrayantes pour une fille dont le seul but est de faire plaisir à son père. Comme me le dit un jour une femme : « J'avais peur de papa. Il ne parlait pas beaucoup, mais il se mettait facilement en colère. Je suppose qu'il réprimait tous ses sentiments à cause de son tempérament. »

Le mythe voulant que les hommes n'aient pas de sentiments a des effets dévastateurs sur les adolescents qui, à ce stade de leur existence, apprennent à communiquer. Ayant le sentiment que les émotions sont à proscrire, ils vont limiter leurs propos au strict essentiel, et passer sous silence les questions plus profondes. Ce schéma de communication ressemble à de la sténo ou quelque autre code spécial — tout en surface, exprimant la forme, mais pas le contenu profond. Ceci peut semer la confusion chez les enfants et les limiter.

Cette communication restreinte est une maladie contagieuse, qui se répand facilement. Ainsi, bien que le père puisse être le plus atteint, tous les autres membres de la famille peuvent aussi en souffrir. Pour preuve cette jeune femme dont le père était dans l'incapacité de parler des sentiments, et qui finit par exprimer sa souffrance en perdant du poids :

« Mon père avait de l'arthrite. Je savais qu'il souffrait beaucoup mais il ne voulait jamais en parler. Je me sentais horriblement coupable quand il m'arrivait de me plaindre d'une chose ou d'une autre, parce que lui ne le faisait jamais. Je crois que je ressemble beaucoup à mon père — j'ai vraiment eu du mal à parler de ce que je ressens. C'est peut-être pour cela que j'ai fait de l'anorexie. »

Beaucoup de filles grandissent sans rien savoir de ce que ressent leur père, et se mettent à douter de la légitimité de leurs propres pulsions et besoins. Une question les envahit peu à peu : « Si papa n'a pas de sentiments, pourquoi en aurais-je ? » Certaines vont alors essayer le système de déni qui leur a été si bien montré en exemple. Privée de voies directes pour communiquer avec son père, une fille utilisera son corps pour se faire entendre.

FAIRE PLAISIR AUX AUTRES

L'un des effets toxiques d'une communication restreinte entre un père et sa fille réside dans l'absence de messages, même les plus élémentaires, indiquant une quelconque acceptation. Ainsi la fille grandit-elle sans connaître les sentiments de son père à son égard — et n'a aucun moyen de le savoir puisqu'elle n'obtient jamais de retour. De là à conclure que d'une façon ou d'une autre elle ne s'est pas montrée à la hauteur, il n'y a qu'un pas, rapidement franchi. Elle ferait tout pour lui faire plaisir, mais ne sait pas comment.

Certaines filles vont faire face à ce besoin de faire plaisir ou satisfaire leur père en essayant de lui ressembler. L'imitation n'est-elle pas, après tout, la plus haute forme de flatterie ? Voici comment une ancienne anorexique décrit son père :

« Papa n'abordait jamais les questions de sentiments avec nous. Il faisait des choses pour nous, mais il ne parlait pas. Je le craignais. Il attendait beaucoup de nous et avait un sacré caractère. Il n'avait que faire

des gens qui se laissent aller, et je faisais toujours mon maximum. Je ne voulais pas être une "chiffe molle". Je voulais le satisfaire, mais il ne semblait jamais le remarquer. »

Pour faire plaisir à son père, cette femme a rejeté les besoins de son corps, allant jusqu'à cesser de s'alimenter pour ne pas avoir l'air d'une "chiffe molle". Elle-même et de nombreuses autres femmes ayant développé des troubles alimentaires décrivent une enfance au cours de laquelle elles auraient fait n'importe quoi pour faire plaisir à leur père, qui leur semblait souvent surchargé de soucis et malheureux. Voici un exemple du résultat :

« *Quand j'ai eu six ans, mon père m'a dit que je n'avais plus l'âge de jouer à la poupée. Cela ne m'est plus jamais arrivé. Je ne pouvais pas jouer. Pour gagner son approbation, il me fallait agir en adulte. J'ai essayé dur de gagner son approbation. C'est peut-être pour cela que je suis devenue avocate. La seule façon d'attirer son attention était de faire quelque chose d'extrême. Ma perte de poids a été la seule chose qui ait jamais réussi à le toucher. Mais alors, cela a provoqué en lui autant d'inquiétude que de colère.* »

Ce genre d'expérience conduit les femmes à *attendre* des interactions non gratifiantes, critiques et négatives avec les hommes. Les dés sont jetés, elles vont souvent être attirées toute leur vie durant par des hommes qui sont la copie conforme de leur père, espérant faire tôt ou tard plaisir au père ou à son substitut. La faim du père joue ainsi un rôle prépondérant dans la vie d'une jeune femme. Elle crée le moule dans lequel vont s'inscrire ses futures relations avec les hommes et une culture masculine, et la rend toute prête à faire n'importe quoi pour obtenir l'approbation de ces messieurs. Une femme décrit cela de la façon suivante :

« *Mon père ne nous parlait jamais beaucoup. Je ne savais jamais ce qu'il ressentait réellement... Rien ne me permettait de savoir ce qu'il pensait de moi. Cela m'aurait aidée s'il m'avait davantage parlé.*

Récemment, j'ai parlé de lui pendant mes séances de thérapie. Je réalise maintenant que son absence d'attention à mon égard a eu des répercussions. Je voulais son approbation et j'ai certainement essayé de l'obtenir d'autres hommes, d'une façon pas très saine. »

POUVOIR

Une identité personnelle saine requiert d'éprouver un sentiment de maîtrise et d'indépendance dans le monde — processus extrêmement délicat pour les femmes, puisque faire plaisir est également nécessaire à leur sens de soi. De nombreuses femmes sont désorientées, ne sachant pas comment acquérir un quelconque pouvoir dans une culture qui récompense davantage les attributs masculins que féminins, où l'indépendance, l'autonomie, la maîtrise, la réussite et la productivité économique sont plus valorisées que les qualités nourricières et les relations. Dans leur lutte pour concilier féminité et masculinité, les jeunes femmes d'aujourd'hui éprouvent des difficultés à satisfaire leur propres besoins, à continuer de faire plaisir aux autres, et à obtenir la place, peut-être influente, qu'elles souhaitent occuper dans le monde. Elles constatent aussi parfois que si l'affirmation de soi donne le sentiment d'avoir du pouvoir et relie à ces valeurs masculines, elle peut aussi nuire aux relations.

Les filles qui grandissent en se sentant aimées et respectées par leur père développent un sentiment de pouvoir personnel qui leur permet de prendre, et d'assumer, des décisions qui concilient leurs propres besoins et les demandes des autres. Celles qui ne connaissent pas ce type de lien ne parviendront pas facilement à cet équilibre. Une jeune femme décrivit ainsi l'absence de son père, et la façon dont celle-ci avait pesé sur son incapacité à s'affirmer dans les relations :

« *Je n'ai aucun souvenir de lui dans mon enfance. C'est un taciturne. Je ne me souviens pas l'avoir entendu dire "Je t'aime" avant mes 17 ans... Si je l'avais connu et s'il avait été un exemple pour moi, il*

aurait pu m'apprendre que tous les hommes ne sont pas des jouisseurs et des salauds. J'ai connu beaucoup d'hommes de ce type. En tant que femme, je me sentais dépourvue de tout pouvoir et je ne savais pas comment prendre ma vie en main.
Si mon père avait été là pour moi, il aurait pu me montrer que je ne suis pas moins qu'un homme, qu'une femme peut avoir ses propres ambitions, désirs, besoins, et les exprimer. »

Une relation plus ouverte, plus accueillante avec son père aurait pu donner à cette femme le pouvoir de prendre des décisions, de s'affirmer, et de se sentir efficace dans sa peau de femme. Au lieu de cela, elle nia sa féminité et se retira des relations. Ne pas s'alimenter et perdre du poids devint le seul domaine où elle se sentait autorisée à exercer son pouvoir personnel.

MAÎTRISE

Nourriture et maîtrise vont de pair. Donner ou retirer la sustentation de base constitue la méthode la plus facile et la plus fréquente, au sein d'une famille, pour faire changer un comportement. Les parents l'utilisent constamment pour récompenser, punir, ou modifier le comportement d'un enfant. Aussi est-ce tout naturellement que certains enfants engagent des batailles axées sur la nourriture pour gagner quelque influence dans leur famille. Les personnes qui développent des troubles alimentaires importants voient dans la modification de leur mode d'alimentation la seule façon d'exercer leur autonomie. Voici comment une jeune femme dont les parents avaient été très autoritaires dans tous leurs rapports, y compris les repas, expliqua comment son alimentation devint son seul moyen de se sentir maître d'elle-même.

« *J'en avais par dessus la tête de tout, j'avais une indigestion d'avoir à satisfaire chacun et obéir à ce qu'il voulait. J'avais toujours fait plaisir à mes parents en ayant un bon coup de fourchette... Ma mère aimait cuisiner et j'avais toujours pensé que je lui faisais plaisir en mangeant... Et le moment des repas avait une grande importance dans ma famille. J'ai commencé à sentir que je n'avais aucun pouvoir dans le monde — même manger, c'était pour les autres, pas pour moi. Il me fallait trouver quelque chose qui m'appartienne en propre. J'ai découvert que je pouvais maîtriser ce que je mangeais, la quantité que j'ingurgitais — c'était tout ce que j'avais, la seule chose qui vienne de moi. Alors, j'ai utilisé la nourriture pour renverser l'autorité que mes parents avaient sur moi.* »

Bien que cette jeune femme ait ressenti une plus grande pression pour se conformer à certaines habitudes alimentaires de la part de sa mère, elle se sentait dominée et non appréciée par ses deux parents. Elle exprima son désir d'une plus grande maîtrise de sa vie au travers de la nourriture, parce qu'il n'y avait qu'au moment des repas qu'elle pouvait avoir accès à son père. Elle voulait qu'il l'entende. Manger et ne pas manger était une perche lancée à son père pour qu'il la traite comme une personne au lieu de simplement lui dicter ses ordres.

Vouloir trop régler sa nourriture, cependant, conduit bientôt à une nouvelle tyrannie, plaçant chaque instant, chaque interaction, sous la coupe de nouvelles préoccupations portant sur la nourriture, les calories, la cellulite, l'exercice, et les moyens d'éviter de manger ou de maigrir. Comme le disait cette même jeune femme :

« *L'ironie de la chose est que je désirais simplement me sentir autonome, et pendant un temps je présume que cela a été le cas. Mais il n'a pas fallu longtemps pour que ma vie m'échappe complètement. J'ai commencé par être anorexique, puis boulimique. J'ai dû être hospitalisée trois fois. J'ai été malade pendant environ quatre ans. Si seulement j'avais su comment acquérir une maîtrise réelle dans ma vie... Ce que je demandais, c'était que mon père m'aide à y parvenir.* »

En niant leur besoin de nourriture, de nombreuses femmes cherchent en fait à rejeter leur féminité et à réfréner leur appétit de liens avec autrui. En domptant leur faim de nourriture, elles espèrent aussi dompter leur faim du père, d'amour, leur soif d'être acceptées par des hommes. Ce genre de coercition sur leur alimentation peut constituer une tentative, non seulement de s'inscrire dans le schéma masculin, où le lien avec la nourriture est moins important, mais aussi de rendre leur corps plus masculin. Les troubles alimentaires symbolisent ainsi une autre façon de se relier au père — au travers de la maîtrise.

RÉUSSITE

Apprenant de bonne heure que les hommes attachent du prix à la réussite, les filles cherchent comment faire pour réussir et ainsi, obtenir l'approbation de leur père. Or, l'une des réalisations à laquelle la société occidentale donne une très haute valeur, c'est un corps mince, bien équilibré, "parfait". Les industries alimentaires, de la mode, des régimes et de la forme nous rappellent sans cesse qu'en modifiant notre alimentation et la forme de notre corps, nous connaîtrons le bonheur et serons acceptés par autrui. Comme l'exprima une femme :

> « *Je voulais vraiment, j'avais vraiment besoin que mon père soit fier de moi. Je ne savais pas trop comment obtenir cela — rien de ce que je faisais ne semblait marcher, mais je savais qu'il pensait que c'était bien d'être mince ; j'ai donc commencé un régime. C'était le début d'un trouble de la nutrition — mais tout ce que je voulais, c'était faire plaisir à mon père. C'était la seule façon d'y parvenir. Cela témoignait d'une maîtrise de soi et de toutes ces choses auxquelles il semblait donner de la valeur. Mais ce faisant, j'ai presque détruit mon corps, j'ai même failli perdre l'attribut suprême d'une femme : la possibilité d'avoir des enfants. Je ne me rendais pas compte de tout cela, à l'époque. Je savais seulement que j'avais*

besoin de prouver ma valeur — j'avais besoin d'être hors du commun pour me sentir bien, pour obtenir l'approbation de mon père. »

De nos jours, nous tendons à définir la réussite en termes masculins. La valeur d'un individu pour la société se définit par des mesures objectives, et tout particulièrement des chiffres — ce que gagne une personne, combien elle pèse... La compétition et la victoire sont considérées comme des réussites, mais pas le fait de prendre soin des autres. Il s'ensuit que de nombreuses jeunes femmes, pour atteindre un certain sentiment de réussite, vont maltraiter leur corps, cherchant à remporter un concours de beauté tacite mettant en jeu la société tout entière.

MARQUES D'ATTENTION

Comme nous l'avons vu, les femmes qui ont grandi sans connaître un lien positif avec leur père souffrent énormément du manque d'attention de ce dernier à leur égard. Jamais elles ne connaissent ce fondement essentiel : savoir qu'elles ont satisfait les besoins, les demandes, les attentes de leur père. N'ayant jamais reçu de réponse positive ou d'approbation de la part de cet homme important entre tous, elles se sentent indignes de cette reconnaissance, pensent ne pas la mériter. Certaines vont rester piégées dans cette toile d'araignée de la faim du père, et seront incapables de progresser dans leur vie. Développer un trouble de la nutrition peut représenter leur seule chance de se relier à leur père et d'obtenir l'attention dont tous les enfants ont besoin pour grandir.

Alors qu'elles étudiaient l'origine de leur trouble alimentaire, beaucoup de femmes m'ont dit que les repas étaient les seuls moments où elles voyaient leur père de façon régulière — il n'y avait donc rien de plus logique que de saisir ces instants pour tenter d'attirer son attention. Si le père s'aperçoit de quelque chose, alors la stratégie du trouble alimentaire a réussi. Abandonner ce comportement et guérir peut par conséquent devenir très risqué : et si elles perdaient ce qu'elles ont eu tant de mal à obtenir ? Comme me l'a dit une femme :

> « *Mon père est enfin entré dans ma vie quand j'ai commencé à perdre du poids. Cela m'a incitée à continuer. Je savais que j'avais besoin de lui et pour obtenir son attention j'avais fait des tas de choses, des bonnes et des mauvaises, mais cela, c'était la seule qui marchait et je n'avais pas envie d'arrêter.* »

Les hommes ignorent tout simplement combien ils sont importants pour leur fille et leur estime d'elle-même. Le fossé qui existe entre l'attention prodiguée par la plupart des pères et ce dont leur fille a besoin, a d'énormes répercussions. Les filles qui ont faim d'être enfin remarquées par leur père entrent forcément dans l'adolescence et l'âge adulte avec un sens d'elles-mêmes vacillant. Et ne se sentant pas reconnues par leur père, elles se demandent comment diable elles vont bien pouvoir faire partie du monde qu'il représente.

IDENTITÉ

Toute la conception de l'identité féminine — en quoi consiste être une femme — est à l'heure actuelle en pleine mutation. Les jeunes femmes sont habilitées et encouragées à faire de nombreuses choses qu'elles n'auraient jamais pu envisager il y a 25 ans. Il en résulte que les femmes de tous âges sont perdues quand elles considèrent les rôles qu'elles devraient assumer, ce à quoi elles devraient ressembler, les centres d'intérêts qui leur sont offerts, et qu'elles se demandent comment concilier ce qu'elles doivent faire (s'occuper des autres) et ce que désormais l'on attend d'elles (réussir, être autonomes). Trouver son identité personnelle, le sens d'un soi unifié et son rôle social, est un grand défi pour les jeunes qui grandissent en cette période de changement.

Notre famille façonne notre identité à la fois par ses actes et par ses comportements. Les parents d'aujourd'hui sont aux prises avec de vieux rôles et de vieilles définitions de l'homme et de la femme, qui sont dépassés et sèment la confusion chez leurs filles tandis qu'elles essaient de consolider leur sens d'elles-mêmes et de trouver une façon de vivre dans la société actuelle. Jessica, qui avait développé un grave trouble de la nutrition au moment de l'adolescence, décrivit les pressions contradictoires qu'elle avait ressenties dans la quête de son identité de femme :

> « *Dans le monde où j'ai grandi, les femmes étaient des citoyens de second ordre. J'ai été modelée dans ce moule. Et puis cela m'a rendue furieuse de voir tout ce qu'avalait ma mère. Je pense que c'est toujours tapi là, au fond de moi. Je recevais des messages doubles. Je ressentais un besoin de m'accomplir et je savais que j'étais intelligente, mais en même temps, j'avais des fers de plomb aux pieds. J'étais poussée à réussir, comme un garçon, et on me servait le vieux refrain des filles "vas-à-l'université-tu-élèveras-mieux-tes-enfants". Et cela continue — la seule fois où j'ai entendu mon père dire qu'il était fier de moi, c'est quand j'ai eu mon fils. N'importe qui peut avoir un enfant !* »

Comme beaucoup d'autres femmes aujourd'hui, Jessica avait des pensées confuses et ambivalentes sur son développement et son avenir d'adulte : devait-elle réussir, ou simplement se préparer à devenir une bonne épouse ? Elle savait qu'elle ne voulait pas connaître la même vie que sa mère, une vie consacrée à se sacrifier et « placer Papa sur un piédestal ». Lorsqu'elle regardait sa famille et la culture environnante, elle ne s'attendait guère à trouver un rôle confortable en tant que femme.

Peu à peu, Jessica résolut le dilemme que lui posait son identité de femme. Le fait de reconnaître ce dont elle ne voulait pas constitua un grand pas pour elle, mais fut suivi d'un tourment considérable. Adulte, elle parvint à un compromis entre les deux extrêmes — elle est aujourd'hui mariée et mère de famille, travaille à temps partiel, et se sent plutôt satisfaite. Malheureusement, comme beaucoup de ses semblables, elle a dû entrer en guerre contre son corps et ses appétits de nourriture et de relations avant de trouver comment "exister" en tant que femme.

Pour Jessica, comprendre l'impact de la culture sur ses perceptions et sur le fonctionnement de sa famille a constitué un élément important de la quête de sa voie d'adulte. Elle a vu qu'un grand nombre de ses problèmes prenait racine dans les limitations du rôle du père prescrites par notre culture. Elle sait maintenant que la non-implication de son père ne relevait pas forcément d'un choix délibéré de sa part, mais lui avait plutôt été imposée par les schémas sociaux de l'époque.

Jessica a aussi réalisé que son enfance, son adolescence et la construction de son identité auraient pu être différentes si son père s'était davantage impliqué dans la famille. Si ses parents avaient pu davantage et mieux fonctionner ensemble, elle aurait pu grandir avec une vision plus claire, plus constructive du statut de la femme. L'attitude et le comportement d'un père à l'égard de son épouse influencent considérablement l'identité féminine en train de naître chez sa fille. Par exemple, quand son père décriait sa mère et ne la soutenait pas vis-à-vis de la famille, Jessica percevait là un manque de respect et réagissait en s'efforçant de ne pas ressembler à sa mère. Mais n'ayant aucun autre modèle, elle ne tarda pas à avoir des idées très confuses sur l'identité de la femme adulte. Hélas, comme beaucoup d'autres femmes, Jessica essaya de répondre aux questions qu'elle se posait — « Qui suis-je ? Où vais-je ? Quelle est ma place dans le monde ? » — en modifiant son mode d'alimentation et son corps. Elle pensait qu'une perte de poids lui apporterait du pouvoir et l'approbation de cette culture masculine.

Un trouble de la nutrition peut fonctionner comme un stade de développement, un passage entre l'enfance et l'âge adulte qui permet de se forger sa propre identité. En ralentissant le processus, cela permet à la personne d'éviter de faire face aux problèmes de l'adolescence et des premières années de l'âge adulte, ou de retarder le moment de le faire. J'ai rencontré un jour une jeune femme qui disait ne pas pouvoir imaginer comment elle serait devenue une femme adulte sans son trouble alimentaire. Voici comment elle expliquait son anorexie :

> « *L'anorexie fait partie du processus qui mène à ce que l'on est. C'est comme un cocon, un mur que l'on construit autour de soi pendant un temps. J'ai fini par comprendre pourquoi j'avais fait cela, et je ne regrette rien.* »

Pour de nombreuses jeunes femmes souffrant de la faim du père, les conflits avec leur corps et la nourriture deviennent leur cocon protecteur. Tout comme une chenille sort un jour du cocon sous la forme d'un papillon, celles qui auront de la chance seront transformées par cette expérience. Cette métamorphose entraîne souvent une prise de conscience et une vision plus élevée de l'influence de leur père dans leur vie, comme nous allons le constater dans les deux histoires qui suivent.

LIZ : « Tout ce que je voulais, c'était l'amour de mon père. »

L'histoire de Liz illustre un grand nombre des thèmes abordés dans ce chapitre, notamment cette aspiration des filles à recevoir l'attention de leur père. Elle bouscule aussi nombre de mythes dont nous avons parlé au début de ce livre. Vous souvenez-vous de cette citation, voilà quelques pages : « Tout ce que je voulais, c'était l'amour de mon père » ? C'était une phrase de Liz. Ses souvenirs d'enfance disent bien l'importance du père dans la famille, notamment pour ses filles.

Liz était la cadette de trois filles. Toutes trois savaient que leur père aurait voulu des fils. Elle « fit tout pour devenir le fils », jouant au football, américain et européen, « mais ce n'était jamais assez ». Le fait d'être la cadette la plaçait dans une position difficile. Non seulement Liz avait le sentiment de représenter la dernière chance de son père d'avoir un fils, mais elle était jeune et la dernière enfant encore à la maison quand ses parents divorcèrent.

Le contexte familial comportait de nombreux facteurs de stress qui aboutirent chez Liz à un trouble de la nutrition. Sa mère faisait très attention à son poids, son père plaçait la réussite par dessus tout. C'était un médecin, très dévoué à sa pratique et à ses patients, qui n'avait pas beaucoup de temps à consacrer à son épouse ou à sa famille. Liz avait l'impression que sa mère exprimait son mécontentement à l'égard de son père en ne cuisinant pas. Ils ne prenaient même pas leurs repas ensemble ! Mais ses parents vivant ainsi depuis longtemps et ne se disputant pas, le jour où sa mère annonça sans autre forme de procès qu'elle demandait le divorce, Liz n'en crut pas ses oreilles. Puis sa vie familiale commença à changer. Ses sœurs partirent pour l'université et jusqu'à ce que le divorce soit prononcé, ses parents continuèrent de vivre sous le même toit, mais les scènes étaient désormais fréquentes.

Liz avait le sentiment que personne ne se souciait d'elle. Ses sœurs étaient parties, son père était plus préoccupé et distant que jamais, sa mère était tendue, irritée, et commençait à boire. Elle n'avait jamais semblé heureuse dans son rôle de maîtresse de maison et n'avait jamais fait beaucoup d'efforts pour nourrir ses filles ou s'occuper d'elles ; mais à présent elle en faisait encore moins que jamais. Après le divorce de ses parents, Liz eut encore moins de contacts avec son père et passa moins de temps avec lui : elle se mit à douter un peu plus de son amour pour elle. Voulant désespérément lui faire plaisir, elle poursuivit ses études et le sport. Elle essaya encore plus de ressembler à un garçon, mais rien n'y faisait ; rien ne parvenait à déclencher l'attention de son père.

L'adolescence de Liz fut très malheureuse. A partir de l'âge de douze ans, époque à laquelle ses parents divorcèrent, elle eut des problèmes scolaires. Il y eut même une année où elle faillit redoubler. Peu après cela, elle commença à fumer de la marijuana et à boire, laissant chez ses deux parents des traces évidentes de ces activités. Devant leur totale absence de réaction, Liz en conclut qu'ils s'en moquaient. Ils ne semblaient pas réaliser qu'elle se sentait isolée, triste et solitaire. A sa demande, elle partit dans un pensionnat. Ses deux parents se remarièrent, et sa mère passait beaucoup de temps avec son nouveau mari. Son père continua de se tuer au travail.

Ses troubles alimentaires débutèrent durant sa vingtième année, alors qu'elle se trouvait à l'université. Elle s'était fiancée à un homme nettement plus âgé qu'elle. Aujourd'hui, elle se demande s'il ne représentait pas un substitut de son père. Leurs fiançailles et les préparatifs du mariage la rapprochèrent de ses parents, mais Liz ne tarda pas à se rendre compte qu'elle ne se sentait pas prête pour un engagement à long terme et rompit ses fiançailles. Avec tristesse, elle s'aperçut qu'elle avait aussi perdu la nouvelle relation qui commençait à s'instaurer avec ses parents. Comme elle s'était toujours efforcée d'être « la meilleure » et « la plus forte », elle fut incapable d'abandonner sa carapace et de leur dire qu'elle avait besoin de leur aide.

Jusque-là, Liz n'avait jamais suivi de régime ou trouvé à redire à son corps, bien que ce fût le cas de sa compagne de chambre et de nombreuses autres étudiantes du campus. Après la rupture avec son fiancé, cependant, elle ressentit le besoin de le remplacer par quelque chose, et se mit au régime. Son père avait toujours insisté sur la nécessité d'avoir un objectif et un projet, et tout à coup, perdre du poids devint le but de sa vie. Voici ce qu'elle en dit :

> « *Je me sentais horriblement faible et vulnérable. Je n'avais personne. Je n'avais rien d'autre à faire que de rivaliser en régimes et exercices physiques avec ma compagne de chambre. Je cherchais toujours à être parfaite, pour faire plaisir à mes parents. Quand j'ai réalisé que cela n'arriverait jamais, j'ai tout simplement arrêté de manger. Je voulais juste disparaître lentement, passivement, sans ennuyer personne.* »

Liz mesurait 1,67 m. Avant son régime, elle pesait 54,5 kilos. Elle en perdit 16. Son père (souvenez-vous qu'il était médecin) ne fit jamais allusion à cette perte de poids. Sa mère n'en parla pas davantage, mais essaya du mieux qu'elle le put de la faire manger. Ses tentatives ne furent d'aucune aide pour Liz. Sa belle-mère semblait consciente de la chose, mais garda le silence jusqu'au jour où elle dit à Liz que son père se faisait du souci et proposait de suivre une thérapie avec elle. Sa mère et sa belle-mère tentèrent donc de l'aider, chacune à sa façon, mais ce que Liz voulait, c'était l'attention de son père. « Je cherchais mon père. C'était tout ce que je voulais. Je voulais quelque chose qui vienne vraiment de *lui* », dit-elle.

Peu à peu, avec l'aide de sa belle-mère, Liz se rendit compte que l'incapacité de son père à montrer son affection ne signifiait pas qu'il ne l'aimait pas. Bien qu'elle n'ait jamais répondu à leur offre de suivre une thérapie familiale avec elle, le fait qu'ils en expriment l'intention l'aida, et elle commença à accepter l'amour de son père au travers de sa belle-mère.

Liz voyait un thérapeute et continua de le faire, mais son processus de guérison se poursuivit longtemps après qu'elle eût cessé de le rencontrer régulièrement. L'entendant me parler de l'importance de ces séances avec lui et de la gentillesse avec laquelle il l'aidait tout en l'acceptant, je commençai à penser qu'un thérapeute homme était tout spécialement approprié pour elle.

Au travers de cette relation thérapeutique, Liz a découvert que les hommes pouvaient prêter attention aux sentiments, se montrer attentionnés et nourriciers, écouter et être disponibles, et comprendre ses problèmes complexes. Si le comportement de son père avait nourri les mythes sur l'incapacité des hommes à se montrer attentionnés, à éprouver des sentiments et à comprendre, celui de son thérapeute vint les malmener. Peu à peu, elle commença à s'ouvrir aux hommes et à penser qu'ils étaient capables de compréhension. Liz découvrit, malgré un départ difficile, qu'établir une relation de confiance avec un thérapeute homme la plaçait sur de nouveaux rails.

Durant sa guérison, Liz eut le sentiment de se rapprocher de son père, mais passa par une longue phase “anti-hommes” durant laquelle elle refusa de se trouver seule avec lui. Progressivement, elle se fit des amis hommes. Elle termina ses études supérieures, obtint son diplôme et commença une carrière spécialisée. Elle est maintenant mariée et a sa propre famille. Porte-parole des répercussions à long terme et douloureuses de la faim du père, Liz et de nombreuses autres femmes ont exprimé cette même conviction : « Si seulement Papa avait été présent, tout cela ne serait peut-être pas arrivé. »

PATRICIA : « Je ne me suis jamais sentie à la hauteur. »

Patricia, qui affiche aujourd'hui une quarantaine épanouie grâce à son mariage, son métier et ses trois enfants, est devenue anorexique durant son adolescence. Selon elle, son trouble alimentaire était directement lié à son père, qui était diabétique et finit par sombrer dans une grave dépression. Fille unique, Patricia était une petite fille brillante, très douée en musique. Elle sentait peser sur elle une grande pression l'incitant à réussir et à compenser les déceptions de son père. « Comme j'avais de bons résultats, il s'est mis à attendre que j'excelle. Mon père avait le sentiment d'être un raté. Je pense qu'il comptait sur moi pour satisfaire certains de ses espoirs. Je ne me suis jamais sentie à la hauteur. »

Patricia faisait tout ce qu'elle pouvait pour rendre son père heureux. Dès qu'elle en eut l'âge, elle se mit à cuisiner pour lui, allant jusqu'à prendre en compte ses besoins alimentaires particuliers de diabétique, mais les repas étaient tendus et peu agréables. Ses parents se disputaient quand son père ne mangeait pas correctement. Patricia avait elle-même toujours chipoté pendant les repas, et avoir à se soucier du régime de son père a peut-être aussi contribué à lui faire utiliser sa nourriture pour résoudre ses problèmes. Plus la dépression et le retrait de son père s'aggravaient, plus la colère de sa mère montait. Patricia, qui voulait désespérément leur faire plaisir à tous deux et leur faire oublier leurs problèmes, se mit à en faire des tonnes :

> *«A quinze ans, j'étais un véritable bourreau de travail. Je restais à faire mes devoirs jusqu'à 2 ou 3 heures du matin. Je pensais qu'il n'y avait pas de place pour l'échec. Il me fallait racheter leurs déceptions. Il me fallait racheter la dépression de mon père et ses sentiments d'échec, mais pour moi, il n'était pas question d'échouer. Je me souviens, un jour j'ai raté un examen à l'auto-école. Mon père se mit dans une colère épouvantable — il téléphona à ses amis pour exiger que je repasse l'examen, mais je refusai de m'y rendre. J'aurais en effet très bien pu échouer à nouveau malgré son aide, et il m'était interdit*

d'échouer. L'anorexie était un autre type de réussite et en même temps, c'était une façon de me rebeller contre les exigences de mon père. »

Patricia souffrait d'anorexie depuis sept ans. Pour elle, il s'agit d'une réaction à ce que sa famille attendait d'elle :

« *On me demandait de me comporter comme si j'avais des années de plus, de compenser les échecs de mon père et leur vie malheureuse. A mon avis, je pense que j'ai fini par repousser cette responsabilité pour ne pas devenir indépendante. En agissant ainsi, je disais "Je ne suis pas assez grande pour gérer cela".* »

En dépit de sa perte de poids (Patricia mesurait 1,68 m et descendit à 34 kilos durant sa maladie), ses parents ne purent faire face à ses problèmes. Sa mère essaya bien de la faire manger, mais ils ne parlèrent jamais de ce qui avait pu provoquer son refus de s'alimenter. Patricia sait que son père s'inquiétait et se souvient avoir « vu des larmes dans ses yeux », mais il était abattu et se faisait du souci pour lui-même. Ses parents l'emmenèrent voir le médecin de famille qui l'exhorta à reprendre du poids, mais rien ne changea réellement jusque bien après son départ pour l'université.

Si les professeurs du lycée où allait Patricia s'inquiétaient de sa perte de poids, ils n'en firent jamais mention, et comme elle continuait d'avoir de bons résultats, ils ne firent selon toute vraisemblance pas grand cas de leurs inquiétudes. Quand un jeune semble si compétent, si parfait, et si apte à s'occuper des autres, les adultes peuvent ne pas reconnaître les besoins et les manques émotionnels tapis sous ce masque. Personne ne savait combien Patricia souffrait et combien la maladie, les problèmes et les besoins particuliers de son père influençaient ses relations, son identité et sa conception d'elle-même. Elle fut malade, préoccupée et solitaire pendant toute la durée de ses études secondaires, et son trouble alimentaire alla empirant.

Durant sa première année d'étudiante, dans une prestigieuse université féminine, Patricia continua de manger très peu et de perdre du poids. Là encore, personne n'essaya d'en trouver la raison et personne ne lui parla d'aller suivre une thérapie. N'oublions pas qu'il y a vingt ans de cela. Si un tel cas se produisait aujourd'hui, la situation serait traitée différemment, du moins pouvons-nous l'espérer. De nos jours, la plupart des universités ont des services médicaux et d'assistance qui peuvent aider les étudiants à identifier leurs problèmes et à commencer à œuvrer à leur guérison.

Vers la fin de sa première année, le doyen de l'université remarqua son corps amaigri et lui dit que si elle continuait à perdre du poids, il se verrait contraint de la faire hospitaliser. A ce stade, Patricia s'était complètement identifiée à ce que son père attendait d'elle, et la menace de ne pas pouvoir poursuivre son schéma de réussite l'effraya. Paradoxalement, la même peur de l'échec qui avait contribué à son trouble alimentaire, l'aida à commencer à maîtriser ses symptômes. Elle ne voulait pas décevoir son père, ni personne d'autre. Les paroles du doyen la secouèrent et elle commença lentement à donner à son corps ce dont il avait besoin.

Tout en regagnant du poids et en recouvrant la santé, Patricia travailla aussi très dur à corriger les schémas relationnels qui l'avaient conduite à prêter davantage attention aux autres qu'à elle-même. Elle apprit peu à peu à établir avec les hommes des relations qui n'étaient pas totalement fondées sur le sacrifice de soi et “l'autruicité”. Elle en développa de nombreux liens gratifiants, dont son mariage. Bien qu'il lui ait fallu trois ans pour regagner du poids et recommencer à avoir ses règles, Patricia est guérie, physiquement et psychologiquement. Cependant, elle pense toujours avec regret qu'elle aurait pu connaître une meilleure relation avec son père, aujourd'hui décédé, et pleure cette disparition et la perte de son adolescence. Elle se rend compte que son trouble alimentaire lui a fait connaître des années de chagrin, de doutes sur elle-même, d'isolement et de mauvaise santé. Elle a pu surmonter ces problèmes, mais sa faim du père a eu des conséquences coûteuses et aurait pu la détruire. Pour guérir, elle a dû admettre la tristesse que suscitait en elle sa relation avec son père et reconnaître ses effets sur sa vie.

7

SEXUALITÉ, IMAGE DU CORPS ET NOURRITURE

Les pères jouent un rôle important dans l'attitude positive ou négative de leur fille vis-à-vis de la sexualité, de l'image du corps, des habitudes alimentaires et de l'hygiène. Pourtant, les vieux mythes qui ignorent l'influence du père dans ces domaines sont toujours aussi prospères. C'est par omission, et non volontairement, que les pères n'aident pas leur fille à négocier leur adolescence et le passage à la maturité sexuelle.

Là encore, une partie du problème vient de ce que les deux sexes abordent la vie d'une façon extrêmement différente. Par exemple, en apprenant aux garçons à avoir peur des sentiments, à s'en méfier et à les nier, nous ne les incitons pas à s'ouvrir aux autres sur le plan émotionnel. Il en résulte que pour de nombreux hommes, les rapports sexuels représentent le seul moment où ils se sentent autorisés à l'intimité. Ainsi, voyant sa fille mûrir et devenir plus sexuée, le père typique peut vouloir préserver certaines frontières, et devenir encore plus distant. L'anxiété du père s'associe à la propre peur de sa fille devant les transformations de son corps, ce qui peut compromettre leur relation et peser sur sa perception d'elle-même tandis qu'elle devient une jeune femme. Il peut en découler un déni, non seulement de la sexualité, mais de tous les besoins de son corps — comme en témoignent l'anorexie, les exercices physiques à outrance, la boulimie, une alimentation compulsive ou le refus de son corps.

FAIM DU PÈRE ET SEXUALITÉ

La faim du père devient de plus en plus préjudiciable lorsque les filles entrent dans la puberté, car c'est l'âge où apparaissent et grandissent leur curiosité des hommes et du monde masculin, leur intérêt pour des relations avec le sexe opposé, et leurs attraits physiques. Quand un père prend ses distances ou se tient sur la réserve, sa fille souffre d'une faible estime d'elle-même et se défend de sa sexualité. Elle n'a en outre aucune expérience sur la façon de se comporter avec un homme ou de lui parler.

Pour beaucoup de jeunes filles, la réponse sera d'entreprendre un régime, afin de plaire aux hommes, d'être sexuellement attirante, ou d'obtenir quelque attention. D'autres entreprendront aussi un régime, mais ce sera pour rejeter leur maturité physique. Comme le dit une femme qui avait développé un trouble de la nutrition pendant son adolescence : « Au fond de moi, j'essayais d'avoir un corps qui n'attirerait pas les hommes, afin de ne plus avoir à m'en faire. » En revenant à un corps plus juvénile, elle espérait retrouver son enfance, époque où ses relations avec son père et les autres hommes ne s'encombraient pas de sexualité.

Certaines femmes sujettes à des troubles alimentaires disent avoir été proches de leur père durant leur enfance, mais s'être senties abandonnées ou rejetées quand elles se sont développées. Il est très probable que ces hommes aient battu en retraite ou pris leurs distances parce qu'ils se sentaient mal à l'aise devant la sexualité naissante de leur fille. Petites filles, elles interprétèrent le retrait de leur père comme un signe de leur propre défaillance — elles étaient incapables de plaire. La seule explication qu'elles trouvent aujourd'hui à la rupture de leur relation avec leur père est l'arrivée de la puberté. Pour une fille, la maturation physique est déjà relativement traumatisante, mais lorsqu'en plus elle y associe l'impossibilité d'être proche de son père, cela devient encore moins engageant. Certaines, qui regrettent inconsciemment leurs jeunes années et l'illusion d'être la petite fille de papa, peuvent restreindre leur alimentation pour faire cesser ou inverser leur processus de développement.

Il est généralement plus facile aux hommes de se relier à leur fille avant que celle-ci ne devienne plus sexuée ou ne commence à s'intéresser aux garçons. L'indisponibilité ou le retrait d'un père peut avoir des effets particulièrement intenses si la fille a le sentiment que la maturité détruit un lien entre eux. Patricia avait de nombreux souvenirs agréables de son père durant les premières années de sa vie. Mais lorsqu'elle eut huit ou neuf ans, son père s'éloigna d'elle — peut-être, se demande-t-elle aujourd'hui, par peur de sa puberté prochaine. Sa défection sur le plan émotionnel durant les années de formation de sa fille, contribua à son malaise vis-à-vis d'elle-même, de sa sexualité et de sa relation aux hommes :

> « *Je me souviens de nos jeux quand j'étais petite. Il était drôle et il aimait beaucoup les petits enfants. Mais je n'ai aucun souvenir d'une présence de sa part durant mes années d'adolescente. Il est tombé malade et il était très déprimé, il buvait et se retranchait en lui-même. Je n'ai jamais eu le sentiment d'avoir une vraie conversation avec lui. Adolescente, je ne savais absolument pas comment entrer en relation avec le sexe opposé ; pourtant, j'aurais bien voulu. Je présume que son absence y a fortement contribué. Il m'a fallu attendre les dernières années d'université pour apprendre à entrer en relation avec les hommes. Je crois que mon anorexie a beaucoup à voir avec cette peur du sexe.* »

Parfois, les femmes qui développent des problèmes liés à la nourriture et à l'image du corps ont le sentiment que leurs parents, notamment leur père, ne voient pas le sexe d'un très bon œil. Pensant de ce fait que leur corps est vicieux et que leurs pulsions sont immorales, elles font de leur alimentation un outil d'autodestruction pour se donner un corps moins sexuel et atténuer leur culpabilité. Comme l'a dit une femme :

> « *Je savais que si je parvenais à un certain poids je n'aurais plus à me soucier de mal agir — personne ne serait plus attiré par moi et je ne me sentirais plus coupable. C'était une façon de contourner la culpabi-*

lité... Je connaissais l'opinion de mon père sur le sexe. Je pensais que je devais être punie d'éprouver de la curiosité pour les choses du sexe et de m'intéresser aux garçons, que c'était mal, qu'il n'y avait rien de bon en moi. Ne pas manger était une façon de sortir ces choses de moi. »

De nombreuses adolescentes d'aujourd'hui redoutent leurs transformations physiques, car elles pensent qu'avec la maturité physique, elles devront être prêtes et disposées à avoir des relations intimes. Leur espoir éperdu de faire plaisir à leur père les rend incapables d'imaginer qu'elles pourraient dire « non » à un homme. Leur solution est de se maltraiter en ne mangeant pas, en faisant de l'exercice à l'excès, ou en se livrant à d'autres comportements auto-destructeurs qui leur feront perdre tout attrait. Leur seul moyen de faire face est de rejeter leur corps, leur sexualité et leur besoin de nourriture.

Pour certaines, un trouble de la nutrition reflète à la fois une attirance et un malaise vis-à-vis de la sexualité, conflit suscité par ce qu'elles ont vécu dans leur famille :

« *J'avais très peur du sexe. Tous les tabous et toutes les restrictions de mes parents semblaient en fait masquer les peurs que ma sexualité suscitait en eux. J'avais peur mais cela m'attirait. Mon anorexie était une façon de retarder le moment où j'aurais une relation sexuelle.* »

Une femme, dont les problèmes alimentaires étaient apparus après sa première relation sexuelle, explique comment elle trouva dans sa façon de se nourrir un moyen de gérer sa culpabilité, sa gêne et son incapacité à affirmer ses besoins :

« *J'étais terrifiée par le sexe. Mon anorexie avait davantage à voir avec le sexe qu'avec la nourriture. Lorsque j'ai eu mes premières relations sexuelles, j'ai pensé que je devais me marier avec mon petit ami. Mais ce n'était pas une bonne relation. Elle n'était pas du tout satisfaisante. C'était pour moi une performance de plus. Je me sentais vraiment coupable et mal à l'aise d'avoir des relations sexuelles. C'est peut-être pour cela que j'ai arrêté de manger. Je n'avais jamais réellement connu mon père — il était là, mais je ne le connaissais pas. Si je m'étais sentie proche de lui, mes relations avec d'autres hommes auraient peut-être été meilleures.* »

Ces paroles révèlent combien une faim du père non satisfaite altère la façon de vivre la sexualité — et affecte donc les relations avec les autres hommes. Si cette femme avait connu des expériences positives dans sa relation avec son père, en se sentant traitée comme une personne, cela aurait facilité sa première relation avec un garçon. Au lieu de cela, elle avait été incapable de fixer des limites et s'était sentie extrêmement coupable. Des limites, elle était en revanche capable d'en imposer à son alimentation, et cela lui permit d'atténuer sa culpabilité. En prenant conscience des déceptions causées par sa relation avec son père, elle découvrit les raisons sous-jacentes à l'origine de ses problèmes avec le sexe et la nourriture.

FAIM DU PÈRE ET PRÉCOCITÉ

Une fille qui entre dans la puberté à un âge précoce court un risque tout particulier de développer des troubles de la nutrition et un refus de son corps. Un développement précoce s'avère en effet très perturbant. Elle se sent différente de ses camarades, et s'inquiète : va-t-elle pouvoir conserver ces amitiés, ou bien au contraire se trouver rejetée à cause de ce corps qui se distingue tant des autres ? Elle sera très embarrassée d'elle-même, cherchant par tous les moyens à cacher les signes de la puberté — poitrine et règles.

Les filles précoces seront aussi la cible des plaisanteries des garçons, parfois même des hommes adultes, ce qui les rendra encore plus honteuses de leur silhouette. Il s'ensuit dans bien des cas un sentiment généralisé de ne rien maîtriser, dans aucun aspect de leur vie. Leur corps faisant des choses nouvelles et imprévisibles, elles s'attendent au même genre d'incertitude et impuissance dans tous les domaines.

Ni la fille, ni ses parents, ne sont prêts à lui voir un corps d'adolescente alors qu'elle n'a que neuf ou dix ans. Lorsque cela se produit, les pères peuvent se sentir particulièrement mal à l'aise et désorientés. Leur retrait peut être plus marqué et plus brusque quand leur petite fille devient une femme alors qu'elle n'est encore qu'à l'école primaire.

Les problèmes alimentaires et d'image du corps liés à la précocité sont illustrés par l'histoire de Nicole, qui développa un trouble de la nutrition à l'âge de quatorze ans. Elle était devenue pubère à dix ans. Elle se souvient que cela est arrivé très vite. Elle « était allée se coucher un soir après avoir joué avec ses poupées, et s'était réveillée le lendemain matin avec de la poitrine », raconte-t-elle. Elle avait toujours été timide et réservée, mais se sentait encore plus mal à l'aise devant l'attention que son développement physique lui valait de la part des représentants du sexe masculin. Sa nouvelle poitrine attirait beaucoup l'attention des hommes adultes de son entourage — son père, les amis de celui-ci, ses oncles — aussi bien que des étrangers. Elle se souvient que lorsqu'elle s'est développée, les attentes de son entourage à son égard ont radicalement changé. Elle avait le sentiment d'être forcée à agir comme une femme adulte, alors qu'elle avait toujours envie de jouer à la poupée :

> *« Je n'étais pas prête pour mon corps. Personne ne m'avait jamais dit que grandir impliquait aussi cela, mais lorsque mon corps s'est transformé, ils ont tous commencé à se comporter différemment avec moi, même les hommes — les amis de mon père. Je pensais simplement qu'il en allait ainsi. Voilà donc à quoi va ressembler ma vie. Je n'avais pas changé — c'était juste mon corps qui était différent et les gens ne réagissaient qu'à cela. J'avais le sentiment de ne rien y pouvoir. Alors j'ai décidé que je devrais avoir une certaine apparence — celle que je pensais qu'ils voulaient — et j'ai commencé à perdre du poids. On a alors fait encore plus attention à moi. Je n'avais pas changé à l'intérieur, mais les gens se comportaient différemment avec moi. On ne faisait attention qu'à mon corps, pas à moi. »*

Nicole eut le sentiment d'avoir peu d'emprise sur sa destinée une fois son corps devenu sexué. A sa première sortie avec un garçon, ce dernier, qui avait quelques années de plus qu'elle, se livra à des violences physiques sur elle et tenta de la violer. Elle se souvient que ce traumatisme marqua le début de ses problèmes alimentaires, mais pense que si elle avait connu une relation plus sécurisante avec son père, elle se serait peut-être sentie plus maître de son corps et de sa vie. Affamée d'approbation masculine, elle s'était trouvée dans l'incapacité de refuser quand ce garçon voulut profiter d'elle. Elle commença à penser que devenir une femme adulte « n'avait rien de très engageant », et que cela lui apporterait, non pas un plus grand pouvoir sur sa vie, mais plutôt l'inverse.

Lorsque je rencontrai Nicole — elle était alors à l'université — elle reconnut que si elle avait fait beaucoup de progrès et surmonté son trouble de la nutrition, elle avait toujours quelque difficulté à gérer ses relations avec les hommes. Elle avait peur de se lier avec eux, et sortait à l'occasion avec des garçons, mais sans s'engager sérieusement. Maintenant encore, elle se montre très critique à l'égard de son corps et a peur de l'intimité sexuelle, car elle imagine mal que l'on puisse l'accepter et ne pas la rejeter.

Depuis que Nicole a entrepris une thérapie et commencé à reconnaître ses sentiments vis-à-vis de son père, elle a fait beaucoup de progrès dans de nombreux domaines, y compris ses relations avec lui, et compte bien continuer sur cette voie. Les transformations positives qu'elles a connues avec son père depuis qu'elle travaille sur leur relation lui font penser que ses rapports avec les autres hommes vont eux aussi s'améliorer.

L'histoire de Nicole illustre bien les graves conséquences que la faim du père peut avoir sur le développement d'une fille au stade de l'adolescence. A écouter Nicole me décrire son père, je n'avais pas l'image d'un homme qui avait délibérément rejeté sa fille ou qui faisait preuve d'attitudes négatives envers les femmes et leur corps. Il avait l'air d'un homme ordinaire, qui n'avait aucune idée de ce que sa fille attendait de lui et de ce dont elle avait besoin. Nous voyons apparaître là, une fois encore, les disparités entre les expériences et les valeurs des hommes et des femmes. Si seulement l'éducation de son père n'avait pas été si traditionnellement masculine, il aurait pu comprendre combien il était important pour elle, et elle aurait pu éviter les affres d'un trouble de la nutrition. Au lieu de cela, l'éducation qu'il avait donnée à sa fille ne lui avait laissé qu'un seul moyen de faire face à son dégoût de son corps et des hommes : l'anorexie.

FAIM DU PÈRE ET TRAUMATISME SEXUEL

Comme nous l'avons vu, les problèmes touchant à la nourriture et à l'image du corps sont souvent le résultat d'attitudes et de sentiments morbides vis-à-vis de la sexualité, véhiculés par la famille ou la société. Dans de nombreux cas, le trouble de la nutrition et le rejet du corps découlent d'abus sexuels.

Il est impossible de disposer de données précises sur l'existence d'un traumatisme sexuel chez les femmes souffrant de problèmes alimentaires et d'image du corps, car ce genre de violence est souvent passé sous silence. Certaines victimes ont peur, si elles en parlaient, des répercussions que cela engendrerait. D'autres éprouvent de la honte et craignent d'avoir elles-mêmes provoqué l'événement. D'autres encore, occultent l'événement. Bien souvent, les personnes violentées se sont tellement armées contre leur souffrance, qu'elles ne peuvent s'en souvenir qu'après des mois ou des années de thérapie. Il n'en reste pas moins que les sentiments intenses et perturbateurs suscités par un traumatisme sexuel contribuent sans conteste aux conflits touchant à la nourriture et à l'image du corps. Cesser de s'alimenter ou à l'inverse, engloutir des quantités astronomiques de nourriture pour ensuite la régurgiter, peuvent révéler une volonté d'établir des frontières personnelles, de se punir (les victimes d'abus sexuels se persuadent souvent, pour donner un sens à l'événement, qu'elles l'ont provoqué ou mérité), d'exprimer sa colère, ou de se sentir maître de sa vie.

Bien que les chiffres varient et puissent, pour les raisons que nous venons de mentionner, ne pas être totalement exacts, les rapports faisant état d'un lien entre trouble alimentaire et abus sexuel suffisent à garantir notre propos. Lors d'une étude sur la boulimie, 21% des personnes interrogées ont indiqué qu'une expérience sexuelle difficile avait déclenché leurs problèmes alimentaires. Dans un autre groupe de 172 femmes adultes boulimiques traitées en consultation externe, 66% avaient été victimes de violences ; 46% d'entre elles avaient été battues ou violées durant leur enfance, et un tiers d'entre elles subirent d'autres violences une fois adultes. Une autre étude fait apparaître que 66% des femmes souffrant de troubles de la nutrition ont subi un viol. Au moins 40% des adolescentes et jeunes femmes suivant le programme de traitement que je dirige ont souffert d'un tel traumatisme, allant de sévices sexuels au viol proprement dit.

Un homme qui transgresse les frontières physiques admises entre un père et sa fille provoque une grave angoisse. Les enfants s'attendent en effet à être protégés par les parents, notamment par leur père ; une relation incestueuse avec le père ne leur semble donc pas s'inscrire dans l'ordre des choses et fait naître en eux un sentiment d'insécurité. Honte et culpabilité s'emparent de la victime, et la fille va s'accuser des transgressions de son père. En outre, sa conviction de devoir obéir à son père la contraint à se plier à sa volonté tant qu'il en exprime le désir. Elle sera généralement tenue au secret, car son père la menace, si elle venait à refuser, de quelque chose qu'elle perçoit comme encore plus dévastateur.

Les relations au sein de la famille se faussent. Même si les autres membres de la famille sont au courant ou soupçonnent la chose, ils la nient afin de préserver l'équilibre fragile, encore que vicié, de la famille. La relation mère-fille s'en trouvera tout spécialement entachée. Des émotions complexes, souvent contradictoires — jalousie, gratitude, colère, insécurité, culpabilité, peur, manque, solitude, dépression, amour, terreur — interagissent et pétrifient la famille dans ses schémas. Dans bien des cas, un trouble de la nutrition sera la seule façon pour la fille d'avoir le sentiment de pouvoir disposer de son corps, et d'évacuer sa colère et son désespoir refoulés. Son besoin de prendre soin de sa famille prend le pas sur son droit à disposer de sa sexualité. Elle agira de façon à ne pas mettre en péril l'harmonie de la famille et fera face en maltraitant son corps, réponse mal adaptée, mais dictée par l'amour.

Les traumatismes sexuels éveillent de nombreux sentiments touchant à la relation père-fille et cela, même quand ils ne sont pas perpétrés par le père mais par un autre membre de la famille, un ami de la famille ou un camarade. La jeune fille se sent abandonnée par son père puisque, selon nos mythes culturels, il n'était pas là pour la protéger et qu'il ne lui a pas davantage appris à faire face à ce genre d'avances. Les sentiments d'abandon de la fille redoublent, mais elle a peur d'en parler à son père, pensant qu'il va l'accuser elle, et la décevoir une fois de plus. Plus son père se sera montré distant au cours de son existence, plus les effets d'un abus sexuel seront écrasants.

Les traumatismes sexuels peuvent conduire à une défiance envers toute la gent masculine. Si la relation de la fille avec son père est déjà distendue, elle ne le deviendra que davantage après un tel incident car c'est elle à présent qui va prendre ses distances. Surpris de ce comportement, le père saura alors encore moins comment l'aborder et sera donc dans l'incapacité de lui prodiguer soutien et expériences réparatrices en ce moment où elle en a tant besoin. Les psychologies divergentes des hommes et des femmes sont encore à l'œuvre, et les pères, avec leur tendance à se séparer plutôt que se relier, renforcent à leur insu la défiance de leur fille.

Si au contraire le père prodigue le soutien nécessaire, le processus de guérison d'un traumatisme sexuel peut être bien plus facile. En outre, les pères qui s'impliquent dans l'éducation des enfants jeunes (au-dessous de trois ans) sont moins susceptibles de se livrer à des sévices sexuels sur leurs enfants ou sur ceux des autres. Une relation étroite dès les premiers mois de la vie préserve les hommes, semble-t-il, de ce genre de comportement, et peut les doter de la sensibilité requise, le cas échéant, devant de tels événements.

Le lien d'une fille avec son père servant de prototype à ses autres attaches, il est important pour les femmes souffrant de troubles alimentaires et pour les victimes d'abus sexuels de mieux comprendre cette relation. Par exemple, une fille qui ne se sent pas aimée peut avoir un comportement provocateur, destiné à attirer l'attention d'autres hommes. Mais ses efforts pour satisfaire sa faim du père peuvent augmenter ses risques d'avoir à subir un traumatisme sexuel.

Les thérapeutes traitant des patientes souffrant de troubles alimentaires ne doivent pas omettre la possibilité d'un abus sexuel, passé ou présent, et doivent les aider à surmonter les violences physiques qu'elles ont subies. Inversement, les psychothérapeutes travaillant avec des femmes qui ont subi des violences sexuelles devraient s'enquérir des habitudes alimentaires de leurs patientes, et veiller à ce qu'une prise en charge médicale complémentaire soit assurée s'il y a effectivement trouble de la nutrition. Dans tous les cas, cliniciens et patientes devraient essayer de comprendre comment ce traumatisme reflète et affecte la relation père-fille.

La faim du père complique le développement psychosexuel normal d'une jeune fille. Le processus de développement sera mal vécu, car il juxtapose à son désir de se relier à d'autres hommes, sa conscience de l'éloignement de son père. Espérant comprendre son père et se relier à lui d'une façon ou d'une autre, elle va imputer son indifférence, ou au contraire son intérêt déplacé, à ses nouveaux attributs sexuels. Son corps devient l'explication du comportement de son père. Les sentiments de perte liés à sa relation avec lui faussent peu à peu sa logique, et bientôt apparaît le raisonnement suivant : « Si seulement mon corps était différent, j'aurais une meilleure relation avec papa. » Elle croit qu'être plus mince, plus menue, plus (ou moins) séduisante, plus (ou moins) musclée, lui fera plaisir et transformera leurs rapports. Sinon, peut-être cela plaira-t-il à quelque autre homme, quelque part. Ainsi le malaise imprégnant sa relation avec son père se transforme en malaise vis-à-vis de son moi physique, qui à son tour la conduit à modifier sa façon de s'alimenter.

Une telle logique a des effets dévastateurs. La faim du père fausse les sentiments de la jeune fille envers son corps, ce qui a pour effet d'engendrer un rejet de ses appétits fondamentaux, et naturels, pour le sexe et la nourriture. Toute pulsion doit être réprimée, parce que sa sexualité est inacceptable. La nourriture, carburant de son corps, est interdite. Le plaisir de manger, plaisir élémentaire que la plupart d'entre nous prenons pour acquis, est rayé de sa vie. Ceci est particulièrement vrai pour les femmes dont la faim du père est accentuée par un traumatisme sexuel, comme nous allons le voir dans les deux histoires vécues qui suivent.

CAROL : « C'est contre mon père que je suis en colère. »

L'histoire de Carol montre bien comment abus sexuels, alimentation, image du corps et faim du père interagissent et peuvent conduire à une colère intériorisée, tournée vers soi-même, s'exprimant par la boulimie. Bien que son père ne fût pas l'auteur des violences sexuelles, Carol le tenait pour responsable en raison du rôle minimal qu'il avait joué dans sa vie. Jusqu'à ce qu'elle saisisse l'horreur de son environnement familial, elle avait continué de répéter dans plusieurs relations le schéma qui faisait d'elle une victime. Pendant des années, le jeûne et la boulimie furent pour elle la seule façon de vivre sa colère.

Carol avait grandi dans une famille de trois enfants, non éclatée, mais son père était malade et déprimé. La vie familiale était très déplaisante. Son trouble de la nutrition apparut peu après que son frère aîné l'ait violentée. Elle en rejette la responsabilité sur la passivité et la non-implication de son père :

> « *Il était distant, indifférent, et ne savait rien de nos sentiments ni de ce qui se passait dans notre vie. Mon frère a repris son rôle — c'était un vrai tyran, ignoble, qui exigeait tout de moi, même le sexe. Personne ne me protégeait de lui. En grandissant,*

j'ai continué à avoir des relations avec des hommes qui ressemblaient à mon frère. Je ne connaissais pas d'autre façon de me comporter avec eux. Je suis persuadée que cela aurait été différent si mon père avait partagé davantage de choses avec moi... Je sais qu'en réalité, je recherchais l'approbation des hommes. C'étaient les seuls moments où mon frère me témoignait de l'affection. J'ai connu un tas d'hommes qui m'ont fait souffrir et j'essayais toujours de leur faire plaisir, à eux, pas à moi. En étant mince, j'essayais d'être plus sexy pour eux. »

Carol laissa exploser sa colère lorsqu'elle en vint à parler de l'influence de son frère et de son pouvoir dans la famille. Elle décrivit son père comme un homme passif, abattu, et dit que son frère aîné était devenu le représentant de l'autorité dans la maison (« Il houspillait même mes parents »). Bien que les abus aient été commis par son frère, elle déclara :

« *C'est contre mon père que je suis en colère, pour ne pas m'avoir considérée comme une personne et pour ne pas m'avoir montré qu'il se souciait de moi ou que les hommes pouvaient vous prêter attention sans vouloir forcément dominer. Jusqu'à ce que je puisse l'exprimer et le comprendre, je me suis retrouvée avec des hommes qui abusaient de moi.* »

Comme beaucoup d'autres victimes, Carol répéta le traumatisme dans ses autres relations. Au stade de l'adolescence, le schéma "d'autruicité" était fermement établi. Les désirs des hommes prenaient toujours le pas sur les siens, même s'il en résultait une violation de son corps ou de ses aspirations.

Carol avait associé maturation physique et abus sexuels. Les agissements de son frère ayant débuté au moment où elle commençait à se développer, elle « eut honte », me dit-elle, de ses sentiments vis-à-vis du sexe. La peur de cet appétit la conduisit aussi à douter de sa faim de nourriture. Les deux devinrent liés. C'est alors qu'elle se lança dans des régimes extrêmes. Elle se sentait « légère et vertueuse » pendant ses périodes de jeûne, qui pouvaient durer jusqu'à quatre jours d'affilée. Ce schéma alternait avec des périodes de boulimie, où elle avalait d'énormes quantités de nourriture (« une façon de me dévorer à en mourir et de me détacher du monde »), puis se faisait vomir (« pour me nettoyer »). La piètre image d'elle-même qu'elle avait étant enfant fut accentuée par sa relation avec son frère. Elle devint extrêmement déprimée ; son trouble de la nutrition constitua une façon de se retrancher. Pour Carol, les saignements qui accompagnaient ses vomissements représentaient « une forme lente de suicide ».

Les symptômes de Carol s'aggravèrent lorsqu'elle entra à l'université et vécut loin de chez elle. Elle reçut l'aide de deux conseillers de l'université mais ne commença à réaliser des progrès notables qu'après avoir commencé à voir un thérapeute, une fois son diplôme obtenu, pour un traitement plus suivi. Selon ses propres termes, le fait de voir un thérapeute de sexe masculin l'a aidée « à se forger une meilleure image des hommes ». Comme je l'ai mentionné à propos de Liz, dans le chapitre précédent, un thérapeute homme aide parfois à rompre les mythes selon lesquels les hommes ne prêtent aucune attention aux sentiments ou ne peuvent pas comprendre les femmes et leurs problèmes.

Carol a travaillé dur pour comprendre les rapports entre les abus, ses relations avec les hommes, et ce qu'elle éprouvait vis-à-vis de la nourriture et de son corps. Durant sa thérapie, le père de Carol mourut. En dépit de sa colère contre sa mère, qui avait ignoré tous les conflits régnant dans la famille, elle établit progressivement une meilleure relation avec elle. Carol pense qu'elle avait guéri sur de nombreux plans, en fait « sur tous les autres plans », avant d'en finir avec la boulimie. La boulimie était devenue une habitude qu'elle ne put regarder en face, et sur laquelle elle ne put travailler plus directement, qu'après avoir commencé à reconnaître sa colère et mieux saisi les problèmes de sa famille et sa façon d'y réagir. Ceci lui demanda des années de thérapie, ainsi qu'un énorme travail par elle-même. En guérissant, elle put mettre un terme au schéma de relations négatives avec les hommes qui, ou bien l'ignoraient, comme son père, ou bien abusaient d'elle, comme son frère. Avant de pouvoir modifier son existence, il lui fallut prendre conscience de sa rancœur et de sa colère contre le rôle joué par son père dans la famille.

L'histoire de Carol laisse à penser que la guérison peut emprunter de nombreuses voies. Elle était malade depuis longtemps, mais il lui fallait d'abord comprendre les dynamiques familiales avant de pouvoir aller mieux. D'autres femmes auront besoin de maîtriser leurs symptômes avant de pouvoir commencer à comprendre les nombreux facteurs ayant contribué à leur maladie. Je me demande si le processus de guérison de Carol aurait été plus rapide ou moins douloureux si sa famille avait commencé le traitement durant son adolescence. Si les dynamiques familiales avaient été identifiées plus tôt, peut-être la boulimie de Carol aurait-elle pu être évitée ou du moins, ne pas devenir aussi grave. Si vous souffrez d'anorexie ou de boulimie, ou des deux, gardez à l'esprit que la guérison de Carol a demandé de très, très nombreuses années. Elle a été malade pendant près de quatorze ans, et sa guérison a été lente, mais complète.

Carol regrette que son père ne soit plus en vie ; elle aurait souhaité pouvoir lui parler tandis qu'elle travaillait sur les points le concernant, mais sa mort lui a ôté cette possibilité. Avec l'aide d'un thérapeute, elle est cependant parvenue à travailler sur ses sentiments, notamment en écrivant des lettres à son père (ou en se livrant à d'autres façons symboliques de lui parler). Plus tard, elle confronta son frère aux abus sexuels qu'il lui avait fait subir, et sa mère à son attitude de déni. Peu à peu, elle a cicatrisé les blessures qui avaient abouti à sa boulimie.

La colère de Carol a disparu parce qu'elle a osé prendre les mesures nécessaires, mais difficiles et risquées, pour la résorber. Elle a vécu avec des hommes des relations positives, dans lesquelles elle s'est affirmée et a exprimé sa colère au lieu de la retourner contre elle. Elle a choisi de vivre en célibataire, mais elle est confiante en elle-même et se sent à l'aise pour partager ses sentiments avec les hommes comme avec les femmes.

JENNA : « Je pouvais décider de ce que je mangeais. »

L'histoire de Jenna comporte elle aussi la présence de traumatismes sexuels ; ses paroles vous aideront peut-être à voir comment un trouble de la nutrition peut constituer un moyen de faire face aux sentiments, notamment l'impuissance, suscités par de tels abus.

La nourriture était devenue le langage de Jenna car cela lui avait donné le sentiment de maîtriser sa vie après que son père eût commencé à abuser d'elle. La nourriture avait été une marchandise très surveillée durant l'enfance de Jenna. L'argent était compté, mais Jenna avait le sentiment que ses parents exerçaient leur domination sur elle par l'intermédiaire de ce qu'ils lui permettaient de manger, tout en imputant la cause de ces restrictions à leurs ressources limitées. La prise de nourriture constituait pour elle un moyen facile de s'exprimer et d'essayer de reprendre les rênes. Jenna avait été maltraitée par son père, mais elle en voulait à ses deux parents :

> « *Mon père nous violentait et ma mère restait assise là, à regarder. Quand je faisais appel à elle, elle me répondait : "C'est ton père, il ne te fait pas de mal". Je n'avais aucune emprise sur eux. Mais je pouvais décider de ce que je mangeais. C'est comme cela que j'ai commencé à me sous-alimenter.* »

La mère de Jenna était passive et semblait approuver tout ce que faisait son père. Son père paraissait très porté sur le sexe, et Jenna en développa une grande gêne devant son propre développement sexuel :

> « *Mon père parlait toujours de sexe. C'est lui qui nous a expliqué les choses de la vie. Je me souviens que lorsque j'ai eu mes règles, il a annoncé la nouvelle à tout le monde, et a fait toutes sortes de plaisanteries à ce sujet. Si j'avais eu une meilleure relation avec lui, il ne se serait peut-être pas servi du sexe — par ses plaisanteries et ses agissements — pour être proche de moi.* »

Livrée au feu incessant des remarques de son père sur sa sexualité, Jenna éprouvait des difficultés à se sentir à l'aise avec elle-même tandis que son corps se développait. Elle se culpabilisait de son attirance pour le sexe, mais aussi de tous ses autres besoins. Puis, alors qu'elle avait dix-sept ans, sa sœur, qui n'était pas mariée, tomba enceinte et son père se préoccupa encore davantage de la sexualité de Jenna (« Il m'accusait tout le temps de faire des choses que je ne faisais pas »).

Face à ce traumatisme sexuel et au manque de soutien dont elle souffrait dans sa relation avec son père, Jenna développa une grave anorexie. S'affamer lui donnait le sentiment de maîtriser sa colère et de pouvoir disposer de son corps. Elle voulait être plus responsable de sa vie, et non plus soumise aux exigences de son père, qui désormais incluaient le sexe. Sa façon de s'alimenter était la seule chose qu'elle pouvait contrôler, mais elle servait aussi un autre objectif : en refusant de manger, Jenna se punissait de désirer une relation autre que celle que son père pouvait lui donner, et d'être incapable d'y arriver par elle-même.

Jusqu'à ses premières années d'adulte, sa faim du père et son rejet d'elle-même persistèrent et Jenna développa dans ses rapports avec les hommes de nombreuses relations négatives. Elle faisait n'importe quoi pour eux, y compris essayer de changer son corps ou de perdre du poids pour les satisfaire. Comme beaucoup de femmes souffrant de troubles alimentaires, elle était à la fois attirée et terrifiée par le sexe — domaine lourdement chargé pour elle à cause de l'obsession de son père pour sa sexualité et de ses accusations. Elle se sentait davantage à la merci de sa propre curiosité à l'égard du sexe et des pulsions de son père, que responsable de sa destinée.

Des années plus tard, Jenna a guéri sur de nombreux plans. Physiquement, elle a retrouvé le poids qu'elle avait avant de cesser de s'alimenter. Elle a établi une relation positive avec un homme, l'a épousé et a fondé une famille. Elle a également un métier qui lui donne beaucoup de satisfactions. Elle se soucie de la relation de ses enfants avec son mari, s'efforçant de partager les responsabilités avec lui et de créer les conditions favorables pour qu'il puisse jouer un rôle actif. Jenna est une femme, une épouse et une mère scrupuleuse et attentionnée, qui s'est battue pour trouver une façon confortable de maîtriser sa vie sans être trop rigide.

Les critiques de son père, son indifférence et ses comportements sexuels déplacés restent des blessures ouvertes, et Jenna a dû travailler à mieux comprendre sa relation avec lui sans qu'il ne prenne part à la chose. Si lui n'a jamais participé à la thérapie, la plupart des pères que j'ai rencontrés le feront si leur fille ou le thérapeute de leur fille leur dit combien ils sont importants dans le processus de guérison. Le père de Jenna a sans conteste pesé un grand poids dans sa vie, mais elle a dû guérir et prendre sa vie en main par elle-même, sans aucun appui de sa part pour l'aider à comprendre et à reconstruire leur relation.

8

DE FAUX-FUYANTS EN FAUX-SEMBLANTS

Cette faim du père, si répandue dans la société occidentale contemporaine, se traduit par des rôles apportant frustration et insatisfaction à chaque membre de la famille. Ceux-ci doivent en effet trouver le moyen d'interagir et de subsister sans que les hommes soient activement impliqués à la maison. En essence, les familles "sans père" trouvent des façons perverties de vivre ensemble, afin de pouvoir ne serait-ce que fonctionner. J'utilise l'expression "dysfonctionnement fonctionnel" pour définir cet arrangement qui convient peut-être à un niveau superficiel mais qui, à un niveau plus profond, n'est pas satisfaisant, enrichissant ou favorable à la croissance personnelle et aux relations interpersonnelles.

La fidélité aux mythes qui régissent les rôles maternel et paternel peut aboutir à un mode de vie qui, extérieurement, paraît satisfaisant et donne de bons résultats dans le monde. Mais intérieurement, le tableau est un peu moins enchanteur. Les parents ne se trouvent généralement pas soutenus l'un par l'autre, les mères se sentent écrasées de responsabilités, les pères ont le sentiment d'être exclus, et les enfants ne reçoivent pas l'amour, la sécurité et la reconnaissance auxquels ils ont droit. Les filles font parfois face à ce vide intérieur en mangeant, pour se remplir, ou en s'affamant, parce qu'elles pensent ne pas mériter la plénitude. Leur façon de se nourrir est le reflet de leurs émotions.

Les familles sont le miroir des normes et croyances sociales du moment. Si elles sont “fonctionnellement dysfonctionnelles”, alors notre culture l'est aussi. Les familles décrites dans cet ouvrage offrent une réplique de la répartition du pouvoir prévalant dans notre société : les hommes ayant le pouvoir dans le monde, les femmes doivent généralement le trouver ailleurs — au sein de la famille ou par l'intermédiaire de leur corps. Quand une adolescente s'inquiète de son avenir de femme, elle peut se mettre en tête d'obtenir un corps “parfait”, de se livrer à des exercices physiques d'une grande sévérité ou de perdre du poids.

Presque toutes les femmes souffrant de troubles de la nutrition, rejetant l'image de leur corps ou préoccupées par leur poids, vivent ces schémas de dysfonctionnement fonctionnel. Pour les individus comme pour les familles, le paradoxe est similaire à la double contrainte que connaissent les pères dans notre culture : plus leur vie intérieure est vide et peu satisfaisante, plus ils semblent réussir dans le monde. Les femmes souffrant de troubles alimentaires déclarent en effet systématiquement que lorsqu'elles paraissent au mieux de leur(s) forme(s) aux yeux des autres, elles en sont en réalité au plus bas en termes de symptômes, de dépression, d'affliction, de solitude et de désespoir. Nous examinerons dans ce chapitre les raisons de ce dysfonctionnement fonctionnel, et verrons comment ce dernier conduit certaines personnes à entrer en guerre contre leur corps et leurs appétits.

SCHÉMAS COURANTS DANS LES FAMILLES OÙ SE DÉVELOPPE UN TROUBLE DE LA NUTRITION

Lorsque nous étudions les familles où l'on rencontre un cas grave de trouble de la nutrition, de rejet du corps ou de préoccupations pondérales, nous ne trouvons pas un contexte familial unique et bien spécifique. La famille n'est en effet que l'une des nombreuses forces pouvant conduire à ce genre de détresse. En outre, nos études ne sont réalisées qu'à un stade où le problème est profondément enraciné, et nous ne pouvons donc pas savoir si l'interaction au sein de la famille a précédé le problème, ou si elle en est la conséquence. Les troubles de la nutrition posent un énorme problème aux familles. Les parents, au comble de l'inquiétude ou complètement dépassés, réagissent parfois par des mécanismes qui leur semblent répondre à la situation, mais qui sont inefficaces. Le stress provoqué par un trouble de la nutrition peut engendrer de nouvelles interactions dysfonctionnelles. Ainsi, la façon dont fonctionne une famille peut à la fois contribuer au trouble de la nutrition et en résulter.

Il existe cependant quelques schémas communs aux familles où l'on rencontre des problèmes de nutrition et d'image du corps ; mais chaque individu et chaque famille constitue une combinaison unique des nombreuses influences qui les affectent, et ces dynamiques s'exprimeront dans chaque cas de différentes façons et à des degrés divers. Ces schémas ayant été étudiés en détail par d'autres auteurs, nous allons nous contenter d'en présenter un résumé.

En premier lieu, les familles où l'on note un dysfonctionnement fonctionnel font tout leur possible pour éviter les conflits. Les mères s'ingénient à faire tourner les choses rondement, puisqu'elles ont pour rôle quotidien de préserver les relations. Elles veulent que leur mari apprécie leur travail au sein de la famille, mais elles définissent parfois cela en termes d'enfants ayant de bons résultats, peu de besoins, qui font plaisir aux adultes et ne se disputent jamais. Les pères, investis dans leur tâche de pourvoyeur, attendront des marques de gratitude et un climat serein chez eux, de telle sorte que les enfants apprennent à marcher sur la pointe des pieds quand papa se trouve dans les environs. Les mères disent fréquemment des choses telles que « Ne dérange pas ton père », contribuant sans s'en rendre compte à renforcer la distance entre le père et ses enfants. En règle générale, les conflits entre les parents ou entre parents et enfants ne sont pas identifiés, ou bien sont ignorés. La communication est maigre ou réduite à un minimum, et la famille tend à nier et éviter les problèmes, simplement pour « vivre en paix ».

Dans ces familles, l'autorité parentale est considérée comme absolue et indiscutable. Il est impossible d'y aborder les points de litige ou les sujets épineux, et les enfants n'apprennent pas à trouver leur place. En voyant leurs parents jouer ces rôles, les filles vont se sentir particulièrement impuissantes, car elles connaissent bien le fonctionnement émotionnel de la famille. Leurs frères, conditionnés à se montrer plus indépendants, s'intéresseront moins aux dynamiques familiales et trouveront généralement des façons de s'affirmer en dehors de la maison. Les filles sont confrontées à deux conflits majeurs lorsqu'elles en viennent à reconnaître que leur famille a des problèmes : elles vont commencer par se le reprocher, puis se sentir impuissantes et inefficaces en raison de leur incapacité à améliorer les choses.

Selon que la famille est affligée d'un cas d'anorexie ou de boulimie, nous pouvons constater certaines différences dans l'origine des conflits et leur façon de se manifester. Les familles dont l'un des membres souffre d'anorexie reflètent un grand nombre des schémas décrits ci-dessus — elles sont si expertes à nier les problèmes, qu'elles ne voient même pas les tensions qui règnent à la maison. On s'y entend bien, du moins en surface. Dans les familles ayant une fille boulimique, les conflits peuvent être plus apparents et la vie familiale est souvent anarchique, désordonnée et stressante. Mais on a beau le savoir, les choses vont à vau-l'eau, et les relations en souffrent.

Dans les deux cas, par suite de la position périphérique du père, les parents ne se partagent pas les responsabilités. La frustration résultant de cette incapacité à solutionner les problèmes devient la toile de fond de la vie émotionnelle de la famille. Or, il est impossible de se sentir bien quand on évite les problèmes au lieu de chercher à les résoudre. Dans ces foyers, la confiance et le soutien émotionnel font figure de parents pauvres et sont relégués à l'arrière-plan tandis que l'on s'efforce de présenter une image positive au monde extérieur. Reconnaître ses sentiments réels est considéré comme une trahison envers la famille. Il est plus important de se montrer fidèle à l'ordre établi que d'ouvrir son cœur. La communication est bâillonnée.

Par ailleurs, l'identité des membres de la famille est mal définie car les frontières entre chacun et entre générations sont ténues ; les rôles de chacun finissent ainsi par devenir un véritable méli-mélo. Les enfants, ne sachant pas comment énoncer leurs propres désirs ou sentiments, en arrivent parfois à s'occuper des adultes : ils aspirent à un contact plus étroit avec leur mère ou leur père, mais sont incapables de l'exprimer directement. Les membres de la famille ont peu “d'espace” ou d'intimité et là aussi, les besoins de l'individu sont sacrifiés au groupe. Ce schéma d'esquive des conflits et de communication restreinte débouche sur un faux-semblant d'attentions mutuelles, chaque membre de la famille faisant comme si tout allait bien mais le payant chèrement de sa personne.

Quand dans une famille les frontières entre les générations ne sont pas correctement définies, les parents éprouvent des difficultés à distinguer les besoins de leurs enfants des leurs. L'un des parents, ou les deux, peut devenir exagérément proche de l'enfant. Ce schéma porte en lui les graines du désastre, car il empêche les parents de faire face à leurs problèmes de couple. L'insatisfaction conjugale est courante dans les familles où l'on constate un trouble de la nutrition, mais les parents n'y font pas face pas directement. Au lieu de cela, et en raison du flou qui entoure les frontières, l'enfant devient le meilleur ami, le confident de l'un des parents, ou bien tente de les réunir par l'intermédiaire de ses symptômes. Maigrir, tomber malade ou devenir boulimique peuvent constituer des tentatives inconscientes pour attirer l'attention des parents et les maintenir réunis autour d'un problème qui les concerne tous.

Il existe un terme pour désigner cette situation où un enfant est incorporé dans le couple : la triangulation. En d'autres termes, les parents ne traitent pas leurs propres problèmes en tant que couple, mais avec un tiers qui vient s'immiscer dans leur relation. Ce système interdit toute intimité ou toute autonomie. Il n'existe aucune dyade — toutes les relations seront triangulaires. Même lorsque survient un problème entre l'un des parents et un enfant, l'autre parent finira par être impliqué. Ces relations sont malsaines car les individus ne traitent pas directement le problème, ou ne communiquent pas directement entre eux. Les conflits sont rarement résolus. En outre, plus un enfant vit cette situation triangulaire, moins il aura d'activités normales épanouissantes et propices à son développement.

La triangulation handicape gravement les enfants, et ceux de sexe féminin l'exprimeront à travers la nourriture et leur corps. Plus une fille prend sa famille en charge, moins elle sera apte à évoluer normalement et à s'éloigner de ses parents au moment de l'adolescence. Un trouble de la nutrition, ou des conflits touchant au développement du corps et à son aspect, peuvent représenter pour elle la seule façon d'exprimer un malaise dans le mode de fonctionnement de la famille. La plupart des problèmes alimentaires se développent en effet durant l'adolescence, au moment où les enfants quittent de coutume le nid familial. Mais ces adolescentes ne pourront avancer dans leur propre vie que lorsque leurs problèmes auront été pris en compte.

Quand les parents parviennent à réaliser la signification profonde d'un conflit ayant trait à la nourriture ou à l'image du corps — c'est-à-dire l'existence d'un dysfonctionnement fonctionnel dans la famille et une tentative, de la part de l'adolescent, pour s'adapter à des mythes culturels et à des traditions transmises de génération en génération qui ne répondent pas à ses besoins — ils peuvent en général aider leur enfant, ainsi qu'eux-mêmes. Ils peuvent en effet utiliser ce problème pour travailler à améliorer leurs relations, au lieu de s'en accuser personnellement ou de se le reprocher mutuellement. Comme nous l'avons déjà dit, une famille constitue un système complexe, au sein duquel les problèmes ne peuvent être imputés à une seule et unique personne. Rechercher des causes uniques n'est pas d'une grande aide lorsque l'on traite une réalité aussi complexe que la relation d'une femme avec la nourriture ou avec son corps. Il sera très profitable aux familles, en revanche, d'examiner comment leur acceptation de la société, des croyances et des traditions qui les entourent a compromis leur bonheur. Nous découvrons souvent, sous le masque extérieur de la famille et son dysfonctionnement fonctionnel, une faim du père et une aspiration à des rôles masculins et féminins plus satisfaisants pour chacun.

LE RÔLE DES PARENTS

Les enfants ne sont pas les seuls à souffrir de la faim du père ; les deux parents portent également en eux des sentiments similaires de déception vis-à-vis de leur propre père. En outre, la faim du père étant une tradition culturelle transmise de génération en génération, ce manque n'est pas conscient. Les hommes et les femmes entrent dans le rôle de parent avec un handicap dont ils ne soupçonnent peut-être même pas l'existence. Cette limitation va affecter la totalité de leurs rapports avec leur conjoint et leurs enfants. Comment un homme qui n'a pas vraiment eu de père pourrait-il savoir comment se comporter en père ? Comment une mère qui elle non plus n'a pas vraiment eu de père pourrait-elle aider son mari à avoir avec leurs enfants une relation constructive où il pourrait s'impliquer et tisser des liens émotionnels ?

Malheureusement, peu de couples parviennent à surmonter l'impact de la faim du père sur leur rôle de parents. Au lieu de cela, la plupart des familles s'adaptent et vivent dans un dysfonctionnement devenu fonctionnel. Les mères tendent à en faire de trop pour compenser l'absence de leur mari. En tant qu'épouses, elles se sentent écrasées de responsabilités ; elles auraient besoin d'être épaulées par leur mari, mais leurs antécédents d'enfant privée de père les empêchent de lui demander de l'aide : elles n'ont aucun droit d'en demander davantage aux hommes, pensent-elles. Les hommes continuent de se sentir tenus à l'écart et peu importants pour la famille. En tant que pères, ils fonctionnent "au ralenti" et se sentent laissés de côté, isolés et sans importance. Chacun des parents a beau désirer davantage de la part de son conjoint, aucun des deux ne sait comment le demander. D'où leur amertume, et une certaine hostilité entre eux. Une fois encore, personne n'y trouve son compte.

Tel est le modèle offert aux jeunes filles. Celles-ci grandissent en sachant qu'elles assumeront dans leur future famille la plupart des responsabilités quotidiennes. De plus, elles se croient impuissantes devant cette situation, et s'insurgent contre cet héritage. Elles éprouvent du ressentiment face à leur mère qui a besoin d'elles pour aider aux tâches domestiques. Mais elles se sentent aussi coupables, car elles perçoivent bien les fardeaux qui pèsent sur leur mère. Ainsi, elles désireraient recevoir davantage de leur père, et sont en colère contre leur mère — état d'esprit qui se convertit facilement en conflits touchant à la nourriture. Jessica décrit comment ces émotions mêlées l'ont conduite à connaître de graves troubles de la nutrition et à rejeter son corps :

> « *Je me sentais tout le temps coupable — coupable parce que j'en voulais à ma mère d'avoir besoin que je l'aide, coupable pour désirer passer davantage de temps avec mon père. Je me haïssais, je pensais que j'étais mauvaise d'avoir de tels sentiments. Je me punissais en ne mangeant pas. Puis j'étais avide de nourriture, et j'avalais tout ce que je pouvais. Je pensais que tout était de ma faute et qu'il y avait quelque chose qui n'allait pas chez moi. Maintenant, je sais que c'était parce que mon père n'était tout bonnement jamais là. Ma mère et moi, avions toutes les deux besoin qu'il nous donne davantage que ce qu'il pouvait offrir. Mais au regard des normes de notre société, c'était un "bon père".* »

La famille de Jessica est un parfait exemple de dysfonctionnement fonctionnel et des conséquences négatives de la faim du père. Vue de l'extérieur, c'était une famille parfaite, qui avait réussi, « un pilier de la communauté ». Ils « avaient tout. » Son père s'occupait de l'affaire léguée par sa famille et gagnait beaucoup d'argent. Sa mère était une maîtresse de maison « modèle », menant de front ses responsabilités domestiques et une vie sociale active, ce qui lui laissait peu de temps ou d'énergie pour elle-même. Ses parents gravitaient dans des sphères différentes, et n'étaient réunis qu'à l'occasion de mondanités ou pour être avec les enfants ; ils ne se partageaient pas les responsabilités. Sa mère était submergée mais l'acceptait, sachant que ce mode de vie répondait à la tradition familiale et au diktat culturel. Incapable de solliciter l'aide de son mari, elle exigeait beaucoup de Jessica. En conséquence de quoi, Jessica passa son adolescence à en vouloir à sa mère et à redouter l'âge adulte. Jessica est aujourd'hui adulte et elle est parvenue à réaliser comment son père a contribué à ses sentiments, mais pendant des années elle a vécu tenaillée par sa colère contre sa mère et insatisfaite d'être une femme. La citation suivante révèle bien son désarroi :

> « *Mon père vivait dans son monde — le travail et le golf. Ma mère avait bien trop à faire — tous les enfants et toute la marche de la maison... L'une des choses les plus préjudiciables a été ce cocon protecteur dont ils nous entouraient — nos parents ne nous ont jamais laissé voir les pressions qu'ils enduraient. Et puis aussi, ma mère faisait passer mon père pour un dieu. C'était si injuste... En réalité, c'était tout le contraire.* »

Lorsqu'elle eut pris conscience du rôle joué par son père dans la vie de la famille et de la façon dont ce scénario, avalisé par la société, empêchait celui-ci de comprendre et d'épauler sa mère, Jessica put faire la paix avec sa mère et avec elle-même. Elle réussit progressivement à manger plus sereinement et à accepter son corps et sa féminité.

L'expérience de Jessica est courante chez les femmes en proie à des problèmes alimentaires ou d'image du corps. Une fille qui grandit en voyant sa mère recevoir peu de marques de gratitude ou de reconnaissance peut facilement développer des sentiments négatifs à la perspective de devenir une femme. En effet, le plus grand capital des femmes — altruisme, qualités nourricières et art de la relation— n'étant même pas honoré à la maison, quelles sont ses chances d'être reconnue dans un monde fondé sur les principes et le pouvoir masculins ? Les fardeaux du statut de femme lui paraissent peu alléchants — et cela, pour de maigres gratifications. Ceci peut conduire à un rejet des transformations physiques qui accompagnent le développement du corps, ou à un désir de revenir à l'enfance.

Les thérapeutes entendent fréquemment les femmes déclarer qu'elles ne veulent pas vivre la même vie que leur mère. Elles ne veulent pas se sacrifier autant pour faire plaisir aux autres, ni s'occuper de leur famille sans quasiment aucune aide. Certaines décideront d'éviter les hommes, tandis que d'autres seront dans l'incapacité de trouver un équilibre dans leurs relations avec eux. Ces sentiments ambivalents à propos du fait d'être une femme, beaucoup de femmes les expriment au travers de leur corps et de leur alimentation. Comme me le déclara l'une d'entre elles :

> « *Comme je ne voulais pas d'une vie comme celle de ma mère, je ne voulais pas d'un corps comme le sien. Je ne voulais pas connaître le même genre de relations qu'elle et je ne voyais pas d'autre façon d'y arriver. Alors j'ai rejeté mon corps et je me suis retranchée du monde. Si mes parents avaient eu un autre type de relation, cela ne m'aurait peut-être pas posé de problème de devenir une femme. J'ai beaucoup de reproches à faire à mon père. S'il avait été un autre type de mari, ma vie aurait probablement été différente. Je n'aurais peut-être pas eu tous ces problèmes avec la nourriture et avec mon corps.* »

LA SOLUTION DE L'ENFANT

Les enfants développent parfois des troubles afin de forcer leurs parents à résoudre leurs différends et fonctionner ensemble en tant qu'unité. Les thérapeutes travaillant avec les familles traitent toutes sortes de problèmes, mais ils voient sans cesse revenir ce phénomène. Quand un enfant développe des troubles de la nutrition ou compromet d'une autre façon sa santé, les parents se rallient généralement pour faire face à son problème. Mais sa détresse prend en grande partie racine dans les rôles insatisfaisants endossés par les parents et les conséquences à long terme de l'absence du père sur la famille.

Linda constitue un bon exemple de cela. Elle s'accusait de la relation tendue entre ses parents et de leur incapacité à communiquer l'un avec l'autre. Sa mère avait fait une dépression nerveuse durant l'enfance de Linda et son père s'efforçait de rendre la vie familiale aussi agréable que possible. Sa mère avait tendance à être très émotive et à sortir de ses gonds, tandis que son stoïque de père faisait rarement part de ses sentiments. Les rapports de ses parents la jetaient souvent dans le désarroi. Sa mère prétendait que son père assumait toutes les responsabilités, mais en réalité c'était elle qui “portait la culotte”. Linda se sentait responsable de ce problème et utilisait sa façon de s'alimenter pour se punir.

> « *Ma mère plaçait toujours mon père dans le rôle de celui qui commandait, mais en fait c'était un jeu qu'ils se jouaient. Je savais bien que mon père ne faisait que ce qu'elle avait décidé. J'avais le sentiment d'être un problème entre eux. Je me sentais coupable d'être là entre eux deux, et je pensais que je devais me punir. J'ai arrêté de manger.* »

Linda désirait ardemment que ses parents résolvent les conflits qu'elle percevait. Les disputes de ses parents et leur incapacité à partager son éducation avaient engendré en elle, depuis ses jeunes années, un sentiment d'insécurité et l'impression de ne pas être protégée. Ses parents étaient quant à eux incapables d'admettre leurs problèmes et se comportaient comme si tout allait très bien. Leur attitude semait la confusion chez Linda. Elle se croyait responsable de leurs problèmes, tout en se condamnant de percevoir ce qu'elle percevait. Elle avait commencé à avoir le sentiment qu'il n'y avait pas de place pour elle, que ce soit dans sa famille ou dans le monde. Sa thérapie lui permit de mettre un terme à sa culpabilité et d'accepter les rôles qu'ils avaient choisis.

Aujourd'hui, Linda pense que son trouble de la nutrition est directement lié aux schémas d'interaction et d'expression émotionnelle de ses parents. Ses problèmes n'ont pas seulement été engendrés par une mère perfectionniste, rigide, exigeante, et un père austère, sévère, n'exprimant rien, mais aussi par les modes d'interaction de ses parents. Sa façon de s'alimenter était une façon de forcer son père à davantage s'impliquer dans la famille et à éclaircir la question du pouvoir au sein du couple.

> « *Il me semblait que si mon père avait été plus impliqué avant, mes problèmes n'auraient peut-être pas été si graves, ne seraient peut-être pas arrivés... J'ai vu mon père entrer dans ma vie quand je suis tombée malade. On avait beau dire que c'était lui le chef de la famille, ce n'était pas le cas. Je voulais qu'il soit plus impliqué parce que j'avais le sentiment qu'il comprenait mieux que ma mère.* »

Ainsi, un trouble de la nutrition peut constituer un plaidoyer exhortant le père à se montrer plus présent et plus accessible. C'est aussi une supplique pour que les choses changent dans la famille. Tant que les problèmes sous-jacents n'ont pas été pris en compte d'une façon ou d'une autre, manger à l'excès, s'affamer, pratiquer de l'exercice physique à outrance et se purger ont été les seuls moyens pour Linda d'exprimer sans crainte sa détresse.

PARENTS, POUVOIR ET NOURRITURE

La nourriture représente un instrument d'expression pouvant se révéler très puissant dans toutes les familles, mais chez certaines, elle deviendra leur moyen premier d'exercer pouvoir et contrôle. De nombreuses femmes utilisent la nourriture comme une arme, seule défense dans un monde qu'elles perçoivent inamical. Comment la nourriture peut-elle acquérir un tel pouvoir, et en quoi reflète-t-elle le dysfonctionnement fonctionnel rencontré chez ces familles ?

De nombreux facteurs s'associent pour conférer à la nourriture une puissante influence au sein des familles et entre les parents. Durant la petite enfance, la nourriture représente le besoin premier et le plus fréquent du nourrisson. La façon dont les parents répondent à la faim de la petite fille va peser sur ce qu'elle attendra de ses relations futures. Il s'instaurera en elle une notion préconçue de la nature de ses relations avec ceux qui prennent soin d'elle : satisfaisante ou frustrante, fiable ou anarchique. Comme l'enfant grandit, ses parents vont parfois mieux prendre conscience de l'outil que représente la nourriture pour contrôler son comportement. De façon similaire, l'enfant verra la nourriture comme une arène dans laquelle elle pourra contester l'autorité parentale.

L'attitude des parents est souvent le reflet de la façon dont leur propre famille a utilisé la nourriture avec eux. Si par exemple ils ont été élevés dans un contexte où les parents exerçaient leur pouvoir au travers de la nourriture, ils risquent de reproduire ce schéma. Par ailleurs, s'ils pratiquent eux-mêmes un régime ou sont aux prises avec leur poids ou l'image de leur corps, ils peuvent à leur insu véhiculer des attitudes négatives vis-à-vis de la nourriture, voire sous-alimenter leurs enfants, ou critiquer leur appétit naturel. Enfin, si les parents manifestent des attitudes ou des comportements contradictoires à propos de la nourriture, ce désaccord peut s'avérer très perturbant pour l'enfant, qui ne saura peut-être plus quand ou comment se nourrir, ni même s'il est bon de satisfaire sa faim.

Les pères de nourrissons se sentent souvent écartés de l'intimité et de la chaleur présidant aux repas de ces derniers, surtout si la mère leur donne le sein. Quand l'enfant grandit, le père peut cependant essayer de s'impliquer dans ses repas pour instaurer un lien émotionnel. Hélas, les pères attendent généralement pour ce faire qu'un problème soit là ! Quand un enfant chipote, il arrive que le père s'interpose et le force à manger. Il s'agit là d'un schéma fréquent dans les familles ayant un enfant ou un adolescent souffrant de troubles de la nutrition. Ce genre de coercition porte rarement ses fruits car à ce stade, la nourriture a pris une énorme importance dans la personnalité de la jeune personne. Le refus de nourriture a suscité chez le père une réaction attendue et appréciée, et l'enfant sera tenté de reproduire ce comportement afin de conserver son attention.

Les jeunes filles qui mangent trop et de façon compulsive peuvent elles aussi désirer que leur père intervienne, mais la boulimie produit rarement la réponse qu'elles attendent. Les parents ont beau critiquer, voire montrer leur dégoût quand leur fille mange de façon excessive, ils examinent rarement comment le mode de fonctionnement émotionnel de la famille, la structure qui s'est établie autour de la nourriture et leurs attitudes à l'égard du corps de leurs enfants favorisent ce genre de comportement. Dans tous les cas, que l'enfant ne mange pas assez, trop ou de façon chaotique, ce dernier exprime des besoins importants qui ne sont pas compris ou satisfaits. Ceux-ci comportent souvent des sentiments dépressifs et de faible estime de soi, liés à l'inaccessibilité du père.

Dans de nombreuses familles, le moment des repas constitue la seule occasion de se retrouver ensemble et le seul moment où les enfants peuvent voir leur père. C'est aussi, hélas, le moment où sont dispensées critiques et punitions et où s'expriment les conflits. Plus la nourriture est associée aux mauvaises nouvelles de la journée, plus elle perd de son attrait et plus elle devient conflictuelle. Lorsque j'interroge des adultes souffrant de troubles de la nutrition sur l'ambiance des repas dans leur propre famille, ils m'expliquent généralement combien ces moments étaient peu agréables. Voici ce que m'a répondu une femme :

> « *Le moment des repas était la seule occasion de nous disputer en présence de mon père. Je pense que nous espérions tous qu'il allait intervenir et résoudre nos problèmes. Mais au lieu de cela, il se mettait à hurler que nous ferions mieux de faire nos devoirs, que nous allions redoubler, qu'il était épuisé à la fin de sa journée et que c'était épouvantable de rentrer à la maison pour nous retrouver, et il se lançait dans des diatribes selon lesquelles nous n'avions aucune reconnaissance pour tout ce qu'il faisait pour nous.* »

Ce genre de situation donne naissance à des associations inconscientes mais très puissantes. La nourriture et les repas ne tardent pas à devenir synonymes de tension et de conflits. Au lieu d'apprécier ces moments de réunion autour du repas, les enfants se sentent désapprouvés, déchirés et mal à l'aise. S'il s'agit des seuls moments que les enfants passent avec leur père, nous voyons aisément comment la faim de nourriture et la faim du père peuvent s'entremêler.

Les conflits peuvent aussi apparaître pendant les repas, car ce sont les moments où l'homme et la femme se trouvent réunis dans leurs rôles traditionnels de “pourvoyeur” et de “nourricière”. Les mères continuent de nos jours à s'occuper presque à elles seules de la préparation des repas, et nombre d'entre elles se sentent surchargées de travail, d'où une certaine rancœur. En même temps, elles ont beaucoup de mal à laisser leur mari les aider dans ce domaine. Voilà des siècles que la cuisine représente le domaine d'expression du pouvoir et de l'identité des femmes, et il est difficile d'y renoncer. Comme l'a dit une féministe : « Si l'on peut faire sortir la femme de la cuisine, peut-on réellement faire sortir la cuisine de la femme ? »[1]

Les filles qui grandissent dans un contexte où les femmes ont la charge des repas et où la participation des hommes est plus faible, apprennent à s'affirmer au travers de la nourriture. Pleines de ressentiment à l'égard de ce rôle qui leur enjoint de faire la cuisine et de s'occuper des autres, elles peuvent exprimer leur irritation en ignorant leurs propres faims et besoins. Ainsi, la préparation des repas constitue une autre dimension reflétant les conséquences préjudiciables de la division du travail et de l'absence du père des activités quotidiennes de la famille.

L'histoire de Laura, ancienne anorexique, illustre bien ces tensions. Sa famille avait réussi et suscitait l'admiration de tous. Extérieurement, ils étaient très heureux et semblaient bien fonctionner ; mais en réalité, ils étaient malheureux, non reliés sur le plan émotionnel, et soumis à des schémas dysfonctionnels. Ses parents ne se partageaient jamais les responsabilités. Sa mère était fatiguée et exaspérée ; quant à son père, il ne se rendait compte ni de l'état de sa femme, ni des effets nuisibles du rôle périphérique qu'il jouait dans son foyer. Laura ne put exprimer sa détresse que par son refus de s'alimenter. Son vide physique reflétait un gouffre émotionnel. Ses parents, grâce à Dieu,

---

1 J.R. Kaplan (1980). *A Woman's Conflict : The Special Relationship Between Women and Food.* Englewood Cliffs, New-Jersey, Prentice-Hall, p. 10.

entendirent sa souffrance et firent tout leur possible pour ouvrir la communication au sein de la famille. Leur mode de vie illustre l'impact de la faim du père et la nécessité d'appréhender sous une perspective systémique les problèmes et conflits familiaux ayant trait à la nourriture et à l'image du corps.

LAURA : « Mon anorexie était un défi lancé à mon père pour qu'il s'implique davantage. »

Afin de comprendre pourquoi elle avait développé un trouble de la nutrition si grave, Laura dut explorer les schémas transgénérationnels de sa famille — c'est-à-dire les valeurs, les modes d'interaction, les problèmes et les mécanismes de réponse à ces problèmes transmis de génération en génération. Heureusement, les parents de Laura participèrent bien volontiers à sa thérapie. Elle parvint ainsi à comprendre le moule familial, à se libérer de ce qui ne fonctionnait pas pour elle, et à trouver de nouvelles façons d'être mettant un terme au vide créé par son refus de s'alimenter et débouchant sur une nouvelle vie.

Quand elle se tourne vers son enfance, Laura ne se souvient de rien d'inhabituel sur la façon dont sa famille traitait la nourriture. Elle avait toujours bien mangé et était prête à essayer toute nouveauté en ce domaine. Les repas, toutefois, étaient les seuls moments où elle voyait son père et où la famille se trouvait réunie.

> « *La nourriture n'avait pas une importance particulière, mais le dîner était le point central de la vie de la famille. La table constituait le chaudron émotionnel autour duquel se déchaînaient tous les diables de l'enfer. J'étais généralement le centre de ce sabbat. Je pense que mon anorexie était un défi lancé à mon père pour qu'il s'implique davantage. J'avais toujours exprimé mon conflit avec ma mère à la table du dîner, pour la même raison.* »

Elle décrit ses parents comme des personnes très répressives. Toute expression des sentiments était désavouée. Il en était ainsi dans cette famille depuis des générations. Laura explique qu'elle en était venue à tout contrôler dans sa vie, y compris sa nourriture — ce qui l'avait tout naturellement conduite à l'anorexie.

L'attitude de son père, en particulier, laissait entendre qu'il n'y avait aucune place pour les sentiments. Lorsqu'il était là, généralement uniquement pour le dîner, il imposait ses limites. « On ne pouvait pas gagner. Tantôt il disait : “Calme-toi ”, tantôt il disait : “Parle plus fort.” Il n'y avait tout simplement rien à faire. Il avait une immense autorité et un énorme pouvoir sur la famille. »

Laura se sentait ignorée, peu importante, et désemparée. Elle voulait vivre à la hauteur des attentes de ses parents, mais ceux-ci ne se départirent jamais de leur schéma de communication famélique pour lui dire qu'ils étaient satisfaits de ses efforts, ou qu'ils la trouvaient « à la hauteur ».

L'héritage familial de Laura donnait une grande importance à l'apparence physique. Quand Laura entra dans l'adolescence, elle ne se sentit pas seulement soumise aux pressions culturelles la poussant à se consacrer à son aspect et à être mince ; elle reçut ce même message de façon répétée de la part de sa famille, qui considérait la minceur comme un signe certain de maîtrise de soi et de réussite. Laura n'était pas bien dans sa peau, et ne se sentait pas davantage acceptée et aimée par ses parents. C'est ainsi que ces messages culturels sur la valeur d'un corps mince prirent un ascendant encore plus fort dans sa vie.

A cette pression l'exhortant à la minceur et à l'importance donnée par sa famille à la maîtrise émotionnelle et aux apparences, vint s'ajouter un autre problème extrêmement important pour Laura. Sa sœur jumelle souffrait d'un handicap physique génétique qui affectait sa croissance et son développement sexuel, ce qui suscitait chez Laura une plus grande conscience encore de son propre corps. Sa sœur fit l'objet de traitements expérimentaux durant son adolescence et Laura fut souvent soumise elle aussi à des examens pour fournir une base de comparaison. On ne lui demanda jamais ce que cela suscitait en elle, car la famille consacrait toute son énergie émotionnelle à sa jumelle pour aider celle-ci à supporter les procédures médicales et s'adapter à ses handicaps.

Il existait dans la famille de Laura de nombreux facteurs de stress dont on ne parla jamais, mais qui n'en éclipsèrent pas moins ses besoins. En outre, l'assistance médicale plus intense dont sa sœur fit l'objet coïncida avec les premières années de leur adolescence et de leur développement physique. C'est aussi à cette époque que la famille alla s'installer dans une autre ville et que sa mère recommença à travailler. Laura commença à se sentir encore plus laissée pour compte et plus régentée que jamais. Non seulement elle se retrouvait seule la plupart du temps, mais elle devait assumer davantage de responsabilités, dont la préparation du dîner. La vie familiale était vide sur le plan émotionnel. Il fallait que quelque chose vienne transformer ces schémas, et ce quelque chose fut l'anorexie :

> « *Mon anorexie leur fit brutalement découvrir que j'avais des sentiments. Ils commencèrent à davantage me parler. J'avais besoin qu'on me dise ma valeur et cela, je ne pouvais pas le faire moi-même. Cette reconnaissance de ma valeur est d'abord venue des autres, puis de mes parents.* »

Le trouble alimentaire de Laura s'est développé durant sa première année d'université. Nombreux étaient les domaines de sa vie où elle n'avait pas voix au chapitre. Elle suivait les cours d'une université prestigieuse, éloignée de chez elle et où la concurrence était acharnée, qui avait été choisie par ses parents. Lorsqu'elle partit dans cette université et se retrouva livrée à elle-même pour la première fois de sa vie, elle se sentit peu sûre d'elle et solitaire.

Pour Laura, comme pour beaucoup d'autres, les tensions qui avaient provoqué son trouble de la nutrition existaient depuis de nombreuses années, mais ce fut le passage de la vie familiale à une vie d'étudiante qui déclencha l'apparition des symptômes. Qui plus est, elle était seule avec ses sentiments et ses doutes, car elle ne pouvait pas les exprimer à sa famille et n'avait aucune autre relation proche.

Laura devait faire face à de nombreuses pressions, mais sa famille mobilisait toujours son attention sur sa sœur. Bien qu'il existe peu de faits indiscutables en matière de thérapie familiale et de développement de l'adolescent, il est établi qu'un adolescent éprouve des difficultés à se séparer de sa famille lorsqu'il existe des conflits manifestes à la maison. Son départ pour l'université ne pouvait que perturber Laura. Elle se faisait du souci pour sa jumelle et se culpabilisait d'être « la normale des deux ». Elle s'irritait de ce que sa normalité et ses aptitudes l'aient privée du soutien de sa famille.

De nos jours, la plupart des établissements sont au fait des problèmes rencontrés par les étudiants. De nombreuses universités disposent désormais de cellules d'orientation et de conseil pour les aider à traverser cette phase de transition. Plusieurs ont mis au point des programmes s'adressant spécifiquement aux troubles de la nutrition, mais lorsque Laura était étudiante, il n'existait guère de services de ce genre sur son campus.

Ses bons résultats n'empêchaient pas Laura de ressentir la pression du contexte de rivalité et d'émulation prévalant dans son université. Elle était désemparée devant sa tristesse et la confusion de ses sentiments. Elle se sentait abandonnée, triste et vide. Ne pas manger lui permettait d'entretenir un vide dans son corps et d'oublier ainsi son vide émotionnel. Selon ses propres termes : « La nourriture était un instrument de ce que ressentais — de toutes ces choses auxquelles je ne pouvais pas faire face directement. »

Elle s'isolait de tous, se retirant dans sa chambre, fermant la porte à clé et étudiant sans cesse. Elle commença par supprimer certains aliments. Elle avait envie d'être plus séduisante, se souvient-elle, mais en même temps, elle avait des pensées de mort et se posait toutes sortes de questions sur la valeur de sa vie. Paradoxalement, son trouble de la nutrition traduisait une ouverture et un désir de changement, aussi bien que le désespoir. Elle voit son anorexie comme un combat intérieur entre la vie et la mort.

> « *J'étais habitée par ces deux forces de vie et de mort — toutes deux très actives — elles prenaient possession de moi. Jusqu'alors, ma vie avait été déterminée*

par mes parents. Ma vie m'appartenait enfin, et je sentais la vie et la mort se faire la guerre à l'intérieur de moi et s'exprimer par l'anorexie... Je n'étais pas déprimée, mais je pensais beaucoup au suicide — non pas pour savoir si j'allais le faire, mais comment j'allais m'y prendre. »

Avant de partir pour l'université, Laura, qui mesurait 1,68 mètre, pesait 52,2 kilos. Quand elle revint chez elle au printemps, elle n'en pesait plus que 34. Ses parents furent bouleversés et ils se mirent peu à peu à lui parler et à l'aider tout en cherchant une autre université. On s'inquiétait d'elle, on la comblait d'une attention qui jusque-là avait été réservée à sa sœur. Il fallut hélas cette crise pour que ses parents soient capables d'établir un contact avec elle de telle sorte qu'elle se sente aimée et reconnue. Ils entreprirent une thérapie familiale :

« *Ma famille a enfin pu se dire des choses. La communication s'est ouverte. La thérapie doit impliquer toute la famille, et non pas se focaliser sur la personne anorexique, car celle-ci a alors l'impression d'être la brebis galeuse. Avec la thérapie familiale, je me suis sentie faire partie de la famille. Avant, je n'étais que le catalyseur émotionnel mais depuis, les choses ont commencé à s'améliorer.* »

Quand Laura plonge son regard dans le passé, elle se rend compte que l'incapacité de ses parents à faire œuvre commune et à se soutenir réciproquement a constitué l'un des stress majeurs de la vie familiale et de son adolescence. Comme ils ne s'étaient jamais partagé l'éducation des enfants, le poids des problèmes de la sœur de Laura retombait exclusivement sur sa mère. Son père faisait ce qu'il était censé faire — pourvoir aux besoins matériels de la famille et se tenir en dehors de la vie familiale quotidienne. Peut-être n'a-t-il même jamais eu l'idée qu'il pourrait aider son épouse d'une façon ou d'une autre. Sa femme, comme tant d'autres, avait toute la charge de la famille, ainsi qu'un nouveau travail à l'extérieur. Elle était véritablement submergée. Mais rien, dans l'héritage familial, ne permettait à ses parents de discuter de leurs sentiments et de leurs problèmes. Ainsi, Laura devint la caisse de résonance de la colère et de l'irritation de sa mère. En outre, sa mère attendait de Laura qu'elle se charge des responsabilités qu'elle-même ne pouvait pas remplir. Colère, rancœur, et conflit remplirent l'espace entre Laura et sa mère ; à part cela, leur relation était exempte de tout lien émotionnel.

De par l'incapacité de son père et de sa mère à se répartir les tâches ou, selon les termes de Laura, « la façon dont le masculin et le féminin se heurtaient dans la famille », un rôle extrêmement difficile lui fut imparti, rôle qui allait compromettre et perturber son développement. Aujourd'hui, Laura considère son trouble de la nutrition comme une réponse à ces problèmes familiaux, et notamment au déséquilibre entre le masculin et le féminin.

> « *J'ai subi la domination de mes deux parents, chacun à leur façon... Quand je suis arrivée à l'université, je n'étais pas prête à voler de mes propres ailes. Ils s'étaient montrés si dominateurs avec moi que je ne savais rien de moi. Mais en réalité, c'est parce qu'ils n'arrivaient pas à s'entendre. Ma mère avait toute la charge de la famille, mais mon père aussi, d'une autre façon. Tous deux essayaient de leur mieux, mais ils avaient une incapacité profonde à se comprendre. Le masculin et le féminin s'entrechoquaient... Quand je suis devenue anorexique, c'était pour être plus séduisante et plus attirante sexuellement. Je voulais être plus féminine, mais j'avais toujours été un garçon manqué. J'étais ballottée entre l'expérience de la vie de ma mère et celle de mon père.* »

Depuis, Laura a entrepris un traitement individuel qui est venu compléter la thérapie familiale. Elle est parvenue à comprendre comment les vécus différents de ses parents ont contribué au vide qu'elle ressentait au sein de sa famille comme en elle-même. Cette nouvelle compréhension l'aide à ne plus s'accuser et à commencer à leur pardonner. L'espace qui les séparait ayant été comblé par de l'amour et une attitude attentionnée, elle n'entretient plus le vide de son corps pour illustrer leur dysfonctionnement fonctionnel.

9

L'HÉRITAGE DE LA FIDÉLITÉ AUX MYTHES

Il en coûte très cher de se conformer aux mythes et aux traditions qui régissent le rôle de l'homme et de la femme dans la famille. Comme nous l'avons vu dans les chapitres précédents, cette fidélité permet à la faim du père de prospérer et rend malheureuses toutes les personnes impliquées. Mais notre éducation nous a conditionnés à croire en ces mythes, et nous ne connaissons guère d'autres possibilités. Nous n'avons pas davantage pris le temps de réfléchir à leurs effets. Ceux-ci n'en sont pas moins tout-puissants, insidieux et intangibles. Ils compromettent tous nos liens : avec notre père bien sûr, mais également avec les autres membres de la famille, eux aussi désireux de recevoir davantage de sa part, sans oublier nos relations à l'extérieur de la maison.

Les enfants qui grandissent sans se sentir approuvés par leur père manquent de confiance en eux-mêmes. Ce sentiment de ne pas être “à la hauteur” affecte leurs relations avec leurs camarades, leurs résultats scolaires, leur comportement avec les adultes, et de nombreux autres aspects de leur vie. Ces enfants finissent de surcroît par renier certaines parties d'eux-mêmes. Au lieu de réaliser leur plein potentiel, les garçons vont rejeter leur aspect féminin et les filles, se dérober à leur aspect masculin. Enfin, toutes les victimes de la faim du père souffrent de sentiments de culpabilité, de souffrance intérieure, de colère, de perte ou d'isolement, mais dans bien des cas elles en ignorent totalement l'origine. Tel est l'héritage légué par la fidélité aux mythes, soumission sentimentale et sans discernement à des croyances qui nous viennent du passé.

DES RELATIONS COMPROMISES

Pour se développer sainement, un adolescent a besoin de nouer des liens dans de nouvelles relations. La jeune fille n'apprend pas seulement à évoluer avec un nouveau corps ; son développement psychosexuel modifie aussi ses interactions avec ses parents, les figures d'autorité, les autres adultes, ses semblables et l'environnement socioculturel.

Les parents inféodés aux mythes et obligations traditionnelles qui régissent leur rôle compromettent tous ces liens. Cette adhésion aux habitudes de toujours a beau être généralement inconsciente, elle pétrifie les familles dans leurs schémas de relation. Chacun ignore les sentiments et besoins réels des autres membres de la famille, et les mesures prises pour remédier à la situation sont bien souvent inefficaces. Par exemple, les femmes qui souhaitent que leurs enfants connaissent une relation plus profonde avec leur mari pourront exprimer ce vœu par des chamailleries : ne se sentant pas autorisées à en demander davantage à l'homme de la maison, elles sont dans l'incapacité de s'exprimer directement ou avec autorité.

Parmi ces femmes, cependant, certaines vont réussir à aider leurs enfants à se relier à leur mari ; mais elles peuvent alors en concevoir de la jalousie, de la colère, ou se sentir une fois de plus privées d'une relation spéciale avec un homme. Ainsi les enfants, et tout particulièrement les filles, vont commencer à penser qu'une relation plus satisfaisante avec leur père pourrait bien leur coûter cher, puisque cela irritera leur mère. Etre proche de papa signifiera perdre maman. En conséquence de quoi, nombre de filles restent piégées dans une relation frustrante avec leur père.

Dans ce genre de situation, une fille s'efforce de tout son être de satisfaire ses deux parents. Dans bien des cas, son vœu le plus cher est de réunir son père et sa mère. Elle se persuade alors qu'avec un comportement ou un corps parfait, ses parents seront non seulement contents d'elle, mais également heureux dans leur couple. Ainsi, la peine de ses parents est devenue sienne et retient toute son attention. Les schémas d'interaction défectueux de sa famille l'ont coupée de ses propres besoins et sentiments.

Ses relations en dehors de la famille vont également souffrir de ce dysfonctionnement à la maison. Si elle consacre toute son énergie à résoudre les problèmes de la famille, à faire plaisir à ses parents et à maintenir les rôles familiaux, il ne lui restera guère de temps pour œuvrer à son propre développement ou nouer des amitiés. Elle finira par se sentir vide, isolée et démunie. Même si elle établit avec ses semblables quelques relations, encore que superficielles, une jeune fille qui grandit dans ce type de famille verra ses liens compromis dans toutes ses relations avec autrui.

DIVISION DES TÂCHES : DIVISION DU MOI

La fidélité aux vieux mythes gouvernant les rôles des parents contribue également à une division des tâches marquée entre les deux sexes. Garçons et filles grandissent et survivent dans ces systèmes en dissociant intérieurement leur prédispositions masculines et féminines. Comment ces deux dimensions pourraient-elles, alors qu'elles ne sont pas unifiées dans la famille, être unifiées en eux-mêmes ? Les hommes rejettent leur aspect féminin, c'est-à-dire tous les comportements nourriciers, attentifs, émotifs et intimes associés à la femme. Les femmes se détournent de leur aspect masculin, c'est-à-dire des traits de caractère qui les poussent à se battre pour obtenir quelque chose, à réussir, à être indépendantes et à dominer.

Pour nous adapter à ce dysfonctionnement, nous renions d'importants aspects de nous-mêmes et rejetons leur potentiel. Voici un exemple : la famille étant "l'affaire des femmes", le père ne va pas essayer de se montrer émotionnellement accessible à ses enfants ; et la femme se sentira souvent "la bonne de la famille", tout simplement parce que gagner de l'argent ou avoir des activités à l'extérieur de la maison, c'est avant tout "l'affaire des hommes". Cette division des tâches peut provoquer de dangereuses divisions dans les relations à autrui comme à soi-même.

Cette fragmentation affecte le monde interpersonnel des jeunes filles, leur sens de soi et leur acceptation d'elles-mêmes ; elle influence aussi leurs sentiments devant la perspective d'entrer dans une société qui favorise cette division. Effrayées à l'idée de s'aventurer en dehors du familier, elles resteront chez elles et seront de plus en plus affectées par le dysfonctionnement qui y règne.

Les jeunes femmes souffrant de troubles de la nutrition parlent souvent de l'impact de cette scission entre le masculin et le féminin, et de l'attitude fractionnée que celle-ci suscite chez leurs parents : les mères s'occupent trop d'elles et les pères pas assez, si tant est qu'ils le fassent. J'entends bien souvent des commentaires comme celui-ci : « Je sais que ma mère est devenue trop proche de moi. Je sais que cela a fini par me faire du mal, mais elle essayait seulement de compenser la défection de mon père. Il n'était jamais là pour aucune de nous deux. »

Dans ce genre de situation, la mère, pour contrebalancer l'absence d'intérêt du père, devient exagérément proche de sa fille ou se mêle trop de sa vie. Ce genre d'attitude compromet le développement de la fille, car il l'empêche de se connaître et limite toutes ses relations. La fille se reproche d'avoir envie d'établir des liens étroits avec d'autres personnes ; elle sait combien maman l'aime, et a peur de la perdre. Elle va donc se soumettre, niant ses sentiments — dont son désir d'avoir un lien personnel avec son père. Mais sans cette relation, elle perd la possibilité de savoir comment nouer et entretenir une relation avec un homme. Le témoignage suivant montre comment une telle situation peut conduire à un trouble de la nutrition :

> « *Je sais maintenant que cela n'était pas vrai, mais à l'époque j'avais le sentiment que ma mère et moi n'avions pas besoin de mon père. Nous nous sentions parfaitement bien sans lui. Mais quand je suis*

devenue adolescente, je ne savais absolument pas comment me comporter avec les garçons. J'étais paralysée de terreur à l'idée de perdre ma mère et de grandir. D'un autre côté, je savais bien que cela devait se faire. Je percevais une bataille entre ces deux aspects de moi-même. Je ne pouvais pas faire directement face à ces problèmes, et j'ai fini par développer un trouble de la nutrition. Nous sommes allés voir un thérapeute tous ensemble, et les différentes parties de moi-même ont pu se réconcilier. »

Certains pères tentent d'établir un contact avec leur fille en lui achetant des choses : c'est là une autre façon dont les familles manifestent cette division des tâches. La fonction de pourvoyeur ne constitue évidemment pas une base suffisante pour une relation satisfaisante, mais la fille se reproche son insatisfaction et va tenter de nier ses besoins émotionnels. Une femme décrit ainsi la façon dont cette attitude a contribué à son trouble de la nutrition :

« *Extérieurement, mon père était parfait. Il m'achetait tout et j'allais dans de bonnes écoles — les autres enfants m'enviaient toujours. Et moi, je me reprochais d'en désirer davantage. Je voulais une relation, une vraie, pas seulement les à-côtés. Mais je ne pouvais pas le dire et à la place, je suis tombée malade. Ceci nous a conduit en thérapie et peu à peu, nous avons réussi à parler. Maintenant, nous avons une bonne relation. Mais pendant des années, j'ai passé mon temps à me reprocher d'en vouloir davantage.* »

Les familles qui se montrent trop fidèles aux traditions culturelles nient leurs propres besoins et divisent leur vécu émotionnel entre ce qui est acceptable et ce qui ne l'est pas. Les filles, qui auront faite leur la croyance selon laquelle le père n'est pas important, vont rejeter leur désir de relation avec lui. Et pour juguler leur faim du père, certaines voudront tout pareillement nier leur faim de nourriture.

CULPABILITÉ

Une partie de l'héritage légué par la fidélité aux mythes est la culpabilité. Tout le monde se sent coupable. La mère, parce qu'elle porte la responsabilité de la vie émotionnelle de la famille. La fille, parce qu'elle pense qu'elle devrait être satisfaite de ce qu'on lui donne et ne pas en demander davantage. Le père, parce qu'il a le sentiment d'être inutile dans la famille. Quand les choses vont mal, tous se perdent en conjectures sur ce qu'ils auraient pu ou dû faire.

Les hommes éprouvent eux aussi de la culpabilité quand leurs enfants ont des problèmes ; mais ayant peu de responsabilités dans la vie quotidienne de la famille, ils se sentiront moins responsables et trouveront facilement un moyen de fuir les problèmes qui assombrissent leur foyer. Les femmes auront plus de mal à gérer cette émotion. La culpabilité d'une mère repose sur ce qu'elle a fait ; celle du père, sur son absence et par conséquent, sur ce qu'il n'a pas fait. Les mères, que l'on tient responsables du bien-être de la famille, s'interrogent : « Qu'ai-je fait ? » Les pères, écartés des rouages internes de la famille, pensent : « Si seulement j'avais été là, j'aurais pu tout changer. » La culpabilité de l'omission et la culpabilité de l'action constituent deux expériences fort différentes. Il est utile de comprendre ces disparités lorsque nous réfléchissons aux mythes sur les rôles parentaux et essayons de découvrir de nouveaux modes de fonctionnement pour que père et mère puissent œuvrer de concert.

Pour commencer, nous devons reconnaître que les mères ont systématiquement mauvaise presse dans la psychologie populaire contemporaine. Quand une mère s'adresse à un thérapeute, le thème prédominant est la culpabilité. Les mères, hélas, transmettront la culpabilité et la mauvaise conscience à leurs filles, exactement comme elles leur lèguent la préparation des repas et la tenue de la maison. Pourquoi la culpabilité est-elle si universellement partagée, notamment par les femmes ? Là encore, la réponse se trouve dans la division des tâches, lieu d'interaction entre la culpabilité et la répartition des rôles en fonction du sexe. Même la littérature féministe et les partisans d'une approche systémique de la famille donnent bien trop d'importance à la dyade mère-enfant, la présentant de façon irréaliste comme une entité qui serait indépendante de la famille et de notre système culturel.

Une récente analyse d'articles parus dans neufs grandes revues cliniques, dont certaines spécialisées dans la thérapie familiale et certaines écrites par des femmes, a fait apparaître que l'on imputait aux mères 72 formes de psychopathologies ! Cette volée de bois vert qui s'abat sur les mères circule avec force dans notre société, en dépit des nombreuses transformations intervenues dans la structure familiale traditionnelle — notamment le nombre croissant de familles où la mère travaille. Les femmes, toutefois, considérant la relation comme leur fonction première et se tenant responsables du bien-être émotionnel d'autrui, acceptent aisément de se voir reprocher les problèmes de leurs enfants.

L'opinion généralement exprimée en cas d'inceste illustre bien l'ampleur de ce “Haro” sur la mère. Dans bien des cas, nous reprochons à la mère de ne pas avoir protégé l'enfant. Nous allons même souvent jusqu'à affirmer qu'elle a contribué à l'inceste par son incompétence, son indifférence et son incapacité à satisfaire les besoins sexuels de son mari. Nous minimisons le rôle du père en rendant la mère responsable de son comportement et en lui reprochant les sévices endurés par son enfant. Il résulte de tout cela que les mères se condamnent bien souvent pour les souffrances de leurs enfants, même lorsqu'elles n'ont aucune prise sur les événements.

La culpabilité d'un père, qui repose sur son absence et les occasions manquées de protéger son enfant ou de pourvoir à ses besoins autres que matériels, est un phénomène différent. Tandis que la mère éprouve des regrets, dans bien des cas, le père se sent vide, incapable, perdu, se demandant ce qu'il pourrait bien donner à son enfant. Il réagira en maintenant la distance, perpétuant ainsi le schéma légué par la fidélité aux mythes.

Ces mythes et ces attitudes, comme nous le voyons, produisent des mères et des pères qui se sentent coupables, incompris, incapables et dans l'erreur. Ils n'engendrent pas des parents forts, confiants en eux-mêmes, et ne les aident pas davantage à résoudre ensemble leurs problèmes. Au lieu de cela, nos mythes sur les rôles maternels et paternels provoquent une profonde incompréhension entre les hommes et les femmes — qui va elle-même contribuer à la perplexité des jeunes filles devant leur futur rôle d'adulte et les faire douter de leur pouvoir et de leur compétence dans leurs relations. Ce genre de sentiments pose les fondations d'un trouble de la nutrition.

D'autres sources de culpabilité vont venir aggraver les problèmes alimentaires et d'image du corps tandis que la jeune fille se prépare à la vie d'adulte. Qu'elle choisisse de faire carrière ou de vivre une vie de famille, ou bien de marier les deux, celle-ci doit s'attendre à se sentir incompétente. Pour en comprendre les raisons, voyons comment les mythes contradictoires que nous entretenons à l'égard des mères nourrissent le manque de confiance en soi et la culpabilité.

Notre société tend à considérer les mères soit comme des femmes parfaites et aimantes, qui répondent à toutes nos attentes, soit comme des femmes terribles et froides, sourdes à toutes nos attentes. C'est l'un ou l'autre, il n'existe rien entre ces deux extrêmes. Nous voudrions qu'une mère prenne parfaitement soin de sa famille et se montre toujours patiente et heureuse. De nos jours, on lui demande aussi bien souvent de travailler afin de contribuer à l'aisance matérielle de la famille. La mère doit évoluer dans deux mondes fort différents, en se montrant en permanence aimante et effacée. (Bien évidemment, elle est également censée rester mince et belle !) Mais peut-on se montrer parfait et débordant d'amour alors qu'on doit anticiper et satisfaire les besoins des autres, et dispenser en permanence tendresse et soutien ? La mère devrait s'occuper de nous quand nous en avons besoin, et s'effacer quand nous n'en avons plus besoin — cela, bien sûr, sans que nous ayons à le lui dire directement. Un être humain, homme ou femme, peut-il vraiment faire tout cela ? Qui d'entre nous serait assez insensé pour signer un tel contrat ?

Que les femmes qui choisissent une voie moins traditionnelle — célibat, homosexualité, mariage sans enfant ou carriérisme — n'espèrent pas s'en tirer à si bon compte. Il n'est guère facile d'aller contre l'héritage familial ou de ne pas faire comme sa mère. Leur choix, considéré dans bien des cas comme une trahison, portera préjudice à leurs liens avec leur famille. Dans ce type de scénario, les parents, et plus particulièrement la mère, peuvent se demander en quoi ils ont “failli” pour que leur fille ne suive pas la tradition familiale. Il arrive aussi que les parents soient critiqués par le reste de la famille. Ainsi s'établit la culpabilité, aussi bien pour les parents que pour la jeune femme qui tente de se frayer un chemin dans la vie — en osant ses rêves.

Les attentes à l'égard de la femme adulte sont génératrices de culpabilité et de nombreuses jeunes filles ne les trouvent guère attirantes. C'est ainsi que certaines vont exprimer l'ambivalence de leurs sentiments en développant un trouble de la nutrition et en niant la féminité de leur corps. Culpabilisant de rejeter le mode de vie de leur mère, elles vont par la même occasion renoncer à elles-mêmes. Elles n'acceptent pas les rôles qui leur sont dictés, mais n'ont pas d'autre alternative — l'héritage de la fidélité aux mythes limite leur vision et leur expérience. Se préoccuper de leur nourriture et de leur corps détourne leur attention de leur détresse.

SOUFFRANCE INTÉRIEURE

Comme nous venons de le voir, les mères éprouvent des remords pour ce qu'elles ont fait, alors que les pères se reprochent ce qu'ils n'ont pas fait. Ce que ressent le père correspondrait plutôt à une douleur aiguë ou un regret poignant d'avoir négligé les autres ou de s'être négligé lui-même.

Comme la culpabilité, la souffrance intérieure est un sentiment partagé par les familles qui restent fidèles à des mythes inadaptés. Elle concerne cependant plus précisément l'expérience des hommes, dont les interrogations portent sur leur absence et sur ce qui leur a échappé dans leur rôle de parent. Ainsi, tandis que la culpabilité est souvent le premier domaine à explorer avec les femmes en thérapie, la souffrance intérieure représente « la clé qui ouvre la porte des sentiments des hommes. »[1]

Pourquoi la souffrance intérieure représente-t-elle une émotion si courante, bien qu'éprouvante, chez les hommes ? Une fois encore, nous trouvons la réponse dans ces mythes et traditions qui compromettent notre bien-être émotionnel. Nous avons vu au début de ce livre comment les petits garçons sont rarement autorisés à exprimer leurs sentiments, recevant au lieu de cela l'injonction de « garder la tête haute », ou de « serrer les dents »[2]. Ils grandissent avec la conviction que leurs sentiments ne sont pas normaux et qu'ils doivent s'en débarrasser le plus rapidement possible. Qui plus est, les garçons sont poussés hors du nid par leur mère après un début dans la vie plutôt douillet et souvent complaisant. Tout à coup, on leur demande de se comporter en homme. Bien que les garçons acceptent cette coupure avec leur mère, beaucoup d'entre eux conserveront toujours l'espoir de retrouver un lien similaire. Leurs sentiments d'abandon, de déceptions répétées et d'insatisfaction constituent des vagues de fond profondes — les hommes sont terrorisés à l'idée de s'ouvrir émotionnellement, par peur de ne plus pouvoir redevenir maîtres d'eux-mêmes. En dépit d'années de déceptions et de manques refoulés, ils n'explorent pas la tristesse que ces sentiments ont suscité en eux et laissent leur enfant livré à lui-même, proie facile au même cycle de souffrance.

Face aux puissantes émotions d'une adolescente, un homme qui est incapable de gérer sa propre peine et se sent incapable en tant que parent, ne trouvera qu'une seule solution : se dérober. Quand sa fille développe des conflits ayant trait à la nourriture ou à son corps, il se retranchera encore davantage dans son chagrin intérieur. Si, extérieurement, ils

---

1 Expression de Robert Bly (Cf. note 2, p. 54) citée par M. Miller dans Changes (juillet-août 1988), *Tough Guys, Wounded Hearts*, p. 54.

2 R. S. Pasick, S. Gordon & R. L. Meth (1990). *Helping men understand themselves*. In R. L. Meth & R. S. Pasick (eds), *Men in Therapy*. New York, Guildford Press, pp. 152-180.

paraissent durs et indifférents, calmes et rationnels, ces hommes sont bien souvent profondément affectés par les problèmes de leur fille. Malheureusement, ils sont paralysés par leurs propres manques et leur peu de préparation au rôle de parent, de sorte qu'ils restent enfermés dans le dédale de leur douleur.

Les filles de ces familles éprouvent elles aussi manques et souffrance dans leur désir d'un lien avec leur père. Certaines d'entre elles vont développer des troubles qui nuisent à leur santé ou mettent leur vie en péril afin de créer une occasion pour leur père de venir à leur secours, ou au moins de davantage s'impliquer dans la famille.

Ainsi, un cas grave de trouble de la nutrition peut permettre au père de remédier à ses insuffisances passées et à ses remords. Il arrive souvent en cours de thérapie que les familles aient besoin d'explorer les origines reculées de la douleur du père, la peine qu'ont engendré en lui des attaches tronquées, aussi bien avec les femmes qu'avec les hommes, et les regrets qu'il nourrit à propos de sa vie. Ce processus peut se révéler difficile pour toutes les personnes concernées (y compris le thérapeute), car il en ressort que les hommes ont des sentiments qui vont à l'encontre de nos attentes et de notre vision du monde. Toutefois, le fait que le père reconnaisse ses carences, ses sentiments, son désespoir et son souci de sa famille, peut jouer un rôle essentiel pour sa fille et lui faire accepter son besoin de lui.

COLÈRE

De même que la culpabilité et la souffrance intérieure, la colère n'est pas l'apanage des filles. Les parents vont eux aussi éprouver ce sentiment — et cela, plus particulièrement lorsqu'ils se trouvent confrontés à la puissance et à la rémanence du dérèglement présidant aux problèmes alimentaires et d'image du corps de leur fille — tout comme la fille partagera la culpabilité et la tristesse de ses parents. Reste que les émotions les plus fréquentes chez les jeunes filles en proie à des problèmes alimentaires et d'image du corps sont la colère et la fureur.

Tout au long de l'histoire moderne, les rôles sociaux des femmes et les attentes qui pèsent sur elles ont fait de la colère le sentiment le plus inadmissible chez le sexe dit faible. Aujourd'hui, les jeunes femmes gèrent leur fureur par une obsession de leur corps et de leur nourriture, comportement qui les insensibilise sur le plan émotionnel. La colère est anesthésiée par un chloroforme d'un type particulier, consistant à se gaver, s'affamer, se purger, faire de l'exercice ou torturer son corps de quelque autre façon.

Leur rage peut rarement se déceler sous ce torrent de symptômes. Le problème chez ces jeunes femmes réside dans le fait qu'elles ignorent généralement l'existence de cette colère. Les thérapeutes disent souvent qu'elles « avalent leur colère ». Quand je perçois de la fureur dans leurs sentiments d'être incomprises, non reconnues, ignorées ou blessées, j'essaie d'aider mes patientes en leur montrant que la colère constituerait une réaction somme toute logique. Je leur dis parfois qu'elles souffrent, non pas d'anorexie ou de boulimie, mais de “colèrexie”.

Moins la jeune femme nourrit son corps, plus sa “colèrexie” est alimentée par les effets de la fidélité de sa famille et de notre culture à des modes de vie qui nous viennent du passé. La fureur se développe quand une fille ne se sent pas aimée et chérie par son père, quand sa mère en exige trop d'elle, quand ses propres besoins sont relégués à l'arrière-plan, ou quand elle a le sentiment que ses parents lui demandent d'être parfaite. La fureur est nourrie par une société qui dit sans arrêt aux femmes à quoi elles devraient ressembler, comment elles devraient se comporter, ce qu'elles devraient ressentir et comment elles devraient se nourrir — injonctions qui évoluent davantage au gré des modes et de motivations financières que pour satisfaire les besoins réels des individus. Dans ce système, les appétits des femmes — envies de nourriture, de vie sexuelle et de libre expression — sont censurés ; un corps qui n'est pas mince devient un verdict de faiblesse de caractère. Nous trouvons là les fondements de la “colèrexie”.

Toutes les femmes citées dans cet ouvrage ont établi un lien entre leur trouble de la nutrition et le refus de leur corps, et leur colère. Nous ne les avons cependant entendues qu'une fois guéries, ou en voie de guérison. Au comble de leur maladie, la plupart étaient incapables de reconnaître leur colère. Pour guérir, il leur a fallu lever le voile sur ces sentiments. Issues de familles où elles percevaient des liens peu solides, une communication restreinte et des expressions d'amour ou d'affection réduites au minimum, elles considéraient comme interdit ou extrêmement risqué de parler de telles émotions. Durant leur processus de guérison, les filles doivent être autorisées à exprimer leur colère et apprendre à le faire, tout comme les mères doivent gérer leur culpabilité et leur ressentiment, et les pères vivre leur souffrance et leur responsabilité.

SENTIMENT DE PERTE

Les familles souffrant d'une faim extrême du père éprouvent des sentiments de perte très douloureux. L'apparition d'un trouble de la nutrition chez leur fille peut créer une occasion d'explorer et combler ces privations, ainsi que de transformer leurs relations. Il n'en reste pas moins que le préjudice émotionnel peut se révéler déchirant pour un père et une mère dont le seul but était de “faire comme il faut”. N'oublions pas qu'il s'agit de familles qui ont mis toute leur foi dans les mythes édictant les scénarios impartis à l'homme et à la femme. Elles sont convaincues que le respect de ces diktats culturels et de ces schémas transmis de génération en génération sera garant de l'équilibre et du bonheur de leurs enfants. Ainsi, les sentiments de perte ressentis par les parents d'une fille en proie à des problèmes alimentaires ou d'image du corps, s'accompagnent d'une rupture de leur confiance dans leur mode d'éducation. Ils vont commencer à remettre en question la moindre décision et même douter de leurs intentions passées.

Ils perdent également l'illusion que tout est parfait dans leur famille. Il s'agit là d'une autre atteinte grave à leur identité de parents. Ils savent qu'ils vont devoir trouver de nouveaux modes de vie commune et d'interaction avec leurs enfants, alors qu'ils ont toujours été persuadés de suivre le bon chemin — d'autant que dans bien des cas, leur entourage ne tarissait pas d'éloges sur leur façon d'élever leurs enfants. C'est à la fois leur estime d'eux-mêmes et leur vision du monde qui sont ébranlées.

Qui plus est, les parents qui prennent le temps de se pencher sur leur famille d'origine peuvent découvrir une souffrance et des déceptions qui, par fidélité à la tradition, avaient été hermétiquement enfouies. Les parents d'une jeune fille souffrant d'un trouble de la nutrition s'avèrent souvent pris entre deux feux, piégés entre leurs propres parents et leur enfant. Ils se sentent rarement compris par leurs parents ; cela peut même aller jusqu'à un sentiment d'être critiqués ou minés par ces derniers. Ils vont bien souvent sentir une grande tristesse peser sur eux tandis qu'ils s'engagent dans le processus de guérison et de transformation.

ISOLEMENT

L'héritage légué par la fidélité aux mythes — liens compromis, divisions dans la personnalité, culpabilité, souffrance intérieure, colère et sentiments de perte — se résume en un mot : isolement. La jeune fille, qui exprime son désarroi au travers de sa façon de s'alimenter et de son corps, aussi bien que ses parents éprouvent cet isolement et cette rupture.

Pour la jeune fille, cet héritage se traduira par un détachement du monde, une dissociation de sa réalité intérieure comme de son environnement interpersonnel. Elle est coupée de ses sentiments, de son corps, de son sens de soi, de son appétit, de sa féminité, de sa famille et de ses semblables. Elle est également exclue de la société dans laquelle elle est censée s'intégrer.

Devenir partie intégrante du monde extérieur à la famille et adopter les valeurs, normes et pratiques du contexte socioculturel constitue l'une des tâches cruciales du développement de l'adolescent et du jeune adulte. Une jeune fille qui ne se sent pas reconnue, valorisée, vue ou entendue par son père — en essence, qui ne se sent pas “réelle” pour lui — s'attend à vivre la même expérience avec la société dont il est à ses yeux le représentant le plus important. Elle se demande si elle pourra jamais faire partie de ce monde alors qu'elle ne fait même pas partie de sa vie à lui, et si elle se sentira jamais aimée et acceptée. Elle peut alors se dire que le mieux qu'elle puisse faire, c'est de se trouver une petite place, une place prescrite par la société, qui ne correspondra pas forcément à ses aspirations. Elle fait ainsi des choses qui sont avalisées par son père ou le système masculin ; elle exprime sa féminité, comme le veut la société, et discipline ses élans vis-à-vis de la nourriture, son corps et ses besoins émotionnels. Espérant se relier au monde, elle se retire d'elle-même ; en réalité, elle est coupée de tout. Son expérience de la vie est l'isolement, et elle se sent bannie, solitaire, non acceptée, isolée et désemparée.

Les parents connaissent eux aussi ce sentiment d'exclusion lorsqu'ils s'impliquent dans la guérison de leur fille. Ils se sentent coupés de leur propre mode d'éducation : le bonheur qu'ils pensaient donner à leur fille ne s'est pas concrétisé et ils se demandent en quoi ils ont failli. Ils s'interrogent sans fin, et se sentent mal compris de tout le monde — de leur fille, de leurs amis, de leur famille. Ils commencent à remettre en question les valeurs d'une culture à laquelle ils ont donné leur soutien, et jusqu'à leur propre vie. Ils ne cessent de s'interroger : comment avons-nous pu tant nous tromper ?

Tandis que la rupture ressentie par les parents concernent leur passé, celle de leur fille gravite autour de son avenir. Sa vie est suspendue tandis qu'elle se demande comment entrer dans un monde que les femmes perçoivent hostile, un monde qui a engendré la faim du père. L'idéal est que les familles affrontent et traitent ensemble ces questions. En agissant ainsi, les parents, et notamment les pères, montrent leur amour d'une façon qui n'a pas de prix. Ils aident leur fille à guérir de sa faim du père et de ses problèmes alimentaires et d'image du corps. Avec l'aide de cet homme, important entre tous, la fille peut découvrir comment faire partie d'une société dysfonctionnelle sans se nier ou se détruire.

La perspective des parents : « Nous subissons encore les effets de notre éducation. J'apprends à être un père. »

Les réflexions qui suivent, formulées par les parents d'une jeune fille qui avait développé un grave trouble de la nutrition, illustrent la façon dont les sentiments de culpabilité, de souffrance intérieure, de colère, de perte et d'isolement découlent de l'héritage légué par la fidélité aux mythes régissant les rôles de l'homme et de la femme dans la famille. Cet entretien a eu lieu après une année de thérapie familiale. Leur fille était sur la voie de la guérison, mais ils continuaient de batailler pour comprendre et modifier leurs schémas d'interaction et renverser ainsi les répercussions de la faim du père dans leur vie.

La mère : Ce que la famille a traversé après l'apparition des problèmes de Mary a vraiment été très dur. Nous avons lu des livres sur les troubles de la nutrition et nous savions qu'il fallait entreprendre une thérapie familiale. Mais c'était tellement effrayant...

Le père : Dans nos deux familles, on n'avait jamais été très bavard. Nous ne nous rendions pas compte des effets que cela avait eu sur nous, mais après vingt-cinq ans de mariage, nous ne savions toujours pas comment communiquer. Je dois admettre que j'étais pire que ma femme — elle, elle avait peur de parler mais moi, je ne savais même pas ce que je ressentais. Le thérapeute nous posait des questions et je n'avais aucune idée de ce que je pourrais bien répondre. J'étais là, moi qui avais réussi, qui avais monté ma propre société de relations publiques, et je n'étais même pas capable de parler à ma famille !

La mère : Oui, cela a probablement été l'un des plus grands chocs pour chacun de nous deux — nous avions tous deux le sentiment d'avoir réussi. C'est sûr, nous faisions beaucoup d'efforts, mais nous en étions récompensés — chaque fois que notre entourage nous parlait, c'était pour dire combien nos enfants étaient formidables, tout spécialement Mary qui avait de bonnes notes et excellait en tout. Comme nous n'avions jamais eu aucun problème, nous ne savions pas comment y faire face. Quand Mary est tombée malade, c'est comme si notre monde avait tout à coup basculé. Il y avait quelque chose qui n'allait pas chez nous et chez Mary, mais je n'avais pas la moindre idée de ce que cela pouvait être.

Le père : Et alors tu t'es mise à t'accuser de tout, tu te souviens ? Tu te sentais si mal, si coupable... J'essayais bien de te raisonner mais cela n'a jamais servi à rien. C'est une chose que j'ai apprise : je suis parfois trop logique et je n'accorde pas assez de temps ou de place aux sentiments. Je me suis amélioré, mais j'ai l'impression de faire le contraire de ce qu'on m'a dit de faire durant toute ma vie. En général je me sens mieux après avoir parlé, mais je dois reconnaître que je ne suis pas encore très à l'aise pour parler de mes sentiments. Je pense qu'en fait, j'ai été déprimé pendant toute ma vie — mais je ne le savais pas, aussi je n'aimais pas toujours les sentiments qui montaient en moi.

La mère : Tu semblais si retranché et si froid pendant cette période. Je me sentais si coupable, j'avais besoin d'un soutien moral, mais il était impossible que tu sois présent pour moi. Maintenant, je pense que nous savons nous donner mutuellement à la fois un espace et un soutien émotionnel. Mais à l'époque, nous nous sentions tous les deux très seuls. Moi du moins, je me sentais seule. Je me sentais incomprise de tous — ma fille, mon mari, mes parents, mes amis.

Le père : Je crois que nous nous sentions très frustrés. Ma femme a raison — nous ne nous sentions compris par personne. Nous avions agi comme tous les parents “doivent” le faire. Ma femme avait lu tous les livres de la création sur le développement de l'enfant. Nous pensions que tout était parfait. Et puis notre fille a développé ce trouble psychologique qui aurait pu la tuer. La vie ne sera plus jamais la même pour moi. J'ai perdu l'illusion que nous étions une famille parfaite.

La mère : Voilà la situation. Notre fille est à l'hôpital et nous en thérapie, essayant de démêler tout cela. Et horriblement mal dans notre peau. Et puis, le plus grand choc, probablement, a été la façon dont nos parents ont réagi. Nous avions toujours été très proches d'eux, que ce soit les parents de mon mari ou les miens, et ils nous laissaient complètement tomber. Ils ne supportaient pas que nous ne soyons pas parfaits, je présume. Nous n'avons eu aucun soutien de leur part. Maintenant je sais que cela fait partie du problème — mais ils n'arrivaient pas à comprendre que nous avions besoin qu'ils nous soutiennent moralement, que nous avions besoin de parler. Nous nous sommes sentis critiqués et abandonnés.

Le père : Je crois qu'on pourrait dire que nous étions coincés entre deux générations. Nous essayions de changer pour aider notre fille, mais tout ce que nous récoltions, c'étaient des pressions et des critiques de nos parents. Ils ne comprennent vraiment pas et nous avons dû l'accepter. Mais cela nous a tous les deux beaucoup peinés.

La mère : Peut-être qu'ils se sentent eux aussi coupables ? Peut-être qu'ils ont peur de regarder de plus près la façon dont ils nous ont élevés ? Ce sont des familles très traditionnelles. Et ils nous voient bâtir une nouvelle façon de vivre ensemble. J'apprends à parler plus directement et je fais plus souvent appel à mon mari — il est bien plus impliqué en tant que père.

Le père : Ce que nous savons aujourd'hui, c'est que la vieille façon de faire n'a pas fonctionné pour nous ; mais peut-être n'aurions-nous pas vu cela si Mary n'avait pas développé ces problèmes. L'une des choses les plus importantes que j'ai apprises, c'est combien Mary a besoin de moi — je ne peux pas laisser la totalité de son éducation à sa mère. Je sais que je suis important pour Mary. Je sais aussi tout ce qu'a manqué mon père à n'avoir jamais été proche de moi, et tout ce que je n'ai pas connu en tant que fils.

La mère : Moi aussi, je suis passée à côté de tas de choses dans mon enfance. Mais nous y travaillons, maintenant. En quelque sorte, par notre culpabilité et notre souffrance, nous allons donner une meilleure vie à Mary et l'aider comme nos parents n'ont jamais pu le faire pour nous. Nous vivons dans un monde différent, aussi devons-nous être des parents différents.

Le père : Oui, il faut que nous cessions de nous contenter d'essayer de faire "comme il faut", et que nous découvrions ce qui est bon pour nous. Je suis toujours furieux, je pense, que nous ayons tous tellement souffert alors que j'ai fait tellement d'efforts pour faire comme il faut, pour obéir à ma famille et aux normes. Je ressens beaucoup de colère et de frustration devant les choses qui m'échappent. Maintenant je sais combien il est difficile pour une fille de grandir assiégée par les médias, les publicités pour les régimes, toutes ces images de corps minces et l'importance accordée à l'apparence physique. Je ne m'étais pas rendu compte de tout cela — je ne savais tout simplement pas ce qui se passait. Pendant un temps, je me suis senti totalement idiot ; aujourd'hui, je me sens indigné, mais je ne sais pas quoi faire.

Je pense que l'on pourrait dire que nous subissons toujours les effets de notre éducation. Nous en avons souffert pendant notre enfance, et nous en souffrons en tant que parents aujourd'hui. La colère n'en est qu'une partie. J'apprends à être un père. Aucun de nous n'a réellement eu de père. Nos parents ne le comprennent absolument pas, mais je suis convaincu que mes gosses ont besoin de moi ; et je vais trouver un moyen d'être là pour Mary — et pour moi.

Troisième partie

COMMENT ABOLIR LA FAIM DU PÈRE

10
LA MISSION DES PÈRES

Dans les chapitres qui suivent, nous allons nous attacher à la façon dont chacun d'entre nous peut répondre aux problèmes inhérents au rôle que tient aujourd'hui le père dans sa famille. Nous commencerons par les hommes, et examinerons comment ceux-ci peuvent devenir un parent plus actif et renverser la tradition de la faim du père et ses conséquences. Une seule chose pourra mettre un terme au cynisme, au désenchantement et au discrédit qui frappent les pères de notre société : que les hommes apprennent à exprimer leurs sentiments, deviennent accessibles, et s'occupent davantage de leurs enfants.

Ce chapitre est destiné à vous aider, vous qui êtes père, à découvrir comment parvenir à ceci. Si elle se sent aimée par son père, une fille aborde avec confiance ses préoccupations naturelles touchant à la nourriture, à son poids, à l'image de son corps et à sa perception d'elle-même. Sans cet amour, elle se sent rejetée à la fois par vous et par les valeurs culturelles que vous représentez. La faim du père qui en découle la fera énormément souffrir, sur tous les plans.

Mais avant de pouvoir devenir un parent plus aimant et plus accessible, il vous faudra affronter votre propre faim du père. Pour la première fois, vous allez devoir vous ouvrir à vos sentiments au lieu de les nier. Vous comprendrez alors combien vous vous êtes coupé de vos déceptions vis-à-vis de votre propre père et combien votre éducation vous aura mal préparé à être un parent, un conjoint ou même un ami.

Pour commencer, vous allez devoir vous engager dans un voyage psychologique au cours duquel vous découvrirez des aspects de vous-même et de la vie que vous aviez jusqu'alors refoulés, en raison des mythes et des traditions régissant le rôle des hommes dans notre société occidentale. Cette nouvelle intimité avec vous-même transformera votre vie. Elle sera néanmoins effrayante, car elle vous mènera au cœur d'un territoire inconnu ; il s'agira donc bien d'un acte héroïque. Pour porter ses fruits, ce processus devra vous torturer, vous angoisser et vous faire douter de vous-même. Vous vous poserez des questions sans fin sur votre valeur personnelle, votre place dans le monde et les valeurs de notre société.

L'histoire et la mythologie regorgent d'exemples d'individus qui ont osé se lancer dans de telles aventures. Le mythe du héros implique toujours une séparation, une initiation et un retour, comme l'écrit Joseph Campbell :

> *« Un héros est un homme qui quitte le monde de tous les jours pour s'aventurer dans une région de prodiges surnaturels ; là, il va rencontrer des forces fabuleuses et remporter une victoire décisive : le héros revient de cette mystérieuse aventure investi du pouvoir d'octroyer ses bienfaits à ses semblables. »*[1]

En d'autre termes, lorsque vous entreprendrez ce périple destiné à faire de vous un père plus aimant, plus impliqué, vous commencerez par vous isoler et tourner votre attention vers vous-même ; mais au bout d'un temps, vous “reviendrez” sous la forme d'un homme nouveau et éclairé, capable d'intimité avec lui-même comme avec les autres.

Vous serez alors en mesure de montrer vos sentiments, notamment votre amour, à votre fille. Ce pèlerinage vous apprendra à entrer en contact avec autrui et à nourrir d'amour la faim de votre fille.

---

[1] J. Campbell (1972). *Myths to Live By*. New York, Bantam Books, p. 209.

Les pères qui cherchent ardemment à comprendre le trouble de la nutrition de leur fille sont déjà engagés dans une telle mission. Les conflits de votre fille, en remettant en question votre sens de soi, vous éloignent de votre tendance à suivre les vieux mythes régissant la famille, les rôles et les valeurs, et vous préparent à écrire de nouveaux scénarios. Son état a ébranlé, peut-être même fait volé en éclats l'image que vous aviez de vous-même en tant que père.

Je vois la panique et le désespoir qui emplissent vos yeux quand vous venez me voir pour la première fois avec votre fille et que vous découvrez l'intensité de sa souffrance. J'entends l'angoisse dans votre voix tandis que vous vous efforcez de comprendre la vision faussée qu'elle a de son corps, et je perçois le sentiment d'impuissance qui vous envahit lorsque vous ne pouvez pas tout arranger pour elle. (N'a-t-il pas toujours été de votre ressort de résoudre les problèmes de la famille ?)

Je ne puis vous garantir qu'un travail sur vous-même assurera la guérison de votre fille. Mais je sais que plus vous vous analyserez — en examinant vos points forts et vos points faibles en tant que père, mari et homme — et plus vous explorerez votre propre faim du père, plus vous serez accessible pour votre fille.

Au fur et à mesure que vous changerez, votre fille ressentira votre amour d'une nouvelle manière ; de plus, en entreprenant ce voyage intérieur pour comprendre et guérir vos blessures, vous serez pour elle un magnifique exemple de la voie à suivre pour accéder au vide qui sous-tend ses problèmes alimentaires. Peut-être aussi se sentira-t-elle moins coupable des soucis que son état suscite en vous si elle vous voit vous impliquer dans votre relation et y ressentir une satisfaction croissante. Reconnaître votre propre faim du père, les stigmates résultant de votre éducation de jeune mâle, votre éviction de vos propres sentiments et votre isolement, finira par déboucher sur des liens nouveaux et gratifiants avec vous-même et avec le monde, et à vous faire vivre différemment vos capacités de père.

AFFRONTEZ VOTRE PROPRE FAIM DU PÈRE

Vous ne pourrez aider votre fille que si vous vous aidez vous-même. Pour appréhender ce qu'elle vit en tant qu'enfant, vous devez comprendre ce que *vous* avez vécu enfant. Pour cela, il vous faudra changer de cap par rapport à toutes ces années où vous avez nié ou fait peu de cas de vos sentiments, vivant coupé de vos émotions. A présent vous devez reconnaître et affronter la souffrance, les blessures, les déceptions, les sentiments de rejet, les aspirations et la tristesse qu'il vous a fallu désavouer pour être un “bon garçon” et un “vrai homme”. Il est fort probable que, comme votre fille, vous ayez grandi sans connaître d'intimité dans votre relation avec votre père — c'était un personnage insaisissable, pourtant, vous vouliez désespérément lui faire plaisir et le satisfaire afin de vous sentir relié à lui. Etant un garçon, vous ne pouviez y parvenir qu'en essayant de lui ressembler. Malheureusement, en imitant votre père, vous avez reproduit le même schéma dans vos relations avec vos enfants. Pour changer cela, il vous faut faire marche arrière et ressentir ce que vous avez ignoré pendant tant d'années — vous devez faire face à votre faim du père.

Entrez en contact avec vous-même

Vous qui lisez cet ouvrage dans l'espoir de venir en aide à votre fille, ne savez peut-être pas par où commencer. La réponse est simple. Par vous-même. Prenez le temps de regarder en vous et autorisez-vous à avoir des sentiments, et pas seulement les sentiments faciles ou agréables. Dites-vous qu'il n'y a rien de mal à ce qu'un homme soit triste, se sente délaissé, ait besoin des autres, soit en colère de ne pas se sentir véritablement accepté et aimé de façon inconditionnelle tandis qu'il grandit. Brisez les règles que l'on vous a enseignées dans le passé ; cessez de vous séparer de votre moi intérieur et commencez à entrer contact avec lui. Réunifiez les différents aspects de vous-même, réconciliez vos sentiments profonds et ce que vous exprimez par votre comportement. Ceci vous réunira, vous et votre fille. Il est essentiel d'abandonner les vieux mythes masculins tandis que vous développez de nouveaux rapports avec votre fille.

Parmi nos croyances à propos des hommes, l'une des plus destructrices est celle qui veut que ces derniers ne ressentent rien. Il n'en reste pas moins que les hommes vivent une quantité d'émotions intenses. Mais la plupart du temps, vous n'êtes pas censé les montrer. Au lieu de cela, on vous exhorte à “faire”, à réussir, vous détournant ainsi de cette vie intérieure. Votre attention est tournée, non pas vers l'intérieur, mais vers l'extérieur. En conséquence de quoi, votre réflexe sera de prendre les problèmes à bras le corps plutôt que de les vivre profondément, afin de vous défaire de tout ce qui vous perturbe ou vous angoisse.

Pour votre fille, pour vous-même, autorisez-vous à ressentir, et tout particulièrement à prendre conscience des privations que vous avez éprouvées. Ne luttez pas contre l'envie de pleurer, même à chaudes larmes. Trouvez-vous des alliés en qui vous avez toute confiance, pour vous aider à vivre ces moments. Certains hommes établissent des réseaux de soutien informels avec des amis. D'autres créent des groupes masculins plus structurés qui se rencontrent régulièrement, tandis que d'autres encore, dans leur quête de nouveaux modes d'expression, vont participer à des retraites spirituelles. En trouvant un soutien dans des relations masculines, vous allez pouvoir créer le lien qui vous a manqué durant votre enfance et votre adolescence, et vous apercevoir que les vieux mythes sur les hommes ne sont tout simplement pas vrais. Plus important encore, vous pourrez travailler sur vos propres privations afin qu'elles ne se perpétuent pas dans la vie de votre fille.

A ce stade, il vous faut devenir plus conscient des mythes que vous avez repris à votre propre compte. Ceux-ci limitent votre vie à de nombreux titres et vous empêchent d'être pleinement conscient de vos sentiments à l'égard de votre père. Il y a probablement peu de temps que vous avez découvert votre propre faim du père ; vous n'avez donc pas pu concrétiser votre potentiel en tant que parent et vous viviez sans savoir combien vos enfants, et tout spécialement votre fille, avaient besoin de vous.

Consacrez du temps à examiner ces mythes sur les hommes selon lesquels : vous ne “pouvez pas comprendre” ; vous ne jouez aucun rôle dans le développement de vos enfants ; être parent n'est pas important pour vous ; vous ne ressentez rien ; votre seul rôle est de pourvoir aux besoins matériels de la famille ; votre fille n'a pas besoin de vous pour grandir. Vous pouvez choisir de croire ces mythes et de continuer à vivre dans la séparation, ou bien les remettre en question et vous ouvrir à vous-même et à autrui. Si vous décidez de vous opposer à ces mythes, votre vie sera plus pleine — liens et attaches viendront combler les vides qu'avait laissés en vous votre propre faim d'intimité. Saisissez cette occasion pour décider sérieusement quelles croyances à propos des hommes devraient guider votre vie, notamment dans votre fonction que père. Commencez par exprimer dans vos relations tout l'amour qui réside en vous.

Thèmes de réflexion

- Comment votre père exprimait-il ses sentiments ?
- Pouvez-vous parler des sentiments sans crainte, ou bien cela engendre-t-il une peur en vous ? A quel degré ?
- Pendant votre enfance et votre adolescence, de quels mythes témoignait la vie de votre père ?
- Parmi les mythes sur les hommes, lesquels vous dérangent le plus ?
- Auprès de qui vous sentiriez-vous accepté et soutenu pour exprimer vos émotions ?

Reliez-vous à votre père

Pour comprendre comment vos enfants ressentent votre amour ou au contraire s'en sentent privés, il vous faut remonter dans le temps pour étudier la façon dont votre père se comportait avec vous, et prendre conscience de votre propre faim du père. Dans un livre fort utile traitant des obstacles à l'intimité avec le père, Sam Osherson déclare qu'il nous faut « guérir le père intérieur blessé, cette partie de nous-même qui est triste et enragée, et se sent non aimée et non aimable. »[2] Autrement dit, il faut examiner, traiter et guérir ces stigmates toujours présents, héritage de la relation distante et emplie de frustration que la plupart des hommes ont connue avec leur père. Faire comme si ces blessures n'existaient pas ne fait que prolonger la souffrance. Seule cette prise de conscience permettra aux hommes d'endosser vis-à-vis de leurs enfants le rôle que leur propre père n'a pas pu tenir.

Gus Napier, thérapeute familial et écrivain, a décrit l'impact de cette absence du père sur les hommes qui cherchent à davantage s'impliquer dans la vie de leurs enfants. « Quand les hommes qui ont vécu la même chose que moi, écrit-il en parlant de ses propres blessures, décident de devenir un père plus impliqué, ils découvrent que leur père n'était pas là. »[3]

Quand vous examinerez votre relation avec votre père, vous éprouverez vraisemblablement un grand choc en découvrant votre dénuement affectif. On vous avait dit que vous n'aviez besoin de rien (hormis l'argent ou des “objets”) de la part de cet homme. Vous allez peut-être beaucoup souffrir quand vous réaliserez que toute votre vie a consisté à chercher à masquer ce vide et à entretenir les mythes de notre société sur les hommes.

---

2 S. Osherson (1986). *Finding Our Fathers*. New York, Fawcett Columbine, p. 18.

3 G. Napier (1988). *The Fragile Bond*. New York, Harper and Row, p. 84. Le Dr Napier a présenté lors de la 47ème Conférence Annuelle de l'Association Américaine pour la Thérapie de Couple et Familiale (AAMFT), un exposé intitulé *Heroism, Men and Marriage*, portant sur la nécessité de créer de nouveaux héros et de favoriser une transformation de la structure familiale pour soutenir les hommes dans leur fonction de père. Un enregistrement sur cassette audio est disponible auprès de l'AAMFT, 1717 K Street, N. W., Suite 407, Washington, D.C. 20006 (Etats-Unis).

Si votre père est toujours en vie, vous devriez envisager de parler avec lui des pressions que lui-même a ressenties en tant que parent et des privations dont vous avez souffert en tant qu'enfant. S'il est mort, vous pourriez en parler à d'autres parents ou à des amis de la famille afin de mieux percevoir ce qui motivait cet homme mystérieux. Mieux comprendre son vécu et les raisons de son inaccessibilité vous aidera à éviter de reproduire les mêmes erreurs.

Une fois que vous aurez reconnu votre faim du père, vous serez mieux à même de comprendre ce que vit votre fille. En admettant l'incapacité de votre père à vous montrer qu'il vous aimait et qu'il vous acceptait, et en vous souvenant de la façon dont vous avez réagi (en cherchant à réussir, en vous tuant au travail, par le déni, par l'isolement), vous serez conduit à découvrir une autre manière d'être père. Explorer votre passé et vous en défaire fera de vous un homme nouveau, capable de donner, d'aimer et de comprendre. En vous séparant des vieux réflexes, vous trouverez de nouvelles façons d'être.

Thèmes de réflexion

- Quels souvenirs avez-vous de votre relation avec votre père ?
- Comment s'y prenait-il pour établir un contact avec vous ?
- Qu'est-ce qui l'empêchait d'être un père plus aimant, plus présent ?
- Qu'est-ce qui vous en empêche ?

Faites-vous aider par un thérapeute

Affronter votre faim du père, cela ne signifie pas qu'il faut reproduire le vieux schéma consistant à se débrouiller seul sans jamais avoir besoin de personne. Une thérapie peut vous aider à surmonter votre tendance à vous séparer et vous apprendre à vous relier. Exprimer vos sentiments pendant les séances de thérapie peut s'avérer capital, car cela peut déverrouiller les portes que les mythes et les rôles négatifs impartis aux hommes avaient fermées dans votre vie.

La thérapie, cependant, ne fait pas partie du monde dans lequel vous avez été préparé à entrer. Les ardents défenseurs de ces mythes dépassés dont nous avons parlé tout au long de ce livre auront généralement beaucoup de mal à admettre qu'ils ont besoin de l'aide d'un thérapeute professionnel. Les scénarios des pères prétendent que vous pouvez tout régler par vous-même (le vieux syndrome du "Ton père sait mieux que toi"). Mais tel n'est pas le cas ! Vous aurez probablement besoin d'être guidé pour quitter vos vieux réflexes, pour apprendre à poser des questions au lieu de donner des réponses, pour explorer les problèmes au lieu de vous en débarrasser. Entreprendre une thérapie est la meilleure façon de procéder.

Travailler ensemble dans le cadre d'une thérapie familiale constitue une méthode extrêmement efficace pour parvenir à connaître votre fille et vous relier à elle et au reste de la famille. Mais cette intimité ne sera peut-être pas instantanée. En fait, vous allez peut-être commencer par découvrir à quel point vous avez tout ignoré de la vie émotionnelle de votre famille. Vous serez peut-être mal à l'aise, rêvant que les choses redeviennent comme avant, lorsque toutes ces émotions n'étaient pas verbalisées. Ou peut-être craindrez-vous que toutes ces paroles ne fassent qu'aggraver le stress existant, et vous serez tenté de jouer le rôle du protecteur qui efface les problèmes. Mais ces vieux schémas ont beau appartenir au connu et paraître sans danger, ils ont contribué aux tourments de votre fille. Souvenez-vous de ce que l'on dit parfois : il faut d'abord toucher le fond du gouffre avant de pouvoir remonter. Et tel est souvent le cas. Ce dont votre fille a besoin durant cette phase, c'est de savoir que vous l'aimez, que vous l'acceptez, que vous respectez ses sentiments, et que vous serez à ses côtés, quoi qu'il arrive.

Parfois, les personnes souffrant d'un trouble de la nutrition s'opposent à ce que leur famille, et plus particulièrement leur père, participe à la thérapie. Il existe à cela plusieurs raisons possibles. Peut-être ne voyez-vous que ses symptômes, et pas l'individu en elle. Réfléchissez à la façon dont vous pourriez être plus proche d'elle, non plus en la considérant comme votre fille “anorexique” ou “boulimique”, mais en tant que personne à part entière. Il se peut aussi que votre fille craigne de vous décevoir en vous laissant découvrir ses conflits ou ses peurs. Ou bien elle n'a pas confiance dans l'intérêt et l'affection que vous lui manifestez ; elle se dit que votre attention n'est que temporaire et pense que le seul moyen de la conserver est de rester malade. Alors tenez bon, et vous pourrez peut-être la convaincre peu à peu que votre amour est solide et durable.

De nombreux pères, une fois qu'ils ont surmonté toutes les barrières du monde masculin qui les empêchent de demander de l'aide, s'engagent dans une thérapie individuelle dont ils tirent grand profit. Les problèmes de votre fille ayant mis en pièces votre identité de protecteur, vous avez également besoin de reconstruire votre “moi”. Il vous sera particulièrement utile, pour améliorer votre vie, d'explorer ce que vous avez vécu en tant que fils et ce que vous attendiez de la paternité, ainsi que les mécanismes auxquels vous avez recours pour faire face à vos problèmes. En vous faisant aider par un professionnel de la psychologie, vous apporterez aussi un soutien à votre fille. Cela ne peut que vous aider à bâtir avec elle une relation aimante et plus satisfaisante.

Thèmes de réflexion

- Que ressentez-vous à l'idée de suivre une thérapie ? Qu'en penserait votre père ?
- Quels sont les vieux mythes qui vous empêchent de solliciter l'aide d'autrui ?
- Sur quels points vous faut-il travailler pour être plus relié à votre famille ?

EXAMINEZ VOS RELATIONS AVEC LES FEMMES

Pour développer une relation aimante et nourricière avec votre fille, vous devrez examiner la manière dont vous vous reliez aux femmes d'une façon générale. Votre fille vous observe depuis des années, cherchant à savoir ce que vous aimez chez une femme et quelle valeur vous lui accordez. Ces impressions sont très importantes dans le développement d'une enfant en passe de devenir une femme. Pour comprendre votre fille, il vous faudra examiner votre relation avec sa mère et voir en quoi, en tant que mari, vous reproduisez les comportements de votre père. De même, il vous faudra explorer vos attitudes vis-à-vis des femmes en général et vous demander ce que vous attendez d'elles. Pour que votre fille vous sente plus présent, vous devrez corriger certaines erreurs et réviser votre comportement ; vous devrez apprendre à partager le pouvoir et les responsabilités avec sa mère, de façon à occuper un rôle positif dans votre famille et agir ensemble — et cela, même si vous êtes divorcés.

Votre relation avec sa mère

L'une des meilleures façons d'aider votre fille consistera à examiner honnêtement et sans complaisance la relation que vous entretenez avec sa mère. Les conflits familiaux affectent très profondément le sexe féminin. Une fille qui se fait du tracas à propos du bonheur de ses parents ou de la stabilité de leur couple ne possède pas l'énergie émotionnelle nécessaire pour affronter les vicissitudes de l'adolescence. Elle essaiera bien souvent d'arranger les choses pour ses parents et d'assurer la pérennité de leur couple. Les hommes doivent gérer leur relation avec leur femme ou ex-femme de telle sorte que leur fille puisse se consacrer à ses propres besoins, sentiments et aspirations.

En reconnaissant que vous pouvez avoir des défaillances en tant que mari, vous serez un modèle positif pour votre fille ; votre ouverture lui fera savoir que personne, même l'homme le plus important de sa vie, n'est parfait — ce qui l'aidera à surmonter sa recherche constante de perfection, recherche dont ses problèmes alimentaires et d'image du corps sont le reflet. En même temps, vous lui direz l'importance que vous accordez à votre relation avec sa mère.

Prenez le temps de réfléchir à tout cela. Efforcez-vous de considérer avec honnêteté quel genre de mari vous avez été. Résistez à l'impulsion de faire endosser tous les problèmes à votre femme. Et si vous êtes prêt à prendre un risque supplémentaire, demandez-lui comment elle considère sa vie d'épouse. Il est essentiel que vous établissiez des liens entre ce que vous avez vécu avec vos parents et la façon dont vous jouez votre rôle de mari. Vos capacités, vos points forts, vos lacunes et vos erreurs découlent probablement en droite ligne du rôle tenu par votre père. S'il était absent, distant ou indifférent, vous n'avez pas appris comment un homme peut exprimer amour et respect à sa femme. S'il ne s'est pas montré affectueux envers vous et ne vous a pas appris comment aimer au travers de ses relations avec votre mère, vous allez devoir travailler dur pour découvrir comment exprimer cela dans votre propre mariage. Peut-être vous sentez-vous inapte à être aimé ou à manifester votre amour. En examinant la façon dont votre père remplissait sa fonction de mari et celle dont vous avez reproduit ses erreurs, vous vous ouvrirez à un nouveau mode de relation et montrerez un exemple à votre fille.

Si vous êtes divorcé ou séparé, il est capital que vous endossiez une partie de la responsabilité de la rupture de votre union, afin que votre fille n'ait pas le sentiment que la responsabilité des relations repose exclusivement sur les femmes. Essayez d'éviter de parler avec elle des défauts de sa mère — vous en avez probablement aussi ! Votre fille a besoin de s'identifier aux aspects positifs et aimants de sa mère tandis qu'elle devient une femme, et les défauts de sa mère n'ont certainement plus aucun secret elle ! Par ce qu'elle a pu observer dans vos rapports avec sa mère, elle peut avoir décidé de lui ressembler en tous traits, ou bien d'être totalement différente. Par dessus tout, résistez à la tentation de mettre votre fille au milieu de votre mariage ou de votre divorce. Permettez-lui de focaliser son attention sur elle-même, et non plus sur vos problèmes.

Qu'il soit marié, séparé ou divorcé, les messages qu'un père fait passer à sa fille à propos de sa mère revêtent une grande importance. En essence, si un père rabaisse sa femme, il rabaisse aussi sa fille car son premier modèle est justement sa mère. Renseignez-vous pour savoir si votre femme (ou ex-femme) se sent respectée par vous. Si tel n'est pas le cas, votre fille ne se sentira pas davantage respectée ou en confiance. Vos liens avec sa mère seront le prototype de ce que votre fille attendra de la vie. Réfléchissez à cela ; décidez du modèle que vous souhaitez pour elle et voyez comment vous pouvez le créer.

Thèmes de réflexion

- En quoi est-ce que je ressemble à mon père dans ma fonction de mari ?
- Comment ma mère a-t-elle perçu son mariage ?
- Quels sont les schémas que je désire changer ?
- Comment pourrais-je améliorer ma relation avec ma femme (ou ex-femme) ?

Vos attitudes envers les femmes

Votre fille sera très sensible à vos relations avec toutes les femmes, pas seulement avec sa mère. Vous devrez donc prendre conscience de vos croyances et comportements en ce domaine. Les rôles de la femme ont beaucoup évolué au cours des dernières décennies, et votre notion de la femme est vraisemblablement elle aussi en train de se transformer. Faites l'inventaire de vos attitudes envers les femmes — que signifie être une femme, quelle est votre femme idéale, que voulez-vous pour votre fille, que valorisez-vous chez les femmes ? En répondant à ces questions, vous allez peut-être prendre davantage conscience de l'influence de votre comportement sur votre fille. De plus, vous réaliserez peut-être qu'il existe une disparité entre ce que vous dites à votre fille, et la signification réelle de vos propos.

Essayez aussi de vous souvenir de la façon dont votre père traitait les femmes durant votre enfance et votre adolescence. Peut-être avez-vous, à votre insu, repris à votre compte certaines de ses attitudes. En comprenant ces influences qui proviennent de votre enfance, vous pourrez faire la distinction entre ce que vous souhaitez dire à votre fille sur le statut de femme, et les messages que votre héritage familial vous fait inconsciemment véhiculer.

En raison de l'écart entre la façon dont vous avez été élevé et ce qu'est la vie actuelle, vous êtes probablement confronté à des expériences que vous n'aviez pas prévues. Par exemple, les femmes ont acquis un certain pouvoir dans le monde du travail. Les hommes réagissent à cela de diverses manières : certains en veulent aux femmes, d'autres les respectent ; certains auront peut-être quelques difficultés face à cette nouvelle autorité, tandis que d'autres l'auront en horreur. De nombreux hommes pensent que les femmes ne devraient pas occuper certains emplois. Explorez honnêtement ces sentiments, car ils apparaîtront à votre fille.

Pensez-vous que pouvoir et féminité peuvent coexister, ou bien qu'ils s'abolissent mutuellement ? Réfléchissez à la façon dont vous désirez que votre fille intègre ces deux attributs. Prenez le temps d'examiner les problèmes soulevés par les féministes et en quoi ils touchent votre fille. Expliquez-lui comment vous avez vu les rôles et le pouvoir des femmes évoluer au cours de votre vie, et parlez avec elle de la façon dont ces transformations ont modifié votre opinion des femmes en général ainsi que vos relations avec elle.

Si vous n'avez pas de considération pour les femmes et leurs préoccupations, cela transparaîtra dans vos attitudes, même si vous acquiescez, encore que du bout des lèvres, à des notions plus libérées. Il existe un test très simple pour savoir si vous accordez réellement de la valeur aux femmes et si vous prenez votre fille au sérieux, en la considérant comme une personne à part entière, certes jeune, mais avec ses propres idées et sentiments. Ecoutez-vous votre fille ?

Bien souvent, les pères font peu de cas des soucis de leur fille et les éconduisent au lieu de les écouter. Par exemple, votre fille vous dit qu'elle se fait du souci parce qu'elle n'est pas bonne en maths ; voici une réponse typique : « Ne t'en fais pas, avec ton magnifique sourire, personne n'ira voir si tu as besoin d'une calculette pour faire tes comptes ! » Votre intention était certes de la réconforter, mais vous ne l'avez pas écoutée. Au lieu de cela, vous avez passé son problème au filtre de vos propres notions du comportement féminin, et vous n'avez fait que lui dire que son sourire et son apparence physique étaient plus importants que ses sentiments ou ce qu'elle percevait de sa valeur. Elle ne pourra dès lors que se demander si elle peut se prendre au sérieux, puisque vous ne le faites pas. Alors veillez à bien dire ce que vous voulez dire.

Une autre façon de déterminer vos attitudes envers les femmes consiste à regarder comment vous abordez filles et garçons : vous feriez certainement une autre réponse à votre fils, en lui rappelant que les mathématiques sont une matière importante et qu'il doit travailler.

Vous devriez traiter votre fille avec le même respect et prendre ses soucis au sérieux. Bien plus, vous devriez donner aux deux sexes les mêmes chances de se développer, même si votre fille s'intéresse à des domaines qui ne sont pas traditionnellement féminins. Vous lui prodiguerez ainsi un soutien et lui ferez savoir que vous reconnaissez en elle une femme ayant des droits, sentiments et aspirations légitimes. Vos actes lui auront dit que vous l'acceptez, qu'elle mérite votre amour, et que les femmes sont les égales des hommes.

Ecoutez-vous avec attention afin de détecter toute attitude négative envers les femmes ou envers votre fille, que pourraient véhiculer vos plaisanteries, vos lectures ou vos remarques spontanées. Vous devriez aussi essayer de vous mettre à la place de votre fille et vous couler dans ses réactions à votre égard, car elle peut entendre des choses que vous n'aviez pas l'intention de dire. Etre un meilleur père requiert que vous examiniez vos attitudes envers les femmes, afin d'être certain que cette façon d'être ne va pas compromettre par mégarde le développement et l'identité de votre fille.

Thèmes de réflexion

- Mes attitudes envers les femmes ressemblent-elles à celles de mon père ?
- Quelles sont les croyances à propos des femmes que je souhaite transmettre à ma fille ?
- Est-ce que j'écoute ma fille ? A-t-elle le sentiment que je l'écoute ?

Réaménager les rôles au sein de la famille

Si votre fille est entrée en guerre contre la nourriture et contre son corps, c'est pour acquérir du pouvoir. Elle ne possède aucun autre moyen pour exprimer son autonomie et son pouvoir dans le monde ; c'est là le seul moyen qu'elle ait trouvé pour exercer un contrôle et partager l'autorité dans les relations. Ces filles qui grandissent dans une culture où le pouvoir n'est pas réparti de façon saine et équilibrée ont besoin que vous, leur père, cherchiez à comprendre et à corriger de tels schémas. Vous ne vous rendrez peut-être pas compte du désarroi que ce sujet peut créer chez votre fille, tant que vous n'aurez pas examiné le pouvoir qui vous est imparti et la façon dont vous l'exprimez dans votre foyer.

Les conflits culturels qui opposent les hommes et les femmes à propos du pouvoir ne sont certes pas de votre fait. Vous devez néanmoins examiner la façon dont vous, personnellement, contribuez aux terribles incertitudes de votre fille à ce sujet. Voyez si vous abordez les interactions familiales avec, au fond de vous-même, une vieille image intérieure du père héritée de votre enfance. Si votre père était considéré comme l'autorité suprême dans votre famille, le “seigneur et maître”, vous avez probablement du mal à partager l'autorité avec votre femme. Quant aux pères qui sortent épisodiquement de l'ombre pour prendre les choses en main, ils peuvent aussi avoir une grande influence dans la famille, mais ce genre d'autorité est paradoxale car fondée sur l'absence, et non pas sur la présence. Votre père était probablement solitaire et insatisfait ; en dépit de tout son pouvoir, il était privé d'amour ou d'intimité. Si vous voulez cet amour et cette intimité, vous devrez agir différemment.

Jusqu'à ce jour, les femmes ont conservé le pouvoir au sein de leur foyer car c'est à elles qu'échoit la charge de la maison, des repas, des émotions et de la santé de la famille, sans oublier l'éducation des enfants. Même quand les deux parents travaillent, les deux tiers des charges liées aux enfants continuent de revenir à la mère — les pères ont tendance à s'occuper des aspects les plus plaisants, comme par exemple emmener les enfants se promener pour que maman puisse faire le ménage ou les courses. Dans les foyers où la mère ne travaille pas, le père passe avec les enfants moins d'un quart du temps que sa femme leur consacre. Et si les pères dont la femme travaille consacrent davantage de temps à leurs enfants, ils ont toujours peu de responsabilités en ce qui concerne les "basses besognes" de l'éducation des enfants[4]. Dans les deux cas, les rapports mère-enfants et père-enfants sont disproportionnés. En conséquence de quoi, les familles restent privées de père. La mère surfonctionne, le père sous-fonctionne, et leur fille apprend à reproduire ce schéma au lieu d'apprendre à se soucier d'elle-même.

Examinez les activités quotidiennes de votre foyer et voyez comment vous pourriez assumer plus pleinement votre fonction de parent. Etudiez avec soin la façon dont les tâches sont réparties entre vous et votre femme. Vous pouvez par exemple consigner pendant une semaine qui fait quoi. Vous découvrirez probablement que votre épouse en fait bien plus que vous. Essayez de faire certaines choses à la place de votre femme au lieu de vous contenter, comme la plupart des pères, des tâches "périphériques". Parlez avec votre femme pour savoir comment vous pourriez agir d'une façon plus équitable dans la vie quotidienne de la famille. Cela montrera à votre fille que la relation repose autant sur l'homme que sur la femme.

[4] G. Napier (1988). Voir note 3, p. 201.

Lorsque vous aurez procédé à une nouvelle répartition des tâches domestiques, attaquez-vous à la répartition du pouvoir. Efforcez-vous, avec votre épouse, de donner à votre fille un modèle où l'autorité parentale, la prise de décisions et les responsabilités sont partagées. Votre fille saura ainsi qu'il existe d'autres façons de se sentir exister, qu'elle n'a pas besoin de s'interdire de manger ou de se façonner un corps parfait pour acquérir votre respect.

Thèmes de réflexion

- Quel genre de pouvoir détenez-vous dans votre famille ? Et votre femme ?
- Qui prend les décisions chez vous, et comment ?
- Existe-t-il à vos yeux des tâches domestiques qui sont exclusivement du ressort des femmes et que vous refusez d'accomplir ? Lesquelles, et pourquoi ?
- Dans votre vie domestique de tous les jours, en quoi ressemblez-vous à votre père ?

Face au divorce

Votre travail pour rendre votre rôle de père plus épanouissant risque d'être beaucoup plus ardu si vous êtes divorcé ou si vous ne vivez pas sous le même toit que votre fille. Dans ce cas, de nombreux facteurs affectent la relation père-enfant, que ce soit un remariage, l'éloignement géographique, l'attribution des droits garde et de visite, ou les particularités du développement de votre enfant. Le divorce n'a pas à détruire votre relation avec votre fille. Il n'en reste pas moins que si vous voulez jouer un rôle actif malgré votre statut de père divorcé, vous allez devoir remettre en cause un grand nombre des mythes qui vous ont été inculqués. Peut-être aurez-vous besoin d'être aidé pour apprendre à vivre autrement. Là encore, la thérapie sera utile, mais il sera essentiel de parler avec votre fille et de l'écouter.

La dissolution d'un mariage n'efface pas pour autant l'importance de la présence du père dans la vie de sa fille et d'un partage des tâches équilibré entre les parents. Si quelques couples divorcés trouvent une manière mutuellement agréable de se partager la garde des enfants et le temps qu'ils leur consacrent, la plupart sont cependant incapables de co-élever leurs enfants. Les mythes selon lesquels la mère serait par nature un excellent parent et le père, totalement inepte, conduisent de nombreux hommes à abdiquer de leur rôle de parent. Une fois de plus, la mère se retrouve investie de l'entière responsabilité des enfants — d'où peut-être une certaine amertume et son opposition à toute implication du père dans la vie des enfants. Ces derniers sont ainsi privés de la possibilité d'avoir deux parents actifs et attentionnés.

Aujourd'hui, 50% des mariages récents se terminent par un divorce, et 90% des enfants demeurent sous la garde de leur seule mère. Dans ces familles, 50% des enfants n'ont lorsqu'ils entrent dans l'adolescence aucun contact avec leur père ; 30% ont un contact épisodique, et seulement 20% voient leur père une fois par semaine ou plus. Plus de onze millions d'enfants, aux Etats-Unis, ont moins d'un contact quotidien avec leur père.

Avant de poursuivre votre lecture, revenez sur ces statistiques. Voyez sérieusement si vous souhaitez en faire partie. Souvenez-vous, 80% des enfants de parents divorcés ont peu de contacts ou aucun contact avec leur père ! Pour éviter cela, commencez par étudier votre relation avec votre ex-femme et par écouter vos enfants. Votre divorce peut en fait vous aider à redéfinir vos rôles.

Dans certains cas, le divorce a pour effet d'améliorer la relation du père avec ses enfants. D'une part, ce divorce peut mettre un terme à la tension ou aux disputes incessantes entre les parents et, d'autre part, il peut vous rendre plus accessible sur le plan émotionnel. La période de transition, avant que vous ne vous soyez adapté à votre nouveau mode de vie, peut être très douloureuse, mais peut aussi vous donner l'occasion de développer une relation avec vos enfants sans que votre femme soit toujours entre vous. Vous devriez vous organiser de façon à voir vos enfants régulièrement, car ceux-ci ont probablement besoin de vous voir, non pas moins, mais davantage. Vous serez peut-être tenté de travailler davantage afin de gagner plus d'argent, ou bien d'organiser différemment votre vie maintenant que vous êtes seul, mais gardez à l'esprit les paroles de Liz : « Tout ce que je voulais, c'était l'amour de mon père. » Un divorce constitue une rupture dans votre vie et celle de votre fille, mais il n'a pas à rompre votre amour.

Thèmes de réflexion

- Comment pouvez-vous divorcer de votre femme sans divorcer de vos enfants ?
- Dans quelle mesure leur mère s'immisce-t-elle dans vos relations avec vos enfants ?
- Comment pourriez-vous passer davantage de temps avec vos enfants ?

AIDEZ VOTRE FILLE À SATISFAIRE SA FAIM DU PÈRE

Maintenant que vous avez commencé à affronter vos privations et blessures de fils et à rééquilibrer vos relations avec les femmes, vous êtes prêt pour l'étape suivante. Vous aurez pour objectif d'aider votre fille à gérer ses déceptions vis-à-vis de vous et des autres hommes, à s'affirmer dans ses relations avec autrui et à se sentir reconnue et appréciée en tant qu'individu unique et en tant que femme. Pour y parvenir, il vous faudra donner une base plus solide à votre relation, en apprenant à être un père plus présent, et en répondant aux besoins propres à l'évolution de votre fille. Vous devrez l'écouter et évaluer vos propres attitudes vis-à-vis de la nourriture, du poids et de l'image du corps, afin de déterminer si celles-ci ont pu affecter votre fille. Cela nécessite aussi de trouver une façon de faire face à ses problèmes alimentaires et de coopérer à son traitement.

Renouez le contact avec votre fille

Il devrait être facile d'entretenir une relation étroite avec autrui, serait-ce le fruit de votre chair, mais pour la plupart des hommes, tel n'est pas le cas. La pression constante qui les incite à se séparer, à régler les choses par eux-mêmes et à éviter les sentiments, affecte chaque aspect de leur vie. Même leurs expériences les plus intenses et leurs attaches les plus intimes sont passées au tamis de cette vision de la vie engrammée en eux. Pour la plupart d'entre vous, établir une relation étroite avec votre fille nécessitera de votre part une profonde volonté de changer et une grande part d'auto-analyse.

Puisqu'il est important pour votre fille d'avoir des relations et de se sentir approuvée, essayez de vous montrer plus impliqué et plus présent chez vous. Faites-lui des compliments et valorisez-la, de telle sorte qu'elle sache que vous la trouvez “à la hauteur”, qu'elle vous satisfait. Quand vous parlez avec elle, essayez de ne plus vous présenter comme celui qui sait tout et qui peut tout. Faites-lui savoir que chacun a ses soucis et doute de lui-même, que personne n'est parfait, que vous êtes un être humain. Si elle vous voit avec ce nouveau regard, peut-être pourra-t-elle maîtriser les pulsions perfectionnistes qui masquent sa non-acceptation d'elle-même, et juguler ses efforts incessants pour vous satisfaire. Si elle peut compter sur votre attention et sur votre affection, elle n'aura pas à se livrer à des comportements autodestructeurs pour les obtenir.

Si vous partagez davantage vos pensées et vos sentiments avec votre fille, vous serez moins un mystère pour elle et le monde des hommes lui paraîtra moins effrayant. Sachant ce qui vous motive, vous ennuie ou vous plaît, elle se sentira plus à l'aise avec le sexe opposé, moins anxieuse quant à sa capacité de fonctionner ou de trouver le bonheur à l'extérieur de sa famille, et plus confiante en elle-même. Elle n'aura pas à se battre avec les incertitudes et le doute de soi qui accablent tant de jeunes filles, leur faisant nier ou détruire leur corps par un trouble de la nutrition. Plus vous vous dévoilerez à elle, plus le monde masculin lui semblera, non plus angoissant, mais séduisant.

De même, plus vous montrerez de l'intérêt à l'égard de votre fille, plus elle pensera que les hommes respectent et accordent de la valeur aux femmes. Si elle est en guerre contre l'image de son corps et la nourriture, elle a besoin de savoir que vous vous intéressez à elle pour toute sa personne. Evitez de vous focaliser sur ses symptômes, car cela renforce sa propension à croire que son poids et sa consommation de nourriture constituent les aspects les plus importants de sa personne. Etablissez votre relation sur une base plus large, de telle sorte qu'elle puisse prendre conscience de ses autres qualités. Ne manquez pas de discuter de tout avec elle — valeurs, croyances, questions touchant à la vie locale, relations, émotions... — et faites-le en veillant à ce qu'il s'agisse d'un véritable échange. Exprimez vos opinions, mais demandez à entendre les siennes en retour. Montrez-vous tolérant et ouvert si vous ne partagez pas le même avis. Par dessus tout, faites-lui comprendre que vous la considérez comme une personne que vous respectez et dont vous vous souciez, et non pas simplement comme une fille obéissante.

Thèmes de réflexion

- Dans quelle mesure connaissez-vous votre fille en tant que personne ?
- Dans quelle mesure vous connaît-elle ?
- Comment pourriez-vous parvenir à mieux la connaître ?

Apprenez à écouter

Si vous voulez occuper un rôle plus positif dans votre famille et aider votre fille à se définir, vous devez apprendre à écouter. Ceci peut vous paraître élémentaire, mais il n'en est rien. Votre éducation vous a incité à vous séparer et à faire preuve d'indépendance, et vous ne possédez peut-être pas les facultés nécessaires pour établir des liens et vivre dans l'interdépendance. Ecouter ne favorise pas seulement vos relations, c'est aussi l'un des plus importants cadeaux que vous puissiez offrir à votre fille : votre écoute, en véhiculant votre confiance et votre foi en ses jugements, l'investit d'autorité. Il s'agit là des clés de voûte de sa perception d'elle-même et de l'estime qu'elle se porte.

Ecouter n'a rien à voir avec donner un cours, mais il se peut que vous confondiez les deux. En tant qu'homme, vous vous trouvez souvent dans une position d'autorité au travail et pensez devoir tout pareillement être “l'expert” à la maison. Donner des leçons est peut-être devenu une seconde nature chez vous, une simple facette de votre rôle de “dénoueur” de problèmes.

Pour vérifier la qualité de la communication avec votre fille, vous pouvez comparer la manière dont vous l'abordez, et celle dont vous abordez vos subordonnés dans le cadre de votre travail. Plus elles seront proches, moins votre attitude sera appropriée vis-à-vis de votre fille. Souvenez-vous, ce n'est pas une employée ; c'est votre fille et elle se bat pour devenir adulte et abandonner sa relation de petite fille avec vous. Elle a besoin de votre respect et de votre soutien, pas de votre domination. Quand vous passez de votre rôle public, sur votre lieu de travail et dans la société, à votre rôle privé de père, il vous faut communiquer différemment. En un mot, il vous faut davantage vous ouvrir sur le plan émotionnel et davantage écouter.

L'écoute confère une autorité, les propos lénifiants et les sermons la nient. Pour votre fille, ceux-ci ne constitueront peut-être qu'un indice supplémentaire de tout ce qui vous sépare — vous n'êtes vraiment pas sur la même longueur d'ondes. Pour l'aider, vous devez prendre conscience de sa souffrance et l'accepter, elle, là où elle se trouve. Vous vous souvenez très certainement de ce vieux refrain que vous servaient régulièrement vos parents lorsque vous étiez enfant, « Cela ne fait pas mal »... (Mais cette carie, cette piqûre de guêpe, ce genou écorché *faisait* mal, n'est-il pas vrai ?) Pour votre fille, les discours lénifiants peuvent beaucoup ressembler à ce « Cela ne fait pas mal ». Aussi prenez garde — vous pourriez faire plus de mal que de bien. Laissez les conférences au bureau et passez à une communication réelle une fois rentré chez vous, en vous ouvrant et en écoutant. La thérapie familiale peut là aussi vous aider. Vous pouvez beaucoup apprendre en observant la façon dont le thérapeute aborde votre fille. Vous saurez peu à peu reconnaître les moments où votre fille a envie d'entendre des paroles d'encouragement, et ceux où elle demande autre chose. Par vous-même, cela peut être très difficile de déceler ce qu'elle attend vous.

Les pères transmettent souvent une profonde croyance, selon laquelle tout obstacle peut être surmonté par la seule puissance de la volonté. Prenez garde de ne pas vous laisser emporter par de tels messages. Vous pourriez sans le vouloir inciter votre fille à penser que sa guérison est un autre domaine où elle doit se montrer performante pour gagner votre amour. Selon toute vraisemblance, elle se sentira encore plus poussée à vous satisfaire alors qu'il s'agit justement d'un schéma qu'elle s'efforce de transformer. Et, craignant de ne pouvoir guérir “parfaitement”, elle peut abandonner. Les grands discours peuvent aussi aiguiser ses conflits — vit-elle pour elle-même, ou bien pour faire plaisir aux autres ? La guérison n'est alors qu'une tâche de plus à accomplir pour autrui — une extension de son oubli d'elle-même. En réalité, la guérison de votre fille doit reposer sur un désir qui vient d'elle-même : elle doit sentir qu'elle a de la valeur, que son corps et sa vie n'appartiennent qu'à elle, et qu'elle seule en est responsable.

Encourager votre fille à énoncer ce qu'elle ressent réellement et à reconnaître ses déceptions lui sera bien plus utile que vos sermons ou vos paroles lénifiantes. Ce présent que vous offrez à votre fille — votre écoute — ouvrira également votre perception des choses et enrichira votre vie. Essayez, et vous verrez !

Thèmes de réflexion

- Souvenez-vous d'une occasion dans votre vie où vous vous êtes senti réellement écouté. Qu'avez-vous éprouvé ?
- A quoi cela ressemblait-il de parler avec votre père ?
- En quoi voulez-vous que l'expérience de votre fille soit différente ?

Redéfinissez votre rôle de père

Vous devez envisager votre rôle de père de façon souple et vivante. Il est plus que probable que cette notion diffère de ce que véhiculait la vie de votre père. En effet, ce dont les enfants d'aujourd'hui ont besoin diffère de ce dont les enfants avaient besoin (et dans bien des cas n'obtenaient pas) voilà trente ans. En outre, les aspirations de votre fille différeront des vôtres en raison du caractère unique de ce que vivent les enfants de chaque sexe lorsqu'ils grandissent. Par ailleurs, les besoins de votre fille de quinze ans ne sont plus ceux de la petite fille de cinq ans. Aussi devez-vous vous employer, non pas à appliquer des comportements spécifiques, mais à vivre votre rôle de père d'une manière qui réponde au développement de votre fille ainsi qu'aux disparités liées à son besoin féminin de maintenir des liens et à votre tendance masculine à vous séparer.

L'une des façons de commencer à redéfinir la paternité consiste à imaginer de nouveaux mythes à propos des pères, qui viendront remplacer les vieux mythes dont nous avons parlé tout au long de ce livre. Examinez vos relations quotidiennes avec votre famille, en vous arrêtant tout particulièrement sur votre disponibilité émotionnelle. Vous pourriez tenir un journal, dans lequel vous décririez chaque soir la façon dont vous avez partagé vos émotions avec votre fille, en précisant si votre comportement obéissait aux vieux mythes ou à ceux que vous venez d'inventer. Profitez-en pour également analyser la façon dont vous l'avez écoutée, puisque cet apprentissage va aussi vous demander du temps et de la pratique.

Tandis que vous essayez d'établir une relation plus étroite avec votre fille, veillez à respecter son besoin de s'éloigner progressivement de vous et de la sécurité du foyer. Vous pourriez avoir envie de recréer ce qui vous manqué à tous deux pendant qu'elle grandissait. Vous pourriez même désirer une intimité plus grande que celle qu'elle est en mesure de vous offrir (son évolution naturelle la pousse à s'éloigner de la famille pour établir d'autres relations). Efforcez-vous de laisser partir la petite fille que vous chérissiez et autorisez-la à devenir une femme. Pour bien se sentir dans sa peau d'adulte, elle a besoin que vous l'acceptiez comme une adulte. En parlant avec d'autres pères, vous saurez également comment ceux-ci ont géré leurs sentiments durant le développement de leur fille. Au bout du compte, vous aurez une vie bien plus pleine si vous ne restez pas figé dans vos définitions du rôle de père.

Thèmes de réflexion

- A quoi ressemble le père idéal aujourd'hui ?
- En quoi votre père en différait-il ?
- En quoi vous en montrez-vous différent ?

Vérifiez vos croyances à propos de la nourriture, du poids et de l'image du corps

Les pères dont la fille est aux prises avec la nourriture et l'image de son corps doivent également examiner leurs croyances et comportements relatifs à la nourriture, à la gestion du poids et à l'exercice physique. Nous avons vu au début de cet ouvrage combien ces sujets peuvent perturber les femmes, mais les hommes commencent eux aussi à se soucier de ces questions. Les messages que vous recevez à cet égard, cependant, parlent de vigueur et de santé ; il s'agit d'être fort et musclé, de vivre plus longtemps et d'éviter les maladies cardio-vasculaires, alors que les messages destinés aux femmes sont presque exclusivement axés sur leur apparence physique.

La teneur différente de ces messages aboutit au résultat suivant : les femmes mettent leur vie en péril pour être minces, tandis que les hommes pensent qu'un corps svelte prolongera leur vie. Homme ou femme, vous avez reçu des informations erronées ou contradictoires destinées à étayer cette vision ; une partie de votre travail de père requiert que vous considériez plus objectivement vos propres croyances et comportements à l'égard de la nourriture et de l'image du corps.

Vous allez peut-être devoir reconsidérer les rapports entre nutrition, maintien du poids et santé. Dans leurs messages destinés aux hommes, les publicités sur les régimes et la forme se font les chantres d'un poids peu élevé, lequel prolongerait la vie. Bien souvent ces messages sont faussés ou amplifient les effets négatifs d'un poids plus élevé.

La corpulence n'est pas forcément synonyme de mort prématurée. Les recherches ne font état d'aucun lien direct entre le poids et les maladies cardio-vasculaires, l'hypertension, le diabète ou autres conditions répertoriées par l'industrie des régimes pour rallier de nouveaux clients. De nombreuses études indiquent un lien entre l'obésité ou la maigreur extrême et la mortalité, mais la plupart des données laissent entendre que le poids optimal, pour les deux sexes, est un poids moyen ou légèrement supérieur à la moyenne. Une compagnie américaine d'assurance sur la vie, la Metropolitan Life Insurance Company, publie un tableau des poids souhaitables, établi à partir d'études sur la longévité et la santé, qui fait référence aux Etats-Unis. Ses normes ont récemment été révisées à la hausse, ce qui indique bien qu'un poids élevé n'est pas nettement lié à des problèmes de santé ou à une mort prématurée. Mais les hommes voulant être productifs et ne pas faire faux bond à leur famille, les messages qui lient le poids à la santé et à la longévité ont une très grande influence sur eux. Il en résulte que parmi les hommes qui lisent ces lignes, beaucoup ont des notions erronées à propos du poids et de la nourriture, lesquelles sont susceptibles d'avoir affecté les croyances de leur fille.

Parmi les familles venues me consulter, j'ai rencontré de nombreux pères qui n'étaient pas satisfaits de leur corps et souhaitaient maigrir ou maîtriser leur poids. Leur fille avait une conscience aiguë des préoccupations pondérales de son père, et essayait dans bien des cas de l'aider en mettant au point des programmes d'exercices physiques, en s'épuisant avec lui ou en préparant des repas basses calories. Ces jeunes filles s'efforçaient d'être un modèle de bonne santé ou de faire plaisir à leur père en menant à bien leur propre programme d'amaigrissement ou d'exercice physique.

Avez-vous réfléchi aux préjugés admis par notre culture à propos du poids et de la taille du corps ? Peut-être êtes-vous influencé par ce préjugé qui règne en maître dans notre société à l'encontre des “gros”. Peut-être avez-vous dit à votre fille beaucoup de choses négatives sur les personnes “fortes”. Et peut-être essaie-t-elle de s'assurer votre amour en disciplinant son appétit afin d'être mince. Pensez à ce que vous lui avez laissé entendre à propos de la relation qu'il peut y avoir entre votre amour et le corps d'une personne. Examinez l'importance que vous accordez à l'apparence et à la corpulence. Avec honnêteté, voyez si vous faites confiance, aimez ou respectez davantage les individus minces que les personnes dites fortes. Réfléchissez à la façon dont le poids et l'attirance sexuelle interagissent dans vos réactions vis-à-vis des femmes. Peut-être pensez-vous que vous ne pourriez pas aimer une grosse femme. Réfléchissez à ce que ces attitudes vous ont fait communiquer à votre fille à propos du corps de sa mère.

Il s'agit là de questions importantes, car votre fille respecte vos opinions et en fait grand cas ; et comme elle veut vous faire plaisir... Voyez comment l'alimentation, le poids et la forme du corps peuvent s'être mêlés à ses perceptions de votre amour pour elle. Prenez le temps de découvrir vos sentiments sur ces sujets et de définir les messages que vous voulez vraiment lui transmettre.

Thèmes de réflexion

- Quelle importance accordez-vous au poids et à l'aspect physique ?
- Quels sont vos sentiments vis-à-vis d'une femme qui souffre de son poids ?
- Quels sont vos sentiments à propos du poids de votre fille ?

Comment vous comporter devant ses problèmes alimentaires

L'anorexie, la boulimie, les régimes en accordéon et une suralimentation compulsive sont particulièrement difficiles à surmonter, car la nourriture constitue une nécessité absolue de la vie. La personne en proie à des conflits touchant l'alimentation doit faire face à son problème plusieurs fois par jour — chaque que l'on fait les courses, prépare les repas, prend ces derniers et débarrasse la table. Aussi la famille doit-elle trouver un moyen de gérer la nourriture dans la maison en tenant compte de la personne qui éprouve le plus de difficultés à ce sujet. Qui fait les courses, qui cuisine, qui fait la vaisselle, qui mange avec qui, peuvent devenir des questions majeures. Il est important que le père participe — ces questions ne doivent pas rester à la seule charge de sa femme.

Une fois encore, votre propre enfance a pu affecter votre façon de traiter les comportements alimentaires de votre fille. Peut-être pensez-vous que puisque vous êtes le père, elle n'a qu'à faire ce que vous dites, même en ce qui concerne son alimentation ; au lieu d'essayer de savoir ce qu'elle *ressent* à propos de la nourriture et de comprendre sa détresse, peut-être simplifiez-vous le problème en lui enjoignant de “manger normalement”. Si vous la querellez sans cesse à propos de sa façon de s'alimenter, elle ne se sentira pas aimée, mais abandonnée, incomprise et solitaire. Si cela suscite de la colère en elle, elle ne va pas tarder à culpabiliser et rencontrera encore davantage de problèmes vis-à-vis de la nourriture. Plus vous essaierez de lui imposer votre volonté, plus vous ferez de dégâts.

Maintenant, prenez une minute pour imaginer à quoi cela doit ressembler d'être si épouvantée par la nourriture, si tourmentée à chaque bouchée, et si dominée par cela. Imaginez la détresse et la souffrance endurées par votre fille.

Faites-lui savoir qu'elle peut vous en parler lorsqu'elle en a envie ou besoin, et que vous la soutiendrez et l'aimerez en toutes circonstances. Demandez-lui si vous pouvez l'aider d'une quelconque façon. Plus important encore, acceptez que ses comportements étranges à propos de la nourriture constituent en fait une maladie, et n'en faites pas une affaire personnelle si elle refuse votre logique ou votre désir de l'aider.

Si vous sentez la colère monter en vous, souvenez-vous, encore une fois, qu'elle se trouve sous l'emprise d'une maladie — elle n'est pas en pleine possession de ses moyens. Vous pouvez aider votre fille simplement en essayant de la découvrir et de lui manifester du respect. Ses symptômes, et tout particulièrement sa façon de s'alimenter, sont probablement une façon de détourner son attention d'autre chose, aussi aurez-vous beaucoup de travail à faire pour parvenir à les enrayer.

Plus vous vous focaliserez sur ses symptômes, plus vous renforcerez sa conviction que l'image de son corps et sa façon de se nourrir sont l'essentiel. Cette idée fixe, vous la renforcez avec des questions telles que « Combien pèses-tu ? », ou bien « As-tu vomi aujourd'hui ? » Pire encore, si vous ne lui parlez que de ses troubles, elle peut avoir le sentiment que ses symptômes représentent le seul moyen d'attirer votre attention, de sorte qu'elle aura encore plus de mal à y renoncer.

Il vous faut élargir la base de la relation entre vous et votre fille. Ce que vous venez de lire ne signifie aucunement que vous devrez passer d'un extrême à l'autre et totalement ignorer ses problèmes. Ce serait encore plus dangereux ; elle risque d'en déduire que vous vous en moquez totalement, ou bien votre propre déni peut accentuer le sien. Elle pensera peut-être qu'elle est incapable d'obtenir votre amour ou votre attention, et prendre des mesures encore plus draconiennes dans l'espoir de parvenir à ses fins (telles que perdre encore plus de poids, se faire vomir davantage ou se mutiler d'une autre façon). Vous-même pourriez vouloir résoudre ses problèmes en lui imposant votre volonté, ou succomber à votre tendance à vous soustraire des situations émotionnelles difficiles. Essayez de trouver un juste milieu. Faites-lui savoir que vous vous souciez d'elle, que vous l'aiderez si elle le désire et que vous l'aimez en dépit de ses problèmes, quel que soit le temps nécessaire à sa guérison.

Thèmes de réflexion

- Que ferait votre père si sa fille souffrait d'un trouble de la nutrition ? D'une façon générale, comment se comportait-il face aux problèmes ?
- Votre comportement est-il identique ou différent du sien ? A quel degré ?
- De quelles façons votre fille a-t-elle besoin de vous tandis qu'elle s'efforce de guérir ?

Coopérez au traitement de votre fille

Le traitement des personnes souffrant d'un trouble de la nutrition est long et ne progresse que par petites étapes, parfois très espacées les unes des autres. Même si votre fille a modifié son comportement vis-à-vis de la nourriture et de son corps, elle aura besoin d'aide pour comprendre comment négocier ses déceptions et les difficultés de la vie sans se faire du mal. Pour cela, il n'y a rien de tel qu'une relation avec un thérapeute, un diététicien ou autre professionnel de la santé.

Les pères, après avoir entendu pendant des années des messages masculins tels que « Tu peux y arriver tout seul », « Vas-y, lance-toi » ou « Il faut que tu gagnes », ne comprennent pas spontanément la nature du traitement ou du processus de guérison. Vous devez accepter que vous-même et votre fille avez tous deux besoin d'être aidés. Abandonnez vos vieilles notions “macho” et remplacez vos croyances du style « Je n'ai besoin de personne » et « Si on veut, on peut », par des concepts qui vont permettre à votre fille d'entrer en contact avec des personnes capables de l'aider.

Vous devez reconnaître que vous avez besoin d'être conseillé et guidé par quelqu'un d'autre. Si vous admettez cela, il sera plus facile pour votre fille de s'engager dans un traitement. Sinon, elle va croire que vous la désapprouvez et pensez qu'elle fait preuve de faiblesse ou vous trahit.

Quand vous aurez franchi ce premier pas — vous faire aider par une personne spécialisée et laisser cette dernière entrer dans votre vie — vous devrez réprimer votre impatience et votre désir de résultats instantanés. Il vous faut en effet vous mettre au rythme de la guérison de votre fille. Vous aurez sans doute l'impression qu'elle ne fait aucun progrès, puisqu'il n'est pas dans votre nature de comprendre spontanément ce qu'implique cette guérison ; il se peut aussi que vous ne voyiez pas les changements qui se produisent à l'intérieur de votre fille, ou que vous ne remarquiez pas les petites modifications qu'elle apporte à son alimentation. S'il est sans conteste légitime de votre part de lui parler de vos doutes, veillez cependant à la façon dont vous le faites. Elle pourrait une fois de plus penser qu'elle vous déçoit, que vous ne pouvez pas l'accepter ou l'aimer, ou que vous ne la comprendrez jamais.

Il se peut aussi que votre héritage culturel et vos espoirs contribuent à votre difficulté d'accepter la lenteur de sa guérison. Essayez de vous dégager de votre vision masculine du monde et de vos idées sur la façon de résoudre les problèmes. La guérison est un processus plus féminin, au cours duquel votre fille devra mettre à jour la souffrance qu'elle a éprouvée lorsqu'elle s'est vue coupée de vous, de sa maman, du reste de la famille, de ses semblables et du monde. Il lui faudra pour cela établir des liens nouveaux, plus complets, plus sains. Vous savez qu'elle a besoin de liens ; faites en sorte de ne jamais l'oublier. Accordez à votre fille le temps d'établir ces nouveaux liens et donnez-lui l'opportunité de se relier à vous.

La patience est probablement la qualité que les pères ont le plus besoin de travailler. Vous devez vous montrer patient, qu'il s'agisse de la disparition de ses symptômes ou de sa capacité à se relier à vous. Parfois, le père est prêt à reconstruire la relation bien avant sa fille. Pour guérir, votre fille fait beaucoup d'efforts, et elle n'en est pas forcément au même stade que vous : elle peut ainsi avoir besoin de s'attaquer d'abord à d'autres questions ou à d'autres attaches. Elle se rapprochera progressivement de vous si vous savez l'attendre. Mais si vous la bousculez pour qu'elle travaille sur votre relation alors qu'elle n'est pas encore prête à le faire, elle risque d'être terrorisée par l'intensité de votre demande ou se sentir, une fois de plus, dépossédée de sa vie. Soyez patient — l'espoir d'établir une relation plus riche avec elle en vaut bien la peine !

Thèmes de réflexion

- Quels genres de messages avez-vous transmis à votre fille à propos d'un traitement éventuel ?
- Quel résultat espérez-vous de son traitement ?
- Combien de temps devrait prendre sa guérison pour que vous ne vous impatientiez pas ?
- Et votre fille ? Combien de temps, selon vous, est-elle prête à attendre avant d'être guérie ?

♦ ♦ ♦

Votre voyage vient tout juste de commencer. J'espère, comme le dit J. Campbell, qu'il sera empli de « forces fabuleuses » et que votre « victoire décisive » sera celle de l'amour — qu'ayant commencé à cicatriser les blessures laissées par votre propre faim du père, vous pourrez aimer votre fille plus librement. Les transformations que vous devrez opérer en vous pour surmonter votre tendance à la séparation et pour vous relier à vous-même, aux autres hommes, aux femmes, et surtout à votre fille, vous paraissent peut-être irréalisables. Mais si vous vous mettez en route avec l'équipement nécessaire — le soutien de votre famille, de vos amis et l'assistance de thérapeutes — vous finirez par pouvoir nourrir votre fille et combler sa faim du père par votre amour.

11
LE RÔLE DES MÈRES

Hommes et femmes doivent s'atteler ensemble à la difficile mission dont nous venons de parler : surmonter la faim du père et réaménager les rôles au sein de la famille afin d'être plus en accord, en ce presque 21ème siècle, avec les réalités de la vie. Parmi les femmes qui lisent cet ouvrage, beaucoup vont s'exclamer : « Quoi, encore changer ? Mais cela fait 20 ans que je m'évertue à changer ! » Il est vrai que les femmes ont fait beaucoup d'efforts pour enrichir leur vie et profiter des avancées du mouvement féministe. Mais les changements dont il est question pourraient engendrer un équilibre bien plus satisfaisant entre les deux sexes. De par le pouvoir qu'elles détiennent dans leur famille, les femmes peuvent beaucoup faire pour aider leur fille à se relier à leur père et pour aider les hommes à se rapprocher d'autrui. Les récompenses pourraient se révéler bien douces.

Tout comme les hommes doivent entreprendre un voyage intérieur pour devenir un père plus actif, plus aimant et plus accessible, les femmes doivent elles aussi s'engager dans un processus de transformation. Il leur faudra pour cela explorer l'impact de la faim du père sur leur développement personnel, leur identité et leur aptitude d'épouse et de parent. Les pères doivent apprendre à se relier et les mères, à se séparer, à se sentir moins responsables de tout et à trouver un équilibre entre leur propre personne et autrui. En travaillant sur ces questions, vous pourrez soutenir votre fille dans son processus de guérison.

AFFRONTEZ VOTRE PROPRE FAIM DU PÈRE

La faim du père ne concerne pas exclusivement votre fille et sa génération ; vous en avez souffert tout pareillement. En fait, vous pourriez suivre toutes les deux des pistes parallèles ; votre fille négociera donc mieux son parcours si vous lui préparez le chemin en comprenant et en maîtrisant le vôtre. La première étape de votre voyage consiste à ressentir votre propre faim du père. Jusqu'à présent, vous avez probablement nié ces sentiments et ignoré combien ils ont pu affecter votre estime de vous-même, votre identité, vos objectifs, vos valeurs, vos relations, votre mariage, votre façon d'élever vos enfants et vos choix de vie. Préparez-vous à être terrassée par l'intensité de ces découvertes — rien ne peut être esquivé aussi longtemps sans se révéler effrayant et explosif. Il est possible que votre père ait très bien tenu son rôle culturel, constituant à cet égard un modèle ou un prototype, mais vous allez probablement découvrir que ce n'était pas vraiment l'homme idéal sur le plan émotionnel. Cette prise de conscience vous fera mal. Tel est souvent le cas quand on regarde la réalité en face.

Votre héritage familial

Pour comprendre les effets résiduels de votre faim du père, commencez par tracer les grandes lignes de l'empreinte gravée par votre père sur votre vie. Remontez jusqu'aux premiers souvenirs que vous avez de lui et retrouvez les sentiments qui existaient entre vous. Soyez vraiment sincère avec vous-même, et demandez-vous à quel point vous vouliez lui faire plaisir et si vous avez jamais eu le sentiment d'y être parvenue. Essayez de vous souvenir de l'évolution de votre relation au fur et à mesure que vous avez grandi. Vous vous êtes peut-être sentie proche de lui à certaines périodes, mais pas à d'autres. Souvenez-vous que vous avez cherché à développer bien plus qu'un simple lien entre vous deux. La question primordiale que vous devez vous poser est la suivante : étiez-vous, ou non, satisfaite dans cette relation, et à quel degré ? Prenez le temps de bien réfléchir à tout cela.

Pour obtenir l'approbation de votre père, peut-être avez-vous limité votre vie, ou bien au contraire surpassé ses attentes à votre égard. Voyez comment ses valeurs et ses croyances ont pesé sur vos décisions. Peut-être considérait-il que certains métiers, certains loisirs ou certaines activités n'étaient pas faits pour une femme. Examinez dans quelle mesure ces attitudes ont pu influer votre comportement à l'école, votre notion du sport, vos passe-temps, vos aspirations professionnelles, et dans quelle mesure elles influencent toujours vos décisions.

Votre faim du père a aussi pesé sur vox choix relationnels, notamment le type d'hommes qui vous attire et la façon dont vous vous comportez à leur égard. Il vous faut découvrir en quoi votre comportement et vos attentes de femme, d'épouse et de mère sont le reflet de l'histoire interpersonnelle qui s'est déroulée entre vous et votre père.

Une fois que vous aurez exploré ces schémas, vous aurez compris comment un père peut affecter les sentiments d'une fille vis-à-vis d'elle-même. Il est naturel que vous vous sentiez triste, abandonnée, et peut-être même stupéfaite de n'en prendre conscience que maintenant. La souffrance finira par s'apaiser, mais pas avant que vous ne l'ayez regardée en face. Pour guérir votre propre faim du père, vous devrez apprendre à vous dissocier de ses attentes et de l'influence qu'il continue d'exercer sur votre comportement et sur vos émotions. Vous pouvez en réchapper et trouver un mode de vie plus sain, plus équilibré, plus conforme à vous-même qu'il ne l'était jusqu'à présent. Alors votre fille apprendra à gérer ce qui se passe entre elle et son père.

Au fur et à mesure que vous lèverez le voile sur la façon dont votre relation avec votre père vous a affectée en tant que jeune fille et maintenant en tant que femme et parent, il se peut que vous éprouviez l'envie de faire partager vos découvertes à votre fille. Dans ce cas, veillez bien à lui dire que vos expériences sont différentes et que chacune d'entre vous doit trouver ses propres solutions. Faites-lui savoir que vous croyez en elle, afin qu'elle ait confiance dans sa capacité à résoudre ses problèmes, à commencer par sa relation avec son père.

Thèmes de réflexion

- Vous est-il déjà arrivé de vous sentir à l'aise et satisfaite dans votre relation avec votre père ?
- Par quel(s) moyen(s) avez-vous cherché à obtenir son approbation ?
- En quoi vos interactions d'adulte, notamment avec les hommes, reflètent-elles votre relation avec votre père ?

Soi et autrui : un délicat équilibre

Pour que vous vous sentiez habilitée à vivre une relation adulte et tendre avec votre père, vous devez d'abord renforcer et développer votre propre “moi”. Votre travail est différent de celui que j'ai conseillé aux pères, c'est-à-dire de se relier à leur entourage. En tant que femme, vous savez déjà faire cela, et plutôt bien. Désormais, vous allez devoir apprendre à vous montrer plus autonome, à la fois vis-à-vis des besoins et attentes de votre père et des déceptions de votre fille à l'égard de son père, et à vous concentrer sur vous-même sans culpabiliser. Ceci signifie que vous devez vous détacher des répercussions émotionnelles de votre faim du père et découvrir de nouvelles façons de fonctionner dans toutes vos relations.

Pensez à ces conflits permanents où s'opposaient votre désir de faire plaisir aux autres et celui d'exprimer vos propres besoins. Vous avez très certainement dû vous sentir fréquemment contrainte de choisir entre vous et les autres, puisque votre éducation vous exhortait à vous occuper d'autrui, notamment des hommes. Tout comme un courtier en bourse gère l'argent de ses clients, vous prenez en charge les sentiments d'autrui. Mais vous risquez ainsi de perdre votre identité, car ces schémas peuvent vous conduire à « trahir et sacrifier le moi afin de préserver l'harmonie avec autrui. »[1] Repensez à votre relation de jeune fille avec votre

[1] H. Goldhor-Lerner (1985). *The Dance of Anger*. New York, Harper & Row, p. 11.

père, et mesurez sincèrement quelle place était laissée à vos propres besoins. Il est fort probable que dans ces interactions vous étiez "sans moi", vous évertuant à vous relier par tous les moyens dans l'espoir de gagner son amour et son attention.

Pour les femmes, cette dépossession de soi aboutit à un dangereux schéma dans lequel une partie trop importante d'elles-mêmes perd ses droits. "Nous" devient bien plus important que "je". Ainsi, les premières années de la relation avec le père peuvent créer une habitude à s'oublier — oubli de soi susceptible de durer toute la vie et constituant un modèle malsain pour votre fille. Vous ne pourrez effacer ces années d'oubli de soi et vous retrouver qu'en vous détachant du passé. Une fois que vous aurez accompli cela, votre personnalité sera plus affirmée et vous serez en mesure d'affronter sous une nouvelle lumière votre faim du père et celle de votre fille.

Thèmes de réflexion

- Comment équilibrez-vous vos besoins et ceux des autres ?
- Qui (ou quoi) vient en premier dans votre vie ?
- Comment pouvez-vous ménager une plus grande place à votre propre personne dans votre vie ?

Apprendre à vivre sa colère

Les femmes consacrent beaucoup d'énergie à maîtriser et réprimer leur colère. Mais cette rage non exprimée s'échappe sous d'autres formes et contribue à la dépression chez la femme adulte et à maints problèmes conjugaux. Cette incapacité à vivre cette émotion provient d'une attente culturelle inculquée dès l'enfance : les filles ne sont tout simplement pas censées se mettre en colère. Il vous était interdit d'exprimer votre colère, et tout particulièrement contre votre père.

La plupart des femmes, connaissant cette règle non écrite à propos de la colère, remettent continuellement en question la légitimité de cette émotion, et en ont peur. Notre culture accepte qu'un homme exprime sa colère ; mais lorsqu'il s'agit d'une femme, celle-ci devient immédiatement une « malade », une « hystérique ». De l'avis général, le mécontentement et l'irritation ne sont ni séduisants, ni féminins. Ainsi, dans bien des cas, une femme n'exprimera sa colère que lorsqu'elle sera vraiment furieuse, voire sous l'emprise d'une crise de nerfs. Ce contexte n'est pas celui qui convient pour travailler sur vos sentiments ou comprendre ce qui doit changer. Si vous n'exprimez pas votre colère, vous ne communiquerez pas véritablement.

La toute première chose à faire pour vous aider, vous et votre fille, à exprimer cette émotion, consiste à reconsidérer vos croyances à propos de la colère. Au lieu de la voir comme une source de problèmes et un facteur de destruction, considérez-la comme un moyen d'affirmer votre identité et un élément constructif de vos relations. Commencez par exprimer votre colère avec des mots.

Dans son livre *The Dance of Anger*[2], Harriet Goldhor-Lerner montre de quelle façon une colère non résolue peut engendrer des ombres profondes dans notre vie. Mais elle explique aussi qu'un travail sur cette émotion peut transformer profondément votre existence. La colère peut être une force positive ou, comme l'écrit H. Goldhor-Lerner, « La colère est un outil du changement lorsqu'elle nous pousse à devenir un peu plus instruit de notre moi et un peu moins spécialiste de celui des autres. »[3]

Ceci ne signifie nullement que laisser libre cours à sa colère va tout résoudre. Vous contenter d'exprimer votre rage pourrait en effet servir à maintenir le vieux schéma. Au lieu de cela, il vous faudra comprendre pourquoi vous êtes en colère et trouver comment y remédier. Remontez jusque dans votre relation avec votre père. Voyez comment vous avez vécu votre colère à son égard et si vous l'avez jamais exprimée

---

2 Voir note 1, page 232.
3 Ibid, p. 102.

directement. Examinez la façon dont ces sentiments ont fait surface dans d'autres domaines de votre vie. Par exemple, demandez-vous à quel point vous refoulez ces sentiments afin de maintenir les liens avec le sexe opposé. Définissez avec sincérité la façon dont vos difficultés vis-à-vis de la colère reflètent votre tendance à faire plaisir à tout le monde et à vous nier.

Un trouble de la nutrition indique des problèmes d'estime de soi et une rage contre son propre corps. On dit des personnes se livrant à une alimentation compulsive qu'elles avalent leurs sentiments, des boulimiques qu'elles les vomissent et des anorexiques qu'elles les refusent totalement. Vous sentir en droit de ressentir de la colère, et assez forte pour l'exprimer constitue une étape majeure vers la guérison, car cette attitude rééquilibrera les tensions entre vous-même et autrui. Votre travail à cet égard aidera votre fille à se sentir elle aussi autorisée à éprouver de la colère et à trouver une symétrie et une parité dans ses relations.

Thèmes de réflexion

- Vous est-il déjà arrivé d'être en colère contre votre père et de la lui exprimer ? De quelle façon ?
  Comment a-t-il réagi ?
- Que se passait-il lorsque vous étiez ouvertement en désaccord avec lui ?
- Qu'inculquez-vous à votre fille en ce qui concerne la colère ?

Cultiver la voix du « je »

Pour trouver un meilleur équilibre entre vous-même et les autres, vous devez apprendre à reconnaître vos sentiments et les employer de façon à favoriser votre développement individuel. Au fur et à mesure que vous vous construirez une identité personnelle plus forte, vous trouverez bien plus de satisfaction dans vos relations. Ainsi, en développant votre moi, vous agirez aussi sur votre “moi-en-relation”. Mais pour être plus à même de vous affirmer et de vous exprimer, vous allez devoir prêter attention à votre mode de communication.

Il vous faut en effet développer une “voix” qui parlera à partir de votre “moi” à ceux qui comptent dans votre vie. Au lieu des vieilles litanies de reproches commençant par « Tu... » ou « Vous... », cultivez une voix qui dira « Je... ». La voix du « je » est votre porte-parole ; elle a davantage de poids et vous rapprochera bien plus de la résolution du problème que tous les reproches de la terre. Par exemple, votre mari sera plus susceptible de vous écouter si vous dites : « J'ai vraiment l'impression que notre relation est en danger quand nous passons si peu de temps ensemble », au lieu de : « Tu ne m'aimes pas. Tu préfères passer ton temps au travail plutôt qu'avec moi. »

Songez combien votre relation avec votre père aurait été différente si vous aviez été capable de lui parler avec la voix du « je » quand vous étiez petite fille. Vous auriez pu lui dire « Papa, j'ai besoin que tu me dises que tu m'aimes », au lieu d'essayer de deviner comment le contenter en espérant qu'il fasse attention à vous. Ceci aurait transformé pour toute votre vie vos relations avec les hommes. Vous auriez su vous relier à eux sans renoncer à vous. Mais il est toujours temps d'apprendre si vous le voulez bien.

Tandis que vous développerez votre voix du « je », vous découvrirez peut-être que certains de ces vieux mythes sur les hommes (notamment que les hommes ne ressentent rien et qu'ils ne peuvent pas comprendre) viennent se dresser au travers de votre chemin. Vous devrez les ignorer, car ce sont eux, entre autres, qui vous empêchent de parler directement et d'obtenir satisfaction dans vos relations. En alimentant vos tendances à vous oublier, ces mythes vous poussent à abandonner la partie et à ne jamais apprendre à parler avec la voix du « je ». Vous ne pourrez laisser votre faim du père derrière vous que lorsque vous serez plus établie dans votre propre personne. Entraînez-vous à utiliser la voix du « je » pour exprimer vos déceptions et vos besoins, notamment vis-à-vis des hommes. Ne laissez pas cet éternel désir de faire plaisir à votre père et de vous sentir reliée à lui, vous couper de vous-même.

Thèmes de réflexion

- En quoi vos parents ont-ils découragé votre voix du « je » ?
- Quelles sont les choses importantes que vous auriez aimé dire avec la voix du « je » durant votre enfance ?
- En quoi découragez-vous ou encouragez-vous la voix du « je » chez votre fille ?

Formuler des objectifs

Pour parvenir à cette insaisissable équanimité entre soi et autrui, entre la séparation et le lien, les femmes doivent formuler leurs objectifs personnels et s'y tenir. Ayant pris conscience de votre faim du père, vous pouvez maintenant décider jusqu'à quel point vous allez la laisser encore vous dominer. Voyez si votre vie doit continuer à être gouvernée par votre désir de faire plaisir aux hommes afin de compenser l'indifférence de votre père. Après cela, de nombreuses autres décisions s'en trouveront facilitées. Vous pourrez, par exemple, penser que vous n'êtes plus tenue de vous habiller de telle ou telle façon ou de suivre un régime pour conserver un poids qui plaît aux hommes, mais qui vous affame. Peut-être vous fixerez-vous des objectifs plus réalistes dans votre vie professionnelle, sociale ou de maîtresse de maison. Dans quelque domaine que ce soit, gérer votre faim du père vous libérera de ce besoin de vous fixer des priorités et de vous acharner à les atteindre. Vous offrirez ainsi à votre fille un modèle extrêmement efficace.

Prenez le temps de réfléchir à ce que vous demandez à la vie au moment présent. Faites une liste de ce qui est le plus important pour vous. Voyez comment votre tendance à vous nier pour donner toute votre attention à autrui et satisfaire les hommes a fait entrave à ces aspirations. Cessez de tant vous inquiéter du bonheur de tout le monde et commencez à penser au vôtre. Ceci vous permettra peu à peu de vous dissocier des demandes des autres et de vous relier à vous-même dans vos relations. Au départ, le simple fait de penser à vos propres désirs vous semblera peut-être inconcevable, mais le fait de pénétrer sur cette terre inconnue vous ouvrira de nouveaux horizons, ainsi qu'à votre fille. Au lieu de poursuivre cette idée fixe de vouloir faire plaisir à son père et aux autres hommes, elle suivra peut-être votre trace et établira ses propres objectifs.

Thèmes de réflexion

- En quoi vos objectifs reflètent-ils ou s'opposent-ils aux objectifs que votre père nourrissait à votre égard ?
- Quels sont les obstacles qui vous ont empêchée d'atteindre ces objectifs ?
- Permettez-vous à votre fille de fixer et de poursuivre ses propres objectifs ?

Culpabilité, sentiments d'échec et perfectionnisme

Culpabilité et sentiments de responsabilité semblent liés au statut de mère, et sont renforcés par les innombrables livres et articles de journaux consacrés à la relation mère-enfant. Ces sentiments sont également alimentés par la faim du père ; vouloir en faire toujours plus, parvenir à la perfection et contenter autrui devient une seconde nature.

Les mères d'enfants souffrant d'un trouble de la nutrition ont plus que leur lot de ces émotions déchirantes. En règle générale, lorsque je rencontre pour la première fois la mère d'une nouvelle patiente, celle-ci a déjà lu au moins cinq livres sur les troubles de la nutrition et a repris à son compte chaque mot négatif ayant trait à la relation mère-fille. Il est rarement fait mention du père dans ces ouvrages ; mais si les mères ne s'en étonnent guère (puisque nous sommes toutes censées nous débrouiller sans les hommes), cela n'en accentue pas moins leur culpabilité.

Les mères éprouvent un profond sentiment d'échec quand leur fille souffre d'un problème vis-à-vis de la nourriture ou de l'image de son corps. Beaucoup d'entre elles ont été la super-maman parfaite voulue par leur famille et notre société. Inconsciemment, elles croient par cette attitude satisfaire leur père et leur mari, et donc gagner leur approbation. Si vous avez suivi les règles établies par autrui et si, au lieu de chercher ce qui vous convenait, à vous et votre famille, vous êtes restée fidèle à ces vieux mythes régissant le rôle des femmes et ôtant toute importance aux hommes vis-à-vis des enfants, votre fille grandira dans le même moule. Manquant de confiance en elle-même et ne se connaissant pas, elle s'efforcera de suivre la tradition, d'être parfaite et de faire plaisir à tout le monde, tout particulièrement à ce père insaisissable. Pour l'aider, vous devez juguler votre propre tendance à la perfection et vos sentiments de culpabilité et d'échec. Recherchez l'origine de ces émotions et voyez dans quelle mesure celles-ci sont le reflet de votre aspiration non résolue à vous relier à votre père.

Thèmes de réflexion

- Vous est-il arrivé de vous sentir “à la hauteur” vis-à-vis de votre père ?
- En quoi cela a-t-il pesé sur votre façon d'élever vos enfants ?
- Qu'inculquez-vous à votre fille en matière de culpabilité et de perfectionnisme ?

Demander de l'aide

Demander l'aide d'un spécialiste pour vous-même, et non simplement pour votre fille, constitue un pas important qui vous rapprochera d'un meilleur équilibre entre vous-même et autrui. Cette décision montre que vos besoins et vos sentiments sont importants, et que vous avez l'intention de vous retrouver. Quand une mère vient me consulter, ses problèmes tournent autour des sentiments de responsabilité et d'échec découlant de la mauvaise répartition des rôles dans la famille — une fois de plus, pense-t-elle, c'est elle qui portera la responsabilité de ce qui a mal tourné, quoi que cela puisse être.

En ouvrant la porte du cabinet d'un thérapeute, vous ferez le premier pas qui vous aidera à dompter votre culpabilité et à cesser de vous faire des reproches. Une thérapie familiale peut par exemple vous permettre de mieux équilibrer la gestion de la vie familiale entre vous-même et votre mari, ou ex-mari. Vous pourrez aussi, après avoir examiné la façon dont la faim du père a affecté les rôles parentaux, la division des tâches et le climat émotionnel de votre foyer, réajuster l'énergie que vous consacrez à autrui afin d'en réserver davantage pour vous-même. En thérapie individuelle, vous pourrez analyser plus profondément les plaies laissées par votre faim du père et la façon dont votre comportement continue de la refléter. Ceci vous permettra d'améliorer toutes vos relations. Des groupes de parents, de mères ou de soutien familial peuvent aussi être utiles.

Thèmes de réflexion

- Quels sont les plus gros obstacles entravant votre décision d'entreprendre une thérapie ?
- Que penserait votre père d'une telle décision ?
  En quoi vos propres sentiments vis-à-vis de la thérapie reflètent-ils son opinion ?
- Comment pouvez-vous aider votre fille si vous ne vous aidez pas vous-même ?

FAITES TRAVAIL COMMUN AVEC SON PÈRE

Maintenant que vous avez pris conscience de votre propre faim du père et de la façon dont, peut-être, celle-ci se manifeste toujours dans votre vie d'adulte, il est temps d'examiner votre structure familiale actuelle et les relations que vous y entretenez. Il est si facile de reproduire à son insu les schémas du passé ! Hommes et femmes endossent volontiers dans leur famille les rôles qui vont reproduire ces schémas.

Les femmes peuvent cependant faire beaucoup de choses pour empêcher leurs enfants d'éprouver la faim du père. En abandonnant vos vieux réflexes, notamment votre tendance à assumer toute la responsabilité de la famille, vous permettrez à votre mari de se relier à ses enfants. Cela, vous le pouvez aussi même si vous êtes divorcée ou séparée ; vous permettrez ainsi à vos enfants de moins souffrir que vous de la faim du père.

Redistribuer le pouvoir et les rôles

Commencez par étudier la façon dont vous équilibrez dans votre vie l'alternance entre le surfonctionnement et le sous-fonctionnement de l'homme et de la femme. Votre seul pouvoir vient peut-être de ce que vous surfonctionniez chez vous. Comme beaucoup d'autres femmes, obtenez-vous votre influence en faisant tout pour les autres, consacrant ainsi tellement d'énergie à votre entourage qu'il ne vous reste plus de temps ni de forces pour vous-même ? Ce n'est pas là le vrai pouvoir ; cela s'appelle de l'esclavage. Même si *vous* ne vous en êtes pas aperçue jusqu'à présent, votre fille, elle, s'en est rendu compte — son trouble de la nutrition et le refus de son corps sont sa façon de rejeter ce rôle. Il vous faut trouver une autorité plus réelle, plus satisfaisante, qui vienne davantage de vous-même.

Pour cela, vous devrez cesser de materner votre mari, apprendre à demander de l'aide et définir vos objectifs pour vous-même et pour votre famille. Tant que vous n'aurez pas modifié ces schémas, votre époux n'aura pas besoin d'assumer la moindre responsabilité à la maison — vous le traitez comme l'un de vos enfants. Il pourra ainsi rester distant et ne rien assumer, tandis que vous serez furieuse et débordée.

Vous devez changer tous les deux. Ceci signifie que si votre mari commence à mettre la main à la pâte, vous devez le laisser faire à sa façon. Il ne se souciera peut-être pas de détails que votre éducation vous fait considérer comme essentiels. Il vous faut abandonner cette vieille habitude de penser que tout dans la maison doit être parfait, cela perpétue indirectement la faim du père. Permettez-lui plutôt de découvrir sa propre façon de faire les choses. Les femmes ont beaucoup de mal à se montrer patientes en ce domaine ; mais si vous laissez à votre mari le temps d'apprendre, vous finirez par trouver comment vous partager les responsabilités. Ceci sera particulièrement difficile si votre époux est tenu à de nombreux déplacements professionnels. Dans ce cas, faites preuve de créativité pour l'amener à s'impliquer davantage — peu importe en quoi il participe, cela sera toujours mieux que rien. Mais il sera plus présent aux yeux de ses enfants et votre fille pourra penser qu'il est possible pour l'homme et la femme de se soutenir mutuellement, de travailler ensemble et de partager les contraintes de la vie quotidienne.

Thèmes de réflexion

- Comment le pouvoir et les rôles étaient-ils répartis chez vos parents ?
  Votre mariage reproduit-il ce schéma ?

- Comment pouvez-vous commencer à transformer votre rôle de façon à davantage intégrer votre mari à la vie de la famille ?
  Qu'est-ce vous empêche de le faire ?

Renoncer au complexe de la “superwoman”

De nombreux schémas culturels contribuent aux difficultés éprouvées par les femmes pour trouver un équilibre, que ce soit entre elles-mêmes et autrui, ou dans la répartition des rôles au sein de la famille. Dans la société occidentale, les scénarios des hommes ont toujours eu une orientation unique : l'homme travaille à l'extérieur pour subvenir aux besoins matériels de sa famille. Le rôle des femmes, en revanche, a toujours été multidimensionnel, leur demandant de jongler entre de multiples priorités qui entrent en conflit les unes avec les autres : vous devez être polyvalente, rien de moins. Un psychologue a décrit cela de la façon suivante :

> *« La plupart des femmes, par inclination et sous le poids des circonstances, feront bien plus de choses [que les hommes] durant leur vie. L'expression "à temps partiel" reproduit très concrètement une grande part de ce qui fait l'essence du mode de vie féminin. Les femmes feront la cuisine à temps partiel, se livreront à des activités intellectuelles à temps partiel, exerceront un métier à temps partiel. Certaines d'entre elles passeront une partie de leur vie à être pleinement épouse et mère, et une autre à n'être que cérébrale. »*[4]

Ainsi est née la version contemporaine du surfonctionnement des femmes, connu sous le nom de "complexe de la superwoman". La tension qu'éprouvent les femmes d'aujourd'hui entre leur famille et leur métier pousse parfois ces dernières à s'acharner à remplir leurs tâches à la perfection, ou surfonctionner, dans les deux domaines. Superwoman peut tout faire, a tout en main et n'a besoin de personne. Ayant vu ses parents fonctionner et ayant souffert de la faim du père, elle n'attend pas grand-chose des hommes. Elle a décidé qu'elle n'a besoin d'aucune aide de la part de son mari. Elle est censée être capable de faire tout ce qu'un homme peut faire, *plus* tout ce qu'une femme peut faire.

Il existe dans notre culture des raisons légitimes à la poursuite d'un tel idéal. Si vous surfonctionnez chez vous et aspirez à être une "superwoman", c'est pour asseoir un pouvoir que vous n'avez pas pu trouver autrement. Mais la seule autorité que vous puissiez ressentir étant votre influence au sein de la famille, si vous commencez à partager les tâches domestiques, vous vous dessaisissez d'une part de votre statut. Le rôle de la femme est en effet attaché à une telle double contrainte qu'il arrive que les femmes ne veuillent pas d'un homme plus actif à la maison. Une étude a mis en évidence que 60 à 80% des femmes ne souhaitaient

---

4 D. McClelland (1965). *Wanted : A new self-image for women.* In R. J. Lifton (ed.), *The Women in America.* Boston, Houghton Mifflin Co., pp. 187-188.

pas que leur mari participe davantage ! Pour expliquer cela, l'équipe qui a réalisé cette étude a émis l'hypothèse que ces femmes désiraient maintenir le statu quo de la répartition du pouvoir dans la famille. Les "superwomen" qui veulent tout faire cherchent à asseoir leur statut en s'occupant de tout à la maison, domaine traditionnel de la femme, tout en réussissant et en ayant les dents longues dans le monde masculin traditionnel. Vous retrouvez-vous dans cette description ?

Ce complexe de la "superwoman" est l'un des nouveaux mythes qui pèsent lourdement sur l'estime de soi des femmes. Certaines études ont montré que les femmes risquant le plus d'être atteintes d'un trouble de la nutrition sont celles qui pensent devoir se montrer totalement indépendantes, être compétitives et réussir dans le monde, et nient le besoin de relations et de liens qui se trouve au cœur de l'identité féminine. Elles veulent exceller en tout, et faire de cela le nouvel idéal féminin. Si vous pouvez commencer à réviser les rôles au sein de votre famille de telle sorte que vos enfants aient sous les yeux deux adultes interdépendants qui se partagent les responsabilités, ont besoin l'un de l'autre et répondent mutuellement à ces besoins, vous ferez beaucoup pour enrayer ces images culturelles destructrices qui contribuent à l'idéal de la "superwoman" en surrégime permanent. Mais auparavant, il faut vous découvrir si le syndrome de la "superwoman" vous séduit — et pourquoi.

Thèmes de réflexion

- Décrivez votre femme idéale. Est-ce une "superwoman" ? En quoi votre idéal correspond-il à celui de vos parents ?

- Etes-vous satisfaite de vous en tant que femme ?

- Votre fille s'efforce-t-elle d'être une "superwoman" ? L'avez-vous incitée à cela ?

Faire une place à son père

Les filles ont besoin de leur père. Aider votre fille à développer un lien profond avec son père devrait constituer l'un de vos objectifs premiers de mère. Cela exige que vous dissociez vos propres besoins, manques, déceptions et colères vis-à-vis de votre père, des siens. Peut-être avez-vous inconsciemment décidé qu'elle n'a pas besoin de père, le vôtre vous étant resté inaccessible et vos autres relations avec les hommes n'ayant pas satisfait votre faim de lui. Travaillez à bien distinguer vos besoins et vos désirs des siens. Vous devez survivre à votre faim du père sans condamner votre fille à connaître toute sa vie les mêmes souffrances. Votre fille a droit à une relation avec son père.

Pour “faire une place à son père”, vous devez cesser de protéger ce dernier des questions quotidiennes de la vie de la famille. Faites-lui savoir comment vont les choses — les bonnes et les mauvaises. Partagez avec lui la charge de conduire votre fille à ses rendez-vous et à ses cours, partagez avec lui les nombreuses autres tâches que vous accomplissiez seule jusqu'à présent. Demandez-lui de s'occuper de certaines questions liées à la vie de la famille, comme par exemple acheter les cadeaux ou cartes d'anniversaire. Vous devez être très directe et carrée ; dites exactement à votre mari en quoi vous avez besoin d'être aidée. Surtout lorsqu'il s'agit de tâches ménagères ou de s'occuper des enfants, vous ne pouvez pas lui demander de lire dans vos pensées. Les hommes n'ont jamais été censés faire ce genre de choses et leur éducation, contrairement à la vôtre, ne leur a pas appris à considérer les activités quotidiennes de la maisonnée comme étant de leur ressort. Donnez à votre mari une certaine liberté d'action. Soyez claire et directe pour lui dire ce dont vous avez besoin, mais ne vous attendez pas à ce qu'il agisse à la perfection. Vous pourrez probablement obtenir ce que vous désirez si votre but est de combler la faim du père de vos enfants, mais pas s'il s'agit d'avoir une maison impeccable.

Tandis que vous permettrez à votre mari de s'impliquer plus activement dans la vie et les responsabilités familiales, il vous faudra maîtriser vos impulsions et rester en dehors des relations qu'il s'efforce d'établir dans la famille. Dans de précédents chapitres, nous avons entendu plusieurs jeunes femmes déclarer que leur mère s'était trop occupée d'elles pour compenser l'éloignement de leur père. En dépit de toutes leurs bonnes intentions, ces mères ont peut-être maintenu par cette attitude la distance entre le père et sa fille. En outre, leur ingérence dans la vie de leur fille ne répondait certainement pas aux problèmes qui plaçaient les pères dans une position périphérique. Que leurs erreurs vous servent : tenez-vous sur la réserve, observez sans intervenir. Vous devez avoir foi en votre mari ; dites-vous qu'il est capable d'établir des relations avec les enfants, jeunes ou moins jeunes, et que dans le cas contraire, il vous appellera à la rescousse.

Vous aussi devez apprendre à demander de l'aide — encore que lorsqu'il s'agit des enfants, le rôle de votre mari ne devrait pas se définir comme une “aide”, mais comme un droit : votre droit, le droit de vos enfants, et le droit de votre époux. Cessez de le considérer comme une garde d'enfants ou comme un ailier de réserve que vous n'appelleriez sur le terrain qu'en cas d'urgence. Voyez-le plutôt comme votre égal, ou comme co-capitaine de l'équipe. Et n'oubliez pas qu'il existe entre l'homme et la femme des différences fondamentales qui sont encore accentuées par le processus de socialisation. Laissez-le trouver son propre mode d'interaction avec les enfants. Ce ne sera peut-être pas le même que le vôtre, mais cela ne signifie pas pour autant qu'il soit mauvais. Si les femmes cessent de superviser les hommes et d'interférer lorsqu'ils cherchent à s'impliquer dans la famille, les hommes se sentiront certainement plus à l'aise et en feront davantage.

Sans vos efforts, l'histoire et l'héritage de la faim du père se répéteront dans la vie de votre fille. Passez en revue les mythes sur les hommes et voyez comment vos comportements au sein de la famille les perpétuent. Soyez objective et précise dans cet examen, car il existe une parade pour chacune de ces habitudes qui maintiennent votre mari ou ex-mari à l'écart de la vie pratique et émotionnelle de la famille. Cela peut être aussi simple que d'aller acheter tous les deux, et non plus seule, comme vous en aviez l'habitude, le cadeau d'anniversaire de votre fille. Faites l'inventaire de toutes ces petites choses par lesquelles vous bloquez peut-être la relation entre votre fille et son père, et mettez au point les stratégies qui vont vous permettre d'y remédier. Rappelez-vous combien vous auriez désiré que votre père existe dans votre vie, et essayez de favoriser le contexte et les occasions qui renforceront le lien de votre fille avec son père.

Thèmes de réflexion

- Quel était le rôle de votre père dans votre famille ? En quoi celui de votre mari lui ressemble-t-il ?
- Qu'est-ce qui vous empêche de laisser votre mari entrer dans la vie quotidienne de la famille ?
- Vous sentiriez-vous menacée s'il commençait à mettre davantage la main à la pâte ?

Face au divorce

Il sera bien plus difficile de partager les responsabilités, co-élever les enfants et instaurer un équilibre si vous êtes divorcée. Vous aurez beau souhaiter que vos enfants ne soient pas meurtris par ce divorce, ils le seront probablement — à moins que vous ne consacriez tous vos efforts à comprendre les liens entre votre faim du père et la rupture de votre mariage. Lorsqu'un mariage prend fin, vous perdez l'homme qui était censé remplacer votre père et combler tous vos besoins non satisfaits. Vous devrez ainsi mettre de l'ordre dans une foule d'émotions complexes pour faire face à l'après-divorce.

Pour amoindrir la faim du père de vos enfants, il vous faudra mettre au clair votre colère contre votre ex-conjoint et résister à l'envie de faire jouer le rôle de bouc émissaire à vos enfants. Mais vous devrez tout pareillement maîtriser votre tendance à protéger ces derniers des déceptions qu'ils pourraient éprouver vis-à-vis de leur père, car en agissant ainsi vous pourriez couper totalement votre ex-mari de ses enfants. Une colère non résolue pousse de nombreuses mères divorcées à restreindre ou contrôler la relation entre le père et ses enfants. Par ailleurs, la plupart des pères divorcés exercent moins leur autorité et se montrent moins sévères afin de profiter des moments privilégiés qu'ils passent avec leurs enfants ; ployant sous les responsabilités quotidiennes, vous éprouverez donc très certainement du ressentiment ou de la jalousie vis-à-vis des bons moments que vos enfants passent avec leur père et de leur affection pour lui.

Dans tous ces scénarios, vous devrez vraiment faire un gros effort pour résister à l'impulsion d'abuser de votre pouvoir et de restreindre le temps que les enfants passent avec leur père ou, pire encore, de les contraindre à choisir entre vous deux. Les hommes croient à tous ces mythes sur le peu d'importance du père, et s'empresseront d'accepter un rôle réduit. Les enfants perdront alors l'une des personnes les plus importantes de leur vie, et vous et votre ex-mari perdrez la possibilité, quelle que soit la distance qui vous sépare, de partager la responsabilité de leur éducation.

Thèmes de réflexion

- En quoi vos sentiments à l'égard de votre divorce reflètent-ils des questions non résolues entre vous et votre père ?
- De quelle façon influencez-vous la relation de votre fille avec son père ?

COMMENT AIDER VOTRE FILLE

Pour vraiment aider votre fille à résoudre sa faim du père, vous devez donc travailler au développement de votre moi et à votre relation avec son père. Mais elle a aussi besoin de se détacher de vous afin de pouvoir se relier à lui : votre troisième objectif sera donc de lâcher prise et de l'autoriser à grandir.

Vous devez faire savoir à votre fille que vous survivrez si elle grandit, et qu'il est de son plus grand intérêt de devenir une femme adulte qui mange et accepte les mensurations de son corps. Montrez-lui que les femmes peuvent avoir des relations satisfaisantes avec les hommes et avec une société qui leur semble étrangère et effrayante de par son système de valeurs masculin et le pouvoir qu'elle accorde aux hommes. Votre fille a besoin de sentir que son père et vous voyez en elle une personne indépendante et importante, dont les droits, besoins, sentiments et idées sont légitimes — une personne qui sera capable de faire son chemin dans le monde.

Lâchez prise — Laissez grandir

Les jeunes filles qui développent un trouble de la nutrition se battent pour trouver une identité personnelle — pour se différencier tout en se sentant reliées et comblées dans leurs relations. Le développement féminin se caractérisant, contrairement à l'expérience masculine de la séparation, par un lien continu avec la mère, une grande partie des difficultés rencontrées par une fille dans la formation de son identité aura trait à ce dilemme : comment devenir indépendante tout en restant proche de sa mère, et comment se relier au monde adulte sans complètement perdre son enfance. C'est là que vous pouvez intervenir, en l'aidant à être moins terrorisée par l'âge adulte.

Il vous sera peut-être très difficile de laisser votre fille grandir. Inconsciemment, peut-être souhaitez-vous la garder près de vous ; il se peut ainsi que vous rejetiez son mouvement naturel vers l'indépendance. Cette attitude peut paraître malveillante, mais il n'en est rien : vous l'aimez, votre fille ; en fait, vous l'aimez tant que vous ne pouvez pas la laisser partir. Elle va donc craindre de vous perdre en essayant d'être elle-même, et choisira plutôt de renoncer à son “moi”. Ayant déjà le sentiment d'avoir perdu son père, elle ne peut pas prendre le risque de s'éloigner de vous. Vous devez donc clairement l'autoriser à grandir et à se détacher de vous, tout en lui faisant comprendre que vous serez toujours là pour elle ; sinon, elle sera dans l'incapacité d'aller de l'avant.

Les sentiments ambivalents des mères à propos de la croissance de leur fille se manifestent de diverses façons. Parfois, en surfonctionnant, vous maintenez inconsciemment votre fille dans la dépendance. Si au contraire vous sous-fonctionnez, votre fille devra surfonctionner et veiller sur vous — et comment pourrait-elle partir, alors que vous avez tellement besoin d'elle ? Dans de tels scénarios, aucune de vous deux n'a vraiment développé son moi, et vous devez vous mettre au travail. Vous devrez travailler aussi dur l'une que l'autre pour trouver comment vous relier autrement l'une à l'autre, en effaçant cette intimité excessive et cette relation de dépendance qui ont conduit aux problèmes de votre fille. Alors seulement, vous pourrez lâcher prise et laisser grandir.

Thèmes de réflexion

- Jusqu'à quel point êtes-vous dépendante de votre fille ?
- De quelle façon l'avez-vous incitée à être dépendante de vous ?
- Comment votre propre famille a-t-elle réagi lorsque vous avez manifesté le besoin d'une plus grande indépendance ?

Faites connaissance avec votre fille

Pour grandir, votre fille doit se différencier de vous. Mais si vous êtes trop proches, cela sera très délicat. Souvenez-vous que votre fille est une personne à part entière, indépendante de vous. Considérez-la comme une personne que vous devez apprendre à connaître, et non pas comme une copie conforme de vous-même. Essayez d'apprécier sa différence au lieu de vous sentir amputée et rejetée par son individualité. Cessez de présumer qu'elle ressent et pense exactement les mêmes choses que vous. Faites-lui clairement connaître vos propres pensées et sentiments — utilisez votre voix du « je ». Plus vous travaillerez à développer votre moi et votre voix du « je », plus vous serez en mesure d'aider votre fille à se trouver.

Parlez de tout avec votre fille, mais veillez à ce qu'elle exprime toujours ses propres sentiments. Encouragez-la à définir ses pensées, ses sentiments et son moi indépendamment des vôtres. Il sera peut-être utile à votre fille d'entendre comment vous vous comporteriez face à une situation à laquelle elle se trouve confrontée, mais vous devriez éviter de lui donner des conseils ou, pire encore, de lui dire ce qu'elle doit faire. De toute façon, elle n'en tiendra pas compte.

Elle vous en voudrait de lui interdire une certaine indépendance et de ne pas la laisser prendre ses décisions par elle-même ; mais elle se culpabiliserait probablement tout autant de ne pas suivre votre avis. Pour les personnes souffrant d'un trouble de la nutrition, la culpabilité ressemble à des sables mouvants. Il n'y a rien de tel pour les renforcer dans leur idée qu'elles doivent s'affamer, ou se gaver, ou ne pas garder la nourriture, ou qu'elles ne méritent pas de vivre. Essayez de prendre conscience des paroles que vous prononcez qui pourraient faire surgir une culpabilité chez votre fille. Travaillez sur cette question dans vos séances de thérapie. Assumez vos propres sentiments et montrez de l'intérêt pour les siens ; acceptez que vous êtes deux personnes uniques et permettez à votre lien de s'édifier différemment, de devenir une relation adulte.

Si je devais établir une règle, et une seule, pour vous guider tandis que vous aidez votre fille à cheminer vers la guérison, ce serait de la reconnaître comme une personne à part entière, pas simplement comme une “anorexique”, ou une “boulimique”, ou quelqu'un qui suit un régime ou mange trop. Les mères se font souvent tellement de souci pour leur fille que leurs relations finissent par tourner exclusivement autour de ses problèmes ou de ses symptômes, et par ne plus s'intéresser à la personne. C'est pour cela que les jeunes femmes en voie de guérison déclarent souvent avoir été davantage aidées par leurs amis que par leur famille. Au lieu de ne réagir qu'à leurs symptômes, les amis apprécient les nombreuses dimensions de l'individu. En tant que mère, il vous faut parvenir à un équilibre ; vous devez à la fois reconnaître et parler de ses symptômes, et aller au-delà de ces derniers pour connaître la véritable personne qu'est votre fille.

Thèmes de réflexion

- Votre père et votre mère vous connaissent-ils vraiment ?
- Connaissez-vous vraiment votre fille ?
- Comment pouvez-vous parvenir à mieux la connaître ?

Laissez-la vous rejeter

Pour surmonter un problème, quel qu'il soit, l'individu doit pleinement l'assumer — et personne d'autre ne peut le faire à sa place. Ceci ne signifie pas que vous devez abandonner votre fille et ne jamais lui dire ce que vous pensez. Vous devez lui parler d'une multitude de choses, y compris de son trouble de la nutrition et de sa relation avec son père, et lui offrir votre aide. Mais ensuite, écoutez sa réponse. Si elle vous dit : « Non, je n'ai pas besoin de toi », acceptez sa décision et faites-lui savoir que vous l'aimez toujours. Ne lui laissez pas entendre qu'elle doit se plier à votre volonté, ou même simplement vous écouter, pour que vous l'aimiez. Ce genre d'attitude ne peut que conduire au désastre.

Si votre fille vous rejette, il se peut que cela fasse remonter à la surface votre sentiment d'avoir été (ou d'être) rejetée par votre père. Attendez-vous donc à voir surgir des sentiments que vous ne comprendrez peut-être pas entièrement. Vous pouvez aussi vous sentir abandonnée si elle développe une relation plus étroite avec son père. Ces choses-là sont naturelles. Acceptez-les. Efforcez-vous de comprendre vos sentiments et de voir en quoi ils sont liés à votre faim du père. Souvenez-vous que vous avez toutes les deux besoin de modifier votre mode d'interaction afin d'établir des liens plus réels et plus enrichissants.

Thèmes de réflexion

- Que ressentez-vous lorsque votre fille n'est pas d'accord avec vous ?
- Vous est-il arrivé de rejeter votre mère ? De quelle façon ?
- Quel rôle cela a-t-il joué dans votre développement ?

Les premiers pas vers le changement

Pour aider votre fille à surmonter ses conflits liés à la nourriture et à l'image de son corps, il est indispensable de vous transformer et de modifier l'environnement familial, même si vous ne savez pas encore comment y parvenir, ou pour quelle raison ceci doit être fait. Cela peut paraître effrayant, mais cette démarche est essentielle ; il ne vous reste donc plus qu'à vous habituer à l'idée de changer. Pour commencer, dites-vous bien que vous n'êtes pas seule responsable des difficultés de votre fille — son père aussi a sa part dans les dynamiques qui règnent dans la famille. Si vous en êtes convaincue, vous serez mieux en mesure de résister à cette crise et d'aider votre fille à guérir. Voyez-y une occasion de rééquilibrer les tensions de chacun entre “moi” et autrui, entre tendance à la séparation et besoin de se relier, et de devenir une famille fonctionnant plus pleinement et de façon plus aimante. Pour modifier votre vision des problèmes de votre fille, voici maintenant quelques faits à accepter — et à mettre en pratique.

Le problème va au-delà du trouble alimentaire et d'image du corps de votre fille.

Les problèmes de votre fille vis-à-vis de la nourriture et de son corps sont sa façon à elle de gérer sa faim du père. N'ayant pu se relier à son père, elle s'est coupée d'elle-même et ferait n'importe quoi pour faire plaisir. Elle a besoin qu'on l'aide à trouver comment entrer en contact avec le monde masculin, et comment accepter son moi de femme. Tant qu'elle n'aura pas réglé ces problèmes, elle exprimera ses conflits par l'intermédiaire de son corps.

Votre tâche sera de résister à la tentation de simplifier le problème, et de l'aider à aborder de front les principaux tenants et aboutissants. Cessez de chercher des solutions relevant de la vieille logique du « A est la cause de B », et cessez de considérez la vie de votre fille et la vôtre par le petit bout de la lorgnette. Reliez-vous à votre faim du père et voyez comment celle-ci vous a affectées, vous et votre fille. Intégrez son père dans son processus de guérison.

Votre fille a besoin d'une aide extérieure.

Bien que son père dise probablement qu'elle « peut bien y arriver par elle-même », vous devez lui faire comprendre qu'elle a besoin de l'aide d'un professionnel aussi rapidement que possible. Votre fille peut avoir besoin de conseils en matière de diététique, d'une évaluation médicale et du suivi qui s'impose, d'une thérapie individuelle, familiale ou de groupe. Demandez à des spécialistes de vous conseiller quant à la conduite à tenir vis-à-vis de son alimentation. Laissez-la travailler individuellement sur ses problèmes de nourriture et d'image du corps tandis que vous vous chargerez des transformations au niveau familial ; favorisez l'édification d'une relation entre elle et son père, et encouragez son développement.

Veillez à gérer vos propres réactions vis-à-vis de ses nouvelles relations. Les mères ont parfois le sentiment que le thérapeute de leur fille à pris leur place, ou bien se sentent rejetées si leur fille s'ouvre à d'autres personnes. Son attachement à son père, tout spécialement, peut vous perturber. Souvenez-vous qu'elle a besoin de se détacher de vous pour pouvoir se relier à elle-même.

Il est nécessaire que vous changiez.

Vous avez, à votre insu, amené votre faim du père dans votre mariage et dans votre rôle de parent. Votre fille a besoin que vous changiez afin de pouvoir connaître un autre type de relation avec vous, avec son père, avec elle-même, avec la nourriture et avec le monde — des relations libres de la faim du père. Si elle vous voit travailler sur le plan émotionnel, elle se sentira plus à l'aise, plus en sécurité, pour améliorer sa vie. Elle aura moins peur que vous la rejetiez si elle modifie sa relation avec vous et se relie davantage à son père.

En vous voyant gérer vos propres déceptions dans votre relation avec votre père, dans votre mariage et dans votre vie en général, elle verra qu'il n'y a rien de mal à changer, et que cela peut même être profitable. Elle pensera que si vous pouvez surmonter ces problèmes, elle le pourra aussi.

Certaines de vos attitudes à l'égard de la nourriture ou du poids ne sont peut-être pas très saines.

Vos attitudes, votre estime de soi et l'image que vous avez de votre corps reflètent vos réactions vis-à-vis de votre propre faim du père. Si vous avez vous-même cherché à faire plaisir à votre père ou à d'autres hommes par l'intermédiaire de votre aspect physique — en maigrissant, en mangeant moins, en essayant d'obtenir le corps "parfait"... — vous aurez beaucoup d'efforts à faire pour transformer vos propres croyances et pratiques afin d'aider votre fille.

Les enfants les plus susceptibles de développer un trouble de la nutrition sont en effet ceux des familles où l'on donne une grande importance à l'aspect physique et où le poids, qui ne serait qu'une question de volonté, est considéré comme un exemple de maîtrise de soi et de réussite personnelle. Les jeunes filles dont la mère se préoccupe beaucoup de son poids, suit des régimes et tire son estime de soi de son apparence, courent tout spécialement le risque de développer un trouble de la nutrition. Peut-être avez-vous contribué aux problèmes de votre fille en critiquant son corps, ou en l'incitant à suivre un régime, voire en établissant une sorte de compétition entre vous deux dans ce domaine.

Pour aider votre fille à guérir, vous devrez vous-même faire face à ces questions. Voyez très sincèrement quelle signification et quelle importance vous donnez au poids et à l'image du corps, et en quoi celles-ci reflètent votre désir de satisfaire les hommes. Tout comme votre fille, vous avez grandi dans une culture qui se montre très critique vis-à-vis des mensurations féminines. Pour aider votre fille à faire la paix avec ses besoins physiques, il vous faut vous-même découvrir comment vous avez réagi face à ces exigences culturelles.

Votre mari a peut-être besoin d'être plus impliqué dans la vie de sa fille.

Parvenue à ce stade, vous réalisez probablement que vous ne pouvez pas tout améliorer. Mais vous voyez certainement aussi que vous n'êtes pas responsable de tous les problèmes de votre fille. Votre prochain objectif sera de favoriser l'instauration d'un lien plus profond entre votre fille et son père. Peut-être devrez-vous travailler sur vos propres sentiments à l'égard de votre mari, et reconnaître que vous vous sentez jalouse de leur relation. Mais vous devez avoir pour objectif de favoriser l'amour, l'ouverture et la croissance personnelle — de laisser votre fille aller son chemin et grandir.

12
LA RENAISSANCE DES FILLES

Chez de trop nombreuses jeunes filles, la faim du père déséquilibre complètement le rapport entre soi et autrui. Aspirant de tout leur être à se sentir reliées à leur père, elles feront n'importe quoi pour satisfaire cet homme spécial entre tous, les autres hommes ou les figures d'autorité — cela, dans l'espoir de recevoir une approbation masculine. Mais leur désir de se relier à leur père a pour effet de les couper de leur moi et d'engendrer un sentiment de rupture par rapport à la vie en général.

Pour guérir, il vous faudra partir à la découverte de vous-même et résoudre cette faim du père qui vous ronge. Vous deviendrez ainsi une jeune femme forte, sûre d'elle-même, sachant s'imposer, qui pourra se frayer son chemin dans le monde, résister aux messages permanents sur le poids, la beauté, les régimes, la minceur, la mode et l'aspect physique, et cesser de s'interroger sans cesse sur la façon dont elle pourrait bien satisfaire les hommes. Ce chapitre se propose de vous aider à réajuster l'équilibre entre votre moi et autrui — d'abord en vous consacrant à vous-même, puis en vous reliant à votre père, et enfin en vous penchant sur vos relations avec votre famille, vos connaissances et la société où vous vivez.

RENOUEZ AVEC VOUS-MÊME

Pour guérir de votre faim du père et vous remettre sur les rails, vous devez tout reprendre à zéro, c'est-à-dire retrouver le contact avec vous-même. Cela, vous ne pourrez le faire qu'en abandonnant lentement votre trouble de la nutrition. Pour commencer, il vous faudra découvrir la fonction de vos symptômes, voir quelle souffrance ils ont servi à occulter et quels objectifs ils sont censés remplir. Vous comprendrez progressivement ce qu'ils veulent dire — comment ils ont exprimé cette faim du père et le besoin d'autres liens que vous n'avez pu dire avec des mots. Puis vous pourrez affronter la réalité de votre trouble de la nutrition, d'abord en reconnaissant vos comportements vis-à-vis de la nourriture et de votre corps, puis en entreprenant de les modifier. Ainsi, rompre avec votre trouble de la nutrition vous permettra de renouer avec vous-même.

Vos attitudes et comportements vis-à-vis de la nourriture revêtent une grande importance pour vous ; sinon, vous cesseriez d'agir de la sorte. De manière complexe, et peut-être inconsciente, vous avez mis ces comportements en place dans l'espoir qu'ils vous aident à faire face à la vie. Mais votre intention initiale s'est perdue au fil du temps et aujourd'hui, vous ne savez probablement même plus s'ils vont ou non dans le sens de vos intérêts.

Lorsque je demande à mes patientes pourquoi elles ont développé un trouble de la nutrition suffisamment grave pour nécessiter un traitement spécial à l'hôpital, celles-ci répondent généralement : « Je me suis simplement arrêtée de manger », ou « Je voulais juste maigrir. » Comme chacune de mes patientes, vous allez devoir découvrir par vous-même en quoi vos problèmes alimentaires vous ont aidée à affronter à la vie. Il vous faudra cependant commencer par admettre qu'il ne s'agit pas seulement de « juste » ceci ou cela, mais bien au contraire d'un processus fort complexe d'occultation d'autres conflits. Une femme qui était en proie à un trouble de la nutrition depuis des années m'a dit récemment : « *Juste* est un mot à proscrire. Je sais que je dois creuser profondément en moi à chaque fois que je m'entends dire *Je voulais juste...* ». Et elle a parfaitement raison. Il vous faudra beaucoup de temps pour découvrir la fonction de vos symptômes et leur lien avec votre faim du père.

Au départ, vous chercherez peut-être quelle expérience, ou quelle personne se trouve à l'origine de vos problèmes. Le comportement humain ne peut toutefois pas entrer dans un cadre aussi simple que ce modèle unique de cause à effet ; vous devez considérer vos sentiments et vos relations selon une perpective plus large. Résistez aux simplifications réductrices du type « Je voulais juste... » ou « C'était seulement pour... » — elles ne peuvent que vous induire en erreur.

Personne n'est responsable de vos problèmes vis-à-vis de la nourriture — ni votre père, ni votre mère, ni votre famille, ni vos amis. Vos symptômes ont été pour vous la seule façon d'exprimer votre souffrance. Et si votre famille a souffert de vos problèmes, vous n'aviez aucune intention d'en arriver là. Vous n'avez rien à vous reprocher non plus. Essayez plutôt de vous pardonner et de pardonner à votre famille, personne n'est coupable.

Quand vous aurez reconnu que vos symptômes sont plus que « juste » ceci ou cela, voyez comment ils ont fonctionné pour les femmes dont le cas a été évoqué au cours des chapitres précédents. Beaucoup d'entre elles avaient restreint leur appétit dans l'espoir d'acquérir une emprise sur leur vie ; d'autres ont recherché cela en mangeant de façon excessive, ou en malmenant leur corps par des purges ou un abus d'exercice. Pour certaines, c'était une façon de réussir, de faire plaisir aux autres, de prouver leur valeur.

Pour parler très simplement, vos symptômes vous ont séparée de vous-même, même si à l'origine vous cherchiez ainsi à vous relier à votre père et à d'autres personnes. Voyez ce que vous évitez au travers de votre trouble de la nutrition. Pour vous retrouver, vous devez faire face à toutes vos déceptions, tous vos manques, conflits et sentiments.

Découvrez la signification cachée de vos symptômes

Vos symptômes veulent dire quelque chose. Ils représentent vos souhaits et sentiments intérieurs mais en même temps, insidieusement, ils vous ont coupée de ces souhaits et sentiments. Extérieurement, ils disent aux autres que vous souhaitez rester seule, que vous n'avez besoin de personne, et que vous allez très bien vivre avec votre trouble de la nutrition. Mais à l'intérieur, vous avez désespérément envie de vous relier, et tout particulièrement à votre père. Prenez le temps de bien discerner ce que votre trouble de la nutrition dit à votre entourage, et ce qu'il signifie réellement pour vous. Vous allez peut-être découvrir un énorme décalage entre les deux. En voici quelques exemples :

Vous ne vous aimez pas — Vous ne vous sentez pas aimée par votre père.

L'une des choses que votre trouble de la nutrition dit à votre entourage, c'est que vous ne vous n'avez pas d'estime pour vous-même. Mais en réalité, voici ce que signifie votre comportement : vous ne vous sentez pas aimée des autres, notamment de votre père. Vous êtes dans l'incapacité de pleinement vous aimer et vous accepter parce que ces sentiments ne vous ont pas été communiqués par les personnes les plus importantes de votre vie. Vous devrez explorer petit à petit quelles ont été vos expériences de l'amour dans votre famille et dans votre relation avec votre père. Pour aller mieux, vous devrez affronter votre passé de front au lieu de dévorer vos sentiments, de les affamer, de les malmener par un abus d'exercice ou de les purger.

Vous réussissez dans le monde masculin — Vous ne vous sentez pas appréciée par votre père.

Vos comportements vis-à-vis de la nourriture et de votre corps expriment une adhésion à un grand nombre de valeurs et comportements masculins. Maîtrise de soi, exercice à outrance, déni des besoins et des sentiments, corps ferme, constituent pour les hommes des signes de réussite personnelle, que vous avez tant voulu imiter. Pourtant, votre attitude manifeste un profond sentiment de frustration : vous ne vous sentez pas appréciée ou reconnue par votre père. Vous avez besoin qu'il voie une femme en vous, mais tout ce que vous avez trouvé pour y parvenir, c'est de vous montrer plus masculine. Vous devez rétablir le contact avec votre féminité et prendre conscience de la façon dont vos actes, destinés au départ à satisfaire les hommes, vous ont en fait séparée de certains aspects importants de la femme que vous êtes.

Vous vous comportez avec rigueur — Vous cachez un tourment intérieur.

Ceux qui vous regardent voient en vous une personne motivée et sûre d'elle-même. Ce qu'ils ignorent, c'est qu'à l'intérieur de vous-même règne la plus grande confusion quant à vos sentiments, vos choix, vos croyances, vos valeurs, vos relations et votre avenir. La rigidité de votre problème alimentaire occulte cette incertitude. Celui-ci vous apporte une sécurité, vous évite de vous demander de quoi demain sera fait et vous tient à l'écart du chaos de votre monde intérieur. Mais une fois de plus, votre comportement exprime votre envie de vous sentir reliée. Vous vous demandez sans cesse comment être reconnue et vous faire accepter par votre père, vos symptômes ne faisant que masquer ce désarroi. Le seul moyen de construire une identité réelle, ancrée en vous-même, est de vous défaire de ces vieux réflexes de fuite, d'admettre combien vous êtes coupée de vous-même, et de commencer à vivre sans vos symptômes.

Vous maintenez une distance — Vous recherchez l'intimité.

Les conflits touchant à l'image du corps et à la nourriture — qui vont de pair avec les troubles de la nutrition — créent insidieusement une distance entre soi et autrui. Votre entourage ou vos connaissances penseront bien souvent que vous n'avez pas envie d'établir une relation avec eux puisque vous refusez leurs invitations ; ils ignorent que votre refus est dicté par la peur de devoir manger en public ou d'être jugée trop grosse. Petit à petit, vous vous excluez des activités sociales, des réunions familiales et des relations en général — et tout cela parce que toutes ces personnes sont si importantes pour vous ! Vous voulez leur faire plaisir et être aimée ; mais vos actes leur disent de vous laisser tranquille. Là encore, en dépit de votre aspiration à l'intimité, vos symptômes vous séparent des autres. Non seulement votre père, tout comme le reste de votre entourage, ignore la signification cachée de votre comportement ; mais en tant qu'homme, il porte un lourd bagage à propos de la séparation, et vous laissera facilement dans votre coin. Vous devrez explorer la façon dont votre subconscient transforme votre aspiration à l'intimité en un comportement qui vous éloigne des autres.

Vous niez tous les sentiments — Vous êtes submergée par vos émotions.

Aux yeux des autres, vous êtes une forteresse bien défendue — une personne qui ne plie devant aucun sentiment, qui peut “faire face à n'importe quoi”. Votre réalité intérieure est tout autre. Vous êtes en fait extrêmement démunie, et avez recours à vos comportements alimentaires pour esquiver votre colère et votre souffrance. Vos sentiments vis-à-vis de votre père se trouvent parmi les plus difficiles à gérer. Pour maintenir l'équilibre, vous n'avez pas trouvé d'autre solution que nier votre détresse, que ce soit à son égard ou vis-à-vis de tout le reste. Et tout cela aboutit à la terrible solitude que vous ressentez.

La seule solution consiste à affronter progressivement votre vie intérieure. Vous éprouvez des sentiments d'une intensité effrayante, tout en ressentant un vide qui vous ronge. Si vous parvenez à combler votre soif d'un lien, notamment à votre père, ce vide commencera à se remplir et vous vous sentirez plus forte pour affronter directement vos sentiments.

Thèmes de réflexion

- De quelle façon vos problèmes alimentaires et d'image du corps vous empêchent-ils de vous connaître ?
- Quels sentiments à l'égard de votre père avez-vous cherché à éviter ? Que se passerait-il si vous les exprimiez directement ?
- Qu'est-ce que votre père vous a inculqué à propos des sentiments ?
- En quoi votre trouble de la nutrition reflète-t-il les messages de votre père concernant l'expression des émotions ?

Faites-vous aider

Le plus difficile sera de reconnaître que pour vous relier à vous-même et à autrui, vous allez devoir vous défaire de votre trouble de la nutrition. En période de crise, la nourriture, les calories, votre corps et votre poids deviennent des obsessions — plus rien d'autre n'a d'importance. Vos symptômes vous empêchent de reconnaître vos sentiments et vous anesthésient de la souffrance ressentie dans vos relations. Vous devez admettre que vous avez utilisé la nourriture pour éviter d'autres problèmes. Affrontez directement ces problèmes et normalisez votre alimentation !

Ce sera très dur, mais cela en vaut la peine. Vos conceptions tourmentées à l'égard de la nourriture et vos obsessions négatives à propos de votre corps seront peu à peu remplacées par des expériences plus positives, et vous découvrirez comment établir des relations réelles et satisfaisantes avec votre entourage — même avec votre père. Vous allez enfin apprendre à équilibrer les tensions entre soi et autrui, entre la séparation et l'intimité.

Mais pour cela, vous allez tout d'abord devoir admettre qu'une aide pourrait vous être utile. Le premier pas sur cette voie consiste à envisager une thérapie, ne serait-ce que parce que cela viendra bousculer vos vieux réflexes. La thérapie, c'est bien pour les autres, mais cela ne vous concerne pas, n'est-ce pas ? Vous dites ne pas en avoir besoin, mais vous êtes confrontée à un problème qui pourrait bien vous tuer. Vous êtes triste, solitaire, accablée. Les amis et la famille ne semblent pas trop savoir comment vous aider. Vous êtes terrorisée et vous avez l'impression que votre vie vous échappe, mais entreprendre une thérapie signifierait que vous ne pouvez pas tout régler par vous-même. Entreprendre une thérapie, ce serait abandonner le comportement masculin du « Je n'ai besoin de personne », et cela vous effraie.

Comme dans d'autres comportements de dépendance, il vous faudra peut-être "toucher le fond" avant de pouvoir admettre que vous avez besoin d'aide. Chaque personne vivra cela d'une façon différente. Karen, elle, a touché le fond quand il lui est devenu impossible de nier ses symptômes physiques :

> « *J'ai réalisé que j'avais un problème quand j'ai commencé à m'effondrer pendant les cours, parce que je n'arrivais plus à manger ; je voulais recommencer à manger, mais je n'y arrivais pas. Des amis avaient essayé de m'aider, des docteurs aussi, mais il n'y avait que moi qui pouvais me convaincre. Le jour où j'ai été incapable de me lever de mon lit, j'ai vraiment été effrayée — je me suis réveillée et je ne sentais plus mes jambes. Les docteurs n'ont rien trouvé. Mais cette expérience m'a permis de comprendre que je me faisais du mal. Mes deux hospitalisations n'avaient pas réussi à me convaincre, mais cela, oui. Alors j'ai recommencé à manger et à parler à mon thérapeute.* »

Pour d'autres, toucher le fond correspondra à une expérience plus spirituelle ou plus abstraite. Voici comment Suzanne raconte cette rencontre avec elle-même :

> « *C'était quelque chose que je devais faire pour moi... Je me souviens du moment où tout a basculé — c'était presque mystique. J'avais des insomnies et je me réveillais très tôt. Un matin, je me suis levée vers six heures pour aller marcher un peu. C'était en été, la journée promettait d'être magnifique. Je m'étais appuyée contre un arbre et je sentais le soleil sur ma*

peau. Tout à coup, j'ai réalisé que pendant une seconde, je m'étais sentie bien, si bien... et cela faisait si longtemps que cela ne m'était pas arrivé. Je me suis dit que je méritais d'être heureuse, que cela n'en valait vraiment pas la peine de continuer ainsi. Je me souviens être rentrée à la maison et m'être préparé un sandwich à la confiture et au beurre de cacahuète. Je continue de remercier Dieu pour chaque journée ensoleillée qu'il fait. J'avais besoin d'une thérapie, mais jusque-là, je n'étais pas prête. »

Même après avoir touché le fond, vous continuerez peut-être de ne pas croire à la thérapie. Peut-être pour imiter votre père, ou pour vous comporter en “superwoman” — mais vous n'êtes ni l'un, ni l'autre. Dans les relations, c'est toujours vous qui avez donné ; il vous est donc difficile d'imaginer une relation où ce serait vous qui recevriez, et où l'équilibre soi/autrui serait différent. Peut-être vous inquiétez-vous des attentes que pourrait avoir votre thérapeute et de votre capacité à les satisfaire, puisque vous avez en vain recherché l'approbation de votre père. Vous n'imaginez même pas qu'une relation puisse vous être favorable. Jusqu'à présent, vous n'avez éprouvé dans vos relations qu'une demande constante et des déceptions non moins constantes, d'où un certain scepticisme quant aux bénéfices que pourrait vous apporter un tel traitement.

Si votre approche de la guérison ne fait que reproduire le modèle masculin — n'avoir besoin de personne, pouvoir tout faire par soi-même, gérer sa vie en occultant les problèmes, ne jamais admettre sa tristesse — la thérapie risque effectivement de n'avoir aucun effet. Même si vous parvenez à modifier votre façon de vous alimenter et à mieux traiter votre corps, cela ne sera peut-être pas suffisant. Il vous faut absolument comprendre pourquoi vos conflits vis-à-vis de la nourriture et de votre corps se sont développés, et voir vos problèmes et vos émotions, non pas comme des démons ou des ennemis, mais comme des outils de transformation. Vos sentiments ont besoin d'être déterrés et de prendre l'air, et le cabinet du thérapeute est le meilleur endroit pour cela.

En thérapie, vous allez devoir cesser de porter un masque. Ce que l'on attend de vous, c'est que vous soyez vous-même. Mais peut-être ne savez-vous pas ce qui se cache sous le masque de l'anorexique, de la boulimique ou de la petite-fille-parfaite ; un thérapeute pourra vous aider sur ce terrifiant chemin à la découverte de vous-même. Les thérapeutes sont des guides, spécialement formés pour aider leurs patients à identifier, comprendre et exprimer leurs sentiments. Leur cabinet est un lieu sûr où vous pourrez examiner vos déceptions vis-à-vis de votre père et découvrir combien votre faim du père continue de vous affecter. Travailler avec un thérapeute vous montrera comment exprimer vos besoins et les satisfaire, comment trouver un équilibre entre soi et autrui, comment vivre des relations plus satisfaisantes où vous serez à la fois reliée et autonome.

Un thérapeute spécialisé dans les troubles de la nutrition vous sera particulièrement utile. Il saura si vous avez besoin d'une assistance thérapeutique complémentaire et connaîtra les spécialistes capables de traiter les complications médicales accompagnant les troubles de la nutrition. Ceci sera particulièrement important si vos symptômes sont déjà anciens. Mais qu'ils soient anciens ou récents, toute personne manifestant des comportements néfastes pour la santé court le risque de complications graves, notamment dans tout ce qui est lié au fonctionnement cardiaque, à la production d'hormones, à la fertilité, à la formation des os et à la fonction digestive. Chaque individu étant unique sur le plan biochimique, ces complications peuvent survenir à tout moment. Cette question est à aborder dès le début du traitement.

Un spécialiste pourra aussi vous aider à comprendre les perceptions physiques liées à la modification de vos schémas d'alimentation. Il (ou elle) vous aidera à voir en quoi ces expériences s'inscrivent dans un long processus de guérison. Alors que vous serez désespérée, ou que vous aurez l'impression d'agir bizarrement ou de ne plus avancer, votre thérapeute, lui, y verra peut-être les signes indéniables d'une guérison prochaine.

Un spécialiste peut aussi identifier les schémas d'interaction familiaux à prendre en compte. Il vous aidera à comprendre la famille où vous êtes née, la place que vous y occupez et les interactions malsaines que vous reproduisez dans vos autres relations. Un thérapeute peut vous aider à faire la distinction entre les individus et le schéma familial — vous pourrez ainsi affronter les problèmes de votre famille avec moins de culpabilité. Vous éprouverez certainement une grande tristesse quand vous verrez tomber vos illusions sur votre enfance, réalisant ainsi que la souffrance et les problèmes étaient déjà là à cette époque. Là encore, la thérapie vous aidera à franchir ce cap.

La meilleure description que je puisse donner de la thérapie me vient d'une patiente, qui compara la guérison à l'escalade d'une montagne. Pour elle, j'étais quelqu'un sur qui elle pouvait s'appuyer lorsqu'elle se sentait seule, effrayée, impuissante ou fatiguée. Elle savait que j'allais l'aider à remonter et qu'elle ne retomberait pas. Peu à peu, cette patiente a trouvé comment se reposer sur elle-même et n'a plus autant besoin de moi.

Une thérapie formelle n'est pas le seul chemin qui mène à la guérison, encore que ce soit certainement le plus sûr pour la plupart des gens. Mais vous pouvez aussi trouver de l'aide en participant à des groupes de soutien, en assistant à des conférences, en lisant des livres, en vous livrant à de nouvelles activités, en approfondissant votre connaissance de la religion ou d'autres doctrines spirituelles, ou tout simplement en parlant avec d'autres personnes. L'important est de vous ouvrir à une nouvelle approche de la vie et de laisser derrière vous celle qui compromet votre existence.

Affronter la réalité, ce sera aussi admettre que vous ne savez probablement même pas ce que vous aimez et ce que vous n'aimez pas, ce qui est “vrai” ou comment être vraie avec soi-même — comment le pourriez-vous, alors que toute votre attention est focalisée sur vos problèmes de nourriture et d'image du corps ? Mais que veut dire être vrai avec soi-même ? La meilleure définition, à ma connaissance, se trouve dans le livre de Margery Williams, *The Velveteen Rabbit*[1] (Le lapin de velours). Quel que soit votre âge, je vous recommande vivement ce livre pour enfants où un jouet, un lapin de velours, fait preuve d'une profonde sagesse. Voici mon passage favori :

> « — *Qu'est-ce qui est vrai ? demanda le Lapin un beau jour. Etre vrai, c'est avoir des petites clochettes qui tintent et une poignée qui dépasse ?*
>
> — *Non, non. Etre vrai, cela n'a rien à voir avec la façon dont tu es fabriqué, répondit le Cheval de Cuir. C'est quelque chose qui t'arrive. Quand un enfant t'aime pendant longtemps, très longtemps, pas simplement pour jouer avec toi, mais t'aime VRAIMENT, alors tu deviens vrai. Tu deviens. Cela prend du temps. En général, quand tu deviens vrai, il t'a tellement aimé que tu es tout pelé, tes yeux sortent de leur orbite, tes articulations sont toutes distendues — bref, tu es dans un sale état. Mais tout cela n'a aucune importance, parce qu'à partir du moment où tu es vrai, tu ne peux plus être laid, sauf pour les gens qui ne comprennent pas.* »

Guérir, c'est devenir "vrai", exactement comme l'explique le Cheval de Cuir. Une personne vraie accorde davantage de valeur à ses relations et à l'amour qu'à son aspect ou à son poids. Une personne vraie ne cherche plus constamment à avoir l'air "bien" ou "parfaite". Vous vous acceptez pour ce que vous êtes et vous acceptez les autres pour ce qu'ils sont. Vous ne portez plus un masque destiné à satisfaire les autres ; vous agissez selon les élans de votre cœur ; vous êtes sincère et ouverte, vous autorisez les autres à véritablement vous connaître.

Pour être vraie et vous aimer, il vous faudra cesser d'être parfaite. Vous ne pouvez plus être la petite fille de papa. Même si son amour est inconditionnel, vous ne le saurez

---

[1] Margery Williams (1975). *The Velveteen Rabbit*. New York, Avon Books, pp. 16-17.

jamais parce que vous penserez toujours qu'il aime la petite fille "parfaite" — pas celle que vous êtes vraiment. Vous devez abandonner ce mythe de Superman que vous calquez sur votre père, et vous devez tout pareillement abandonner cette image de "superwoman" ou de petite-fille-parfaite que vous vous êtes imposée. Vous pourrez ainsi renouer avec vous-même et ces retrouvailles vous conduiront progressivement à la guérison.

Thèmes de réflexion

- Vous est-il arrivé d'être vraie, d'être vous-même avec quelqu'un ?

- Quels masques portez-vous pour cacher celle que vous êtes à votre père ? Que se passerait-il si vous cessiez de porter ces masques ?

- Votre père peut-il vous accepter telle que vous êtes réellement ?

- En quoi aller mieux et être réelle vous effraie-t-il ?

RENOUEZ AVEC VOTRE PÈRE

En dépit de ce que vous avez connu en grandissant dans notre culture, vous avez droit à deux parents. Et les pères ont le droit de participer à la vie émotionnelle de leur famille. Essayez d'imaginer un nouveau scénario pour votre relation à venir avec votre père et avec les hommes en général. Utilisez ce que les "mauvais jours" de votre trouble de la nutrition vous ont appris pour améliorer votre relation avec votre père et inscrire davantage de "bons jours" dans le scénario de votre vie. Idéalement, vous et votre père pourrez enfin vous rencontrer et découvrir deux personnes ouvertes et mutuellement attentionnées. Sinon, vous pourrez au moins mettre fin au cycle et aux conséquences de la faim du père dans votre vie.

Le temps que vous consacrerez à cet aspect de votre guérison sera bien investi, car la relation avec votre père constitue le prototype de toutes vos interactions avec les hommes. Souvenez-vous, l'histoire se répétera, sauf si vous travaillez dur pour modifier des schémas familiaux douloureux et votre faim du père.

Vous avez tout fait pour vous montrer “à la hauteur”, mais sans être sûre d'y être parvenue. L'angoisse qui en a découlé a amoindri votre estime de soi, votre confiance en vous-même et votre identité, tout en vous incitant à refuser votre corps et la sexualité. Il est important que vous compreniez votre relation avec votre père, même si vous ne pouvez pas la modifier. Peut-être vit-il trop loin, ou bien il est malade, ou mort, ou ses propres problèmes le placent dans l'incapacité d'établir une relation. Mais en cherchant à comprendre ce qui vous relie, vous pourrez éviter l'angoisse, les déceptions, les manques et les attentes que vous avez connus jusqu'à présent ; vous éviterez aussi de compromettre vos relations avec vos petits amis, votre conjoint, vos amis, votre patron et les hommes en général.

Non seulement vous avez droit à deux parents, mais vous avez aussi droit à des relations avec les hommes. Vous serez mieux à même de revendiquer ce droit si vous avez déjà travaillé sur votre lien avec votre père.

Donnez une chance à votre père

Chacune d'entre vous est unique et a développé des symptômes similaires pour des raisons fort différentes. De même, votre père mérite lui aussi d'être compris dans sa personne. Il mérite mieux que des accusations collectives lui reprochant de ne pas s'être montré parfait — il faisait probablement de son mieux dans le cadre restreint du rôle prescrit par la société et d'une impossible image mythique. Il ne sait pas comment se relier à vous. Pardonnez-lui ses imperfections et ses maladresses.

Même si votre père n'est plus là, vous avez le droit d'en savoir un peu plus sur lui. Essayez de parler avec des parents ou des amis de la famille pour obtenir les informations qu'il ne peut vous fournir directement. Souvenez-vous que si de nombreux facteurs ont contribué à votre trouble de la nutrition, un ensemble de circonstances a de la même façon affecté la personnalité de votre père et la façon dont il a tenu son rôle de parent. Essayez d'en apprendre autant que vous le pourrez. Par exemple, si l'un de ses parents était alcoolique, vous pourriez lire les documents publiés par les Alcooliques Anonymes pour vous aider à comprendre à quoi sa vie a pu ressembler. S'il a grandi dans une période de grands changements sociaux ou d'incertitude politique, renseignez-vous sur ces événements. Les livres historiques vous donneront des faits, mais les œuvres de fiction pourront mieux vous faire sentir la façon dont ces événements ont pu le toucher personnellement. En fait, au lieu de lire un ouvrage de plus sur les troubles de la nutrition, prenez plutôt un livre qui vous aidera à comprendre votre père. Si vous comprenez sa vie, peut-être lui pardonnerez-vous plus facilement ses carences en tant que père.

Quand vous aurez compris les mythes culturels auxquels les hommes sont soumis et quand vous connaîtrez mieux votre père en tant qu'individu, vous pourrez établir des attentes plus réalistes à l'égard de votre relation avec lui. Cela pourra aussi vous permettre de l'aider à changer et d'étudier avec lui quelques-unes des barrières qui limitent son rôle dans la famille. Par exemple, quand nous demandons aujourd'hui aux pères de s'ouvrir à leurs émotions et de s'impliquer davantage chez eux, nous les plaçons dans une situation de double contrainte, en leur imposant deux attentes qui s'excluent mutuellement. Je m'explique : nous demandons aux pères de prendre soin de nous, de nous protéger, d'être courageux, forts, puissants et invulnérables dans le monde, mais nous voulons aussi qu'ils reconnaissent leurs émotions et expriment leurs sentiments, donc qu'ils deviennent vulnérables et accessibles. Nous avons modifié nos exigences sans préavis et n'aidons guère les pères à se transformer, ce qui est particulièrement injuste.

Utilisez la voix du « je »

Vous pouvez contribuer à votre développement personnel et améliorer votre relation avec votre père en travaillant sur votre propre double contrainte — laquelle consiste à avoir des sentiments mais à ne pas les exprimer. Au cours du chapitre précédent, j'ai parlé aux mères de la nécessité de développer la voix du « je ». Mais vous aussi devez cultiver cette voix.

Votre voix accusatrice dit : « Papa, tu n'étais jamais là pour moi. » Peut-être aurait-il bien voulu être là, mais il obéissait aux mythes et aux attentes que la société lui avait imposés. Si vous parlez en accusatrice, votre père se sentira probablement incompris et cessera de vous écouter. Dans ce cas, il cachera peut-être ses sentiments en se mettant en colère ; il se sentira probablement dérouté et impuissant, incapable d'entrer en contact avec vous.

Pour éviter ces malentendus, soyez très précise et utilisez votre voix du « je » : « J'ai eu l'impression que tu ne te souciais pas de moi parce que tu passais tellement de temps au travail. » Votre père est aussi un être humain ; contrairement à ce que disent les vieux mythes, lui aussi a des sentiments. Comme nous tous, il réagira mieux à une attitude aimante et compréhensive qu'à des accusations. Par ailleurs, en parlant avec votre voix du « je » de ce que vous avez ressenti, vous pourrez peut-être montrer à votre père comment communiquer. Il se peut que vous soyez en avance sur lui dans ce domaine, mais soyez patiente et donnez-lui une chance d'apprendre.

Communiquer avec votre père et vous relier à lui ne signifie pas, cependant, que vous devez toujours être d'accord avec lui. En fait, vous devriez ne pas être d'accord ! Si vos parents ne se plaignent pas du “conflit des générations”, cela veut probablement dire que vous n'avez pas encore suffisamment développé votre “moi”. Peut-être cherchez-vous à les protéger de ce qui est nouveau et différent, alors que vous devriez au contraire les pousser à comprendre combien le monde a changé depuis leur jeunesse !

Faites table rase du passé

Plus vous connaîtrez votre père et plus vous lui pardonnerez ses imperfections, plus vous serez à même d'oublier ce père mythique qui était censé, comme par magie, combler tous vos besoins et vous protéger de tout. En rejetant cette image, vous aurez probablement le sentiment de perdre quelque chose de très important — comme par exemple la "totoche" ou le nounours de votre enfance, ou bien la "petite fille à son papa". Mais vous pourriez y gagner une relation vraie avec votre père — c'est-à-dire quelque chose de bien plus satisfaisant qu'un mythe creux et périmé.

Peut-être avez-vous peur d'entreprendre cette démarche. Pour certaines d'entre vous, cette peur repose sur un constat hélas bien réel : un père colérique qui explose facilement, ou bien qui s'est effectivement livré à des comportements abusifs. Si tel est votre cas, il vous faudra décider s'il est souhaitable ou non d'établir une relation plus émotionnelle avec votre père, et du moment et du lieu pour le faire. Demandez conseil à votre thérapeute. Pour beaucoup d'autres, cependant, la peur de mieux connaître leur père repose sur les mythes voulant que les pères n'aient pas d'émotions et ne se soucient pas de l'éducation de leurs enfants. Si vous parlez à votre père, ces mythes pourraient bien s'écrouler.

Certaines d'entre vous pourront bénéficier du soutien de leur père dans leur démarche. D'autres se trouveront confrontées à un père qui ne voit aucun intérêt à comprendre leur relation passée et à améliorer celle à venir, ou qui s'en trouve dans l'incapacité. Bien que cela vaille la peine de vous adresser à votre père, il vous faudra peut-être accepter qu'il ne peut rien à l'égard de votre faim du père, pas plus d'ailleurs qu'à l'égard de la sienne. N'en cessez pas pour autant de travailler à votre guérison. Vous aurez peut-être la chance de trouver dans votre vie d'autres hommes capables de se montrer accessibles sur le plan émotionnel, nourriciers et aimants. Ils ne remplaceront jamais votre père, mais cela ne vous privera pas du bonheur de connaître une relation étroite avec un homme. Peut-être avez-vous un oncle ou un grand-père avec qui vous pouvez parler de vos sentiments à l'égard de votre père. Pensez aussi aux amis de la famille, à vos professeurs ou au prêtre de votre paroisse. Ou bien à un thérapeute homme, qui pourra comprendre et valider vos sentiments. De toute façon, veillez à travailler autant que vous le pourrez sur votre faim du père afin qu'elle cesse d'influencer chacune de vos interactions avec les hommes.

Thèmes de réflexion

- Que connaissez-vous de la vie de votre père ? Comment pourriez-vous en savoir davantage ?

- Cela explique-t-il pourquoi vous avez du mal à être proche de lui et lui de vous ? Et avec les autres hommes ?

- Que pouvez-vous changer dans votre relation actuelle avec votre père ?

RENOUEZ AVEC VOTRE FAMILLE

Il ne suffit pas de vous réconcilier avec vous-même ou d'établir une nouvelle relation avec votre père. Cette relation ne surgit pas du néant ; elle s'inscrit dans un cadre plus vaste englobant votre famille et l'environnement social. Le rôle et le comportement de votre père ont affecté toutes vos relations. De même, chaque action visant à vous relier à vous-même ou à votre père se répercute dans tout le système. Chacun, d'une façon ou d'une autre, a souffert et a besoin de guérir — même si les autres membres de votre famille ne veulent pas ou ne peuvent pas le reconnaître.

Votre famille refusera peut-être d'admettre que votre trouble de la nutrition est le reflet de problèmes sous-jacents, mais il est indispensable que *vous* l'acceptiez. Comme le disait une patiente :

« Pour guérir, il a fallu que je reconnaisse toute ma souffrance. J'ai aussi dû accepter que je pouvais seulement me changer moi, mais pas ma famille. Ils ne voyaient pas l'intérêt de suivre une thérapie ou même de parler de nos problèmes. Je me sentais horriblement frustrée et abandonnée, mais il a bien fallu que je l'accepte et que j'apprenne à combler mes besoins par moi-même. Et après cela, j'ai pu manger un biscuit sans dévorer tout le paquet, et je n'ai plus eu besoin de m'affamer non plus. »

Lorsque vous aurez mis à jour votre souffrance, atténué votre culpabilité, dit adieu à votre vision idyllique d'une famille “parfaite”, votre armure protectrice tombera. Donnez-vous le temps d'accepter cette perte. Cela sera particulièrement difficile si votre famille ne peut pas vous soutenir. Pendant un temps, vous n'arriverez peut-être pas à sortir de votre colère, de votre tristesse, de votre frustration et de l'impression de ne pas être comprise, mais avec l'aide d'une thérapie, vous pourrez aller de l'avant. Pendant longtemps, Liz est restée enfermée dans sa colère contre ses parents, persuadée qu'ils changeraient. Petit à petit, son thérapeute l'a aidée à se défaire de la souffrance et des illusions de son enfance, et à se tourner vers l'avenir. Voici comment elle m'a décrit l'une de ses séances de thérapie individuelle :

« Mon médecin m'a dit : “Dans tous les cas, vos parents seront gagnants. Si vous mourez, tout le monde sera là pour les plaindre et les réconforter. Si vous reprenez du poids, ils pourront se vanter d'avoir une fille qui a traversé toutes ces épreuves et réussi à guérir.” J'ai compris qu'il avait raison. Je gâchais ma vie à cause de cet horrible contexte familial et moi seule pouvais y remédier. »

Comme Liz, vous devez accepter que vos besoins et vos frustrations sont bien réels. Cessez de perdre votre temps en imaginant combien tout aurait pu être différent. Admettre vos manques et votre souffrance, c'est un pas vers la guérison.

Transformez vos relations

Maintenant que vous avez reconnu combien la distance et l'inaccessibilité de votre père vous ont affectée, voyez comment celles-ci ont influencé votre relation avec votre mère. Pendant votre enfance, vous n'aviez probablement aucune idée de ce qu'était réellement sa vie, de ce que signifiait pour elle assumer la charge de toute la famille. Portez un nouveau regard sur votre enfance et la vie de votre famille. Parlez à votre mère ; expliquez-lui comment vos déceptions vis-à-vis de votre père ont contribué à vous rendre malheureuses toutes les deux, comment les scénarios familiaux ont entravé votre relation avec elle. Discutez de vos difficultés à trouver un équilibre. Même si elle n'est pas là ou n'a pas envie d'avoir ce genre de conversation, il vous sera toujours très profitable d'analyser la façon dont votre non-relation avec votre père a affecté vos rapports avec elle.

Puis examinez vos relations, le cas échéant, avec vos frères et sœurs. Là aussi, il est vraisemblable que vous ayez des plaies à guérir. Il existait peut-être entre vous une rivalité ayant pour enjeu l'affection et l'approbation de votre père, et vous ne vous êtes jamais sentis bien ensemble ; ou bien ils ne comprennent pas vos problèmes ou ne veulent pas discuter des schémas émotionnels de la famille, et vous vous sentez vexée ou incomprise. Là encore, cela vaut la peine de prendre le temps de travailler ces questions avec eux. Qu'ils acceptent d'en parler ou non, essayez de comprendre dans quel contexte vous avez tous grandi. Plus vous placerez de pièces sur le puzzle, mieux vous comprendrez ce qui vous a poussée à développer un trouble de la nutrition.

Pour devenir un personne complète, il vous faudra aussi établir avec les membres moins directs de votre famille des relations qui vous soient propres. Les rapports des enfants avec le reste de la famille s'établissent généralement au travers de leurs père et mère (souvent la mère), mais ceci limite la relation. Ces parents plus ou moins éloignés vous connaissent en fonction du scénario propre à votre noyau familial, et ce que vous savez d'eux s'appuie tout pareillement sur ce scénario. Si vous les rencontrez sur une base plus individuelle, vous en apprendrez beaucoup sur votre cellule familiale car vous verrez les choses sous un nouvel angle. Ceci vous permettra de faire de nouvelles découvertes sur vous et d'ajouter quelques pièces au puzzle. Et qui sait, peut-être trouverez-vous dans ces relations le soutien et l'attention qui vous aideront à mener à bien votre guérison.

Trouvez un nouveau rôle

Si vous voulez vous défaire de vos anciens modes d'interaction, trouver un équilibre entre vos besoins et ceux des autres, et exprimer vos sentiments directement au lieu de vous servir de la nourriture et de votre corps, vous allez devoir modifier votre rôle dans la famille. Il faudra vous affirmer, au lieu de vous soumettre à la moindre demande, explicite ou implicite. Vous devrez être davantage ancrée en vous-même et plus consciente de ce qui vous pousse à agir de telle ou telle façon dans vos relations. Peu importe que les autres n'aient pas envie de changer, vous avez toujours la possibilité de modifier votre propre scénario ; il leur faudra bien s'ajuster. Peu à peu, votre système se transformera et laissera davantage de place à la personne que vous êtes et à vos besoins. Toutefois, c'est à vous que revient la charge d'apprendre à votre famille qui vous êtes réellement et ce que vous attendez d'elle.

Il y a de fortes chances pour que vous soyez considérée dans votre famille comme “la malade”, “l'anorexique”, “la boulimique” — voire la “brebis galeuse” — ou toute autre étiquette réductrice. Il est très difficile de se défaire d'une telle image, car les familles s'enferment bien souvent dans des étiquettes et des scénarios — et résistent tout autant au changement. Vos symptômes ont créé une barrière que vous devez abattre.

Si d'autres membres sont prêts à s'impliquer, une thérapie familiale peut être fort utile pour vous aider à renouer les uns avec les autres. Là, vous pourrez travailler à vous affirmer dans un climat plus sécurisant, plus coopératif. La famille tout entière pourra apprendre à se montrer aimante et attentionnée, et à communiquer plus directement.

Thèmes de réflexion

- En quoi le rôle de votre père a-t-il influencé votre relation avec votre mère ? Avec vos frères et sœurs ?

- Qui, dans votre famille, pourrait vous soutenir pour vous aider à résoudre votre faim du père et guérir ?
Qu'est-ce qui vous empêche de vous adresser à cette personne (ou ces personnes) ?

- Pouvez-vous vous souvenir d'une occasion, autre qu'à propos de votre corps ou votre façon de vous alimenter, où vous vous êtes affirmée vis-à-vis de votre famille ? Qu'avez-vous éprouvé ?

RELIEZ-VOUS AU MONDE QUI VOUS ENTOURE

A ce stade, vous avez certainement noté des changements dans votre relation à vous-même, à votre père et à votre famille. Mais ces transformations ne vont pas s'arrêter là. Dès que vous aurez renoué avec vous-même et abandonné votre vieux réflexe de fuir vos sentiments en manifestant un trouble de la nutrition, tout sera possible. Les premiers pas ont consisté à mettre un terme à votre faim du père et à vos difficultés dans la famille. Vous commencez tout juste à convertir vos transformations intérieures en comportements extérieurs, et vous allez continuer sur votre lancée.

Petit à petit, toutes vos relations vont refléter l'estime que désormais vous vous portez. Les personnes qui peuplent votre monde — parents, frères et sœurs, amis, amoureux, connaissances, camarades de classe, collègues de travail, supérieurs hiérarchiques, professeurs... — voient désormais en vous une personne forte, ancrée en elle-même, qui sait prêter attention aussi bien à elle-même qu'à autrui. Ce que vous découvrez là, c'est un sentiment de pouvoir personnel. Vous pouvez concilier vos besoins et ceux des autres. Vous n'avez plus besoin de vous affamer, de vous suralimenter ou de vous tuer à l'exercice pour évacuer votre faim du père et votre manque de confiance en vous-même.

Ce sentiment de force intérieure transparaîtra également dans votre relation à la culture ambiante. Vous ne souffrirez plus des forces négatives qui accablent les femmes de travail et excluent les hommes de la vie de la famille ; vous saurez au contraire leur résister. Vous saurez aussi résister aux forces qui handicapent les femmes et réduisent leur valeur à leur poids et à leur apparence, les poussant à restreindre leurs appétits. Il se peut même que vous défiiez ces mœurs dictées par notre culture. Vous encouragerez d'autres jeunes femmes à remettre en question ces normes réductrices et à devenir elles-mêmes. Votre lien avec vous-même vous permettra de les aider à abandonner les méthodes autodestructrices qu'elles ont mis en place pour faire face à la faim du père que ces forces représentent.

Par votre guérison, vous aiderez les autres sans même vous en rendre compte. Parce que vous êtes différente, le monde va lui aussi être différent. Ce contact retrouvé avec vous-même, après vous avoir guérie, fera peut-être des émules ; votre nouvelle façon de vivre vos relations donnera à d'autres personnes le courage de renouer elles aussi avec elles-mêmes, de combler leur faim du père et de trouver une place dans le monde. Votre métamorphose individuelle peut à terme engendrer une société transformée, où les hommes et les femmes seraient complémentaires et se comprendraient, où les filles grandiraient en se sentant estimées, acceptées et aimées par leurs deux parents. La faim du père disparaîtrait peu à peu et les femmes, désormais capables de concilier soi et autrui, n'auraient plus à mettre leur santé en péril pour gagner l'approbation des hommes. Quelle révolution !

Thèmes de réflexion

- En quoi la guérison de votre faim du père pourrait-elle changer votre vie ? Qu'est-ce qui serait différent ?

- Quelle est votre place dans le monde ?

13
POURQUOI NOUS DEVONS TOUS PRÉVENIR LA FAIM DU PÈRE

Nous venons de parcourir ensemble un long chemin dans cette exploration de la faim du père — ses origines, ses manifestations, ses solutions. J'espère que ceci vous a permis de voir que la non-implication des pères n'est pas forcément un choix délibéré de leur part, et qu'elle ne découle pas davantage de leur physiologie ou de leur psychologie. Les rôles que nous leur avons prescrits, cependant, donnent trop souvent aux hommes le sentiment de ne pas être reconnus par leur famille et d'être tenus à l'écart de cette dernière. Pourtant, si on leur en donne la possibilité, les hommes peuvent entretenir une relation positive avec leurs enfants et s'occuper d'eux à merveille. Nous savons que les pères en sont capables, mais il nous faut maintenant instituer un système où cela sera plus souvent possible.

Cette transformation du rôle des hommes et de leur vie familiale ne relève pas vraiment d'un choix : c'est une nécessité ! La vie devient de plus en plus complexe pour chaque génération. De nombreux facteurs menacent le bien-être physique et psychologique des enfants, et tout spécialement nos attitudes négatives à l'égard du corps féminin, notre obsession du poids et des régimes, ces images de perfection dont nous sommes bombardés à longueur de temps, et la myriade de produits et pratiques technologiques, contraires à la nature, qui sont régulièrement lancés sur le marché pour influencer notre comportement.

Vous venez de voir que les risques encourus sont plus importants lorsqu'une jeune fille voit son corps se transformer au moment de l'adolescence, et ne se sent pas aimée et acceptée par son père. Mais la faim du père contribue à bien d'autres problèmes de comportement et troubles psychiques chez les enfants et les adolescents. Il existe ainsi un rapport évident entre la nature de la relation père-enfant et les psychopathologies de l'enfant et de l'adolescent dans de nombreux domaines, par exemple la délinquance juvénile, un comportement dangereux au volant, l'échec scolaire et les comportements impulsifs. Professeurs, conseillers pédagogiques, directeurs d'école et thérapeutes en arrivent souvent à la conclusion que les problèmes des enfants pourraient être réduits si leur père s'impliquait plus activement dans leur vie.

C'est pourquoi nous devons mettre fin à la faim du père. Faisons-le pour le bien des enfants — des filles, qui vont intérioriser leur souffrance, leur frustration et leur sentiment de rejet, et mettre leur santé en péril en faisant la guerre à leur corps ; et des garçons, qui vont extérioriser leur colère et se livrer à des comportements à la fois autodestructeurs et dangereux pour les autres.

Dans les Annexes qui suivent, je m'adresse à différents corps de métier pouvant exercer une énorme influence sur les enfants et leur famille. J'ai imaginé comment ces personnes pourraient aider à renverser la faim du père. Pour chacune de ces professions, je suggère des stratégies devant vous inciter à réfléchir par vous-mêmes à ce que vous pourriez faire pour amorcer cette transformation. Nous devons aider les hommes à faire davantage partie intégrante de leur famille ; nous devons permettre aux femmes de se sentir plus en sécurité et plus respectées dans leur rôle hors de la famille ; et nous devons aider les enfants à grandir correctement dans une société qui axe tout sur l'aspect physique et le poids, encourageant ainsi des attitudes malsaines vis-à-vis de la nourriture, et dresse le féminin et le masculin l'un contre l'autre. Ces suggestions ne sont qu'un tremplin pour votre réflexion personnelle, mais elles peuvent vous orienter dans la bonne direction.

J'espère que les informations, idées et suggestions présentées dans ce livre vous permettront d'effectuer des transformations dans vos propres relations et de favoriser la mise en place d'un nouveau système qui améliorera notre vie à tous. Bien souvent, lorsque nous parlons de grands faits de société tels que la faim du père, nous en concluons que ces problèmes échappent à notre pouvoir. Nous nous sentons impuissants devant leur immensité. Pourtant, il y a toujours quelque chose à faire. Nous pouvons déjà nous transformer, car chacun d'entre nous influe sur de nombreuses autres personnes. Commencez par vous débarrasser de ces vieux mythes sur les hommes et de la légende voulant qu'une fille n'ait pas besoin de son père. Voyez par vous-même combien vous avez eu besoin de votre père, et dans quelle mesure il a pu, ou non, combler vos besoins.

Lorsque vous aurez regardé en face les cicatrices ou les blessures encore ouvertes découlant de votre propre relation avec votre père, vous serez en mesure d'aider les hommes de votre entourage à vivre une vie plus pleine, plus reliée sur le plan émotionnel. Réfléchissez à la façon de créer de nouveaux scénarios qui donneront aux hommes comme aux femmes le pouvoir d'exploiter tout leur potentiel en tant qu'individu et dans leur rôle de partenaire ou de parent. En vous employant personnellement à préparer le chemin qui donnera un rôle plus positif aux pères et permettra aux hommes et aux femmes de partager le pouvoir et les responsabilités dans leur famille, vous contribuerez à renverser la faim du père. Souvenez-vous : « Si vous ne participez pas à la solution, vous faites partie du problème. »[1]

Il est temps de réécrire les mythes et les scénarios du passé. Chacun d'entre vous doit trouver comment réconcilier la souffrance d'hier et ses espérances pour demain, comment abandonner les anciens modes de relation et accueillir une nouvelle façon d'être ensemble. Si vous y travaillez de tout votre cœur, avec zèle et créativité, la vie

---

1 Citation attribuée à Eldridge Cleaver. In John Bartlett (1980), *Familiar Quotations*. Boston : Little, Brown, and Co., p. 913.

n'en sera que meilleure pour tout le monde. Imaginez un monde où les hommes et les femmes seraient bien dans leur peau, soutenus, reconnus et aimés. Imaginez ce qui se passerait si nous pouvions élever nos enfants dans un contexte où les hommes et les femmes partageraient à part égale les responsabilités et leur éducation. Imaginez des adolescentes qui se sentiraient accueillies dans le monde adulte et n'auraient plus à prouver leur valeur au travers de leur apparence ou de leur poids. Imaginez des pères se sentant satisfaits, faisant partie intégrante de leur famille. Imaginez des hommes et des femmes trouvant un équilibre entre soi et autrui, entre séparation et lien. Imaginez comment participer à la solution et ne plus faire partie du problème.

ANNEXES

Annexe A

STRATÉGIES PROPOSÉES AUX ENSEIGNANTS ET ÉDUCATEURS

Dans la mesure où la quasi-totalité des familles sont par la force des choses en contact avec un établissement d'enseignement public ou privé, le système éducatif constitue une source d'une valeur inestimable pour induire une évolution de la famille ou de la culture. De plus en plus d'enfants passent en effet leur journée dans une structure éducative et ce, dès leur plus jeune âge ; il devient ainsi possible de prévenir les problèmes, ou du moins de les déceler au plus tôt.

Mais peut-être pensez-vous que les écoles n'ont pas à s'immiscer dans la vie des familles ou à s'occuper de transformer la société ? Dans ce cas, penchez-vous sur la signification du mot “éducation”. Sa racine latine — “educare”, qui signifie “conduire hors de” — suggère bien un rôle d'instigation. Les structures éducatives peuvent contribuer à nous “conduire hors” de l'état actuel des choses, hors de ce rôle amoindri des hommes dans l'éducation de leurs enfants, et participer ainsi à l'éradication de la faim du père.

Déjà, un grand nombre d'enseignants de sexe masculin jouent un rôle important dans la vie des enfants. Il arrive très souvent que des maîtres d'école, professeurs, entraîneurs sportifs, conseillers pédagogiques ou responsables d'établissement consacrent du temps, hors de leurs heures de travail, à des garçons ayant manifestement besoin d'une présence masculine dans leur vie. Malheureusement, en raison de nos mythes sur le développement des filles, beaucoup d'enseignants n'ont pas pensé qu'ils pouvaient aussi venir en aide aux élèves de sexe féminin.

Les établissements scolaires se trouvent confrontés aux problèmes découlant du dysfonctionnement actuel des cellules familiales. Il est donc logique qu'ils participent à la prévention de ces problèmes.

Donner un rôle plus constructif aux hommes

- Les **enseignants** et **éducateurs** devraient connaître le père de leurs élèves. Les hommes s'absentant de leur travail moins facilement que les femmes pour ce genre de motif, il conviendrait de programmer les réunions de parents d'élèves ou les conversations téléphoniques avant ou après les heures de travail. Il faut aussi éviter de faire de la mère le seul lien entre l'école et la famille, et veiller à informer pareillement les deux parents.

- Les **établissements scolaires** pourraient faire participer les pères plus directement : certains d'entre eux ont certainement des connaissances particulières, un talent ou un passe-temps à partager. Les activités socioculturelles ou associatives peuvent jouer le même rôle.

- Les **établissements scolaires** pourraient aussi, par l'intermédiaire de leur personnel masculin, servir d'exemple pour montrer aux hommes comment s'intéresser aux enfants et leur prodiguer un soutien affectif.

- Les **établissements scolaires** et les **institutions publiques** pourraient organiser des réunions/débats ayant pour thème l'éducation des enfants, portant plus particulièrement sur le rôle du père ou un partage réel entre les deux parents, même si ceux-ci doivent faire face à un divorce, à des carrières prenantes ou d'autres problèmes. Il pourrait être particulièrement utile de montrer aux parents combien le monde, le système éducatif et le contexte social ont changé depuis leur enfance.

Encourager des attitudes saines à propos de la nourriture, du poids et de l'image du corps

- Les **crèches, écoles maternelles** et **autres établissements scolaires** devraient organiser à l'intention des parents des programmes d'information sur la nutrition et sur la conduite à tenir face à des enfants qui refusent de manger ou ont des goûts excentriques en ce domaine. Les ministères de l'Education Nationale et de la Santé pourraient fournir du personnel ou du matériel pour ce genre de programmes.

- Les **garderies** et les **établissements scolaires** devraient faire des repas et du goûter un moment calme et agréable, et éviter d'utiliser la nourriture comme récompense ou punition. Il devraient aussi veiller à la qualité de la nourriture et à l'organisation matérielle des repas, de telle sorte que les enfants prennent plaisir à manger ; par exemple en leur présentant des plats appétissants et adaptés à leurs besoins, en leur laissant suffisamment de temps pour prendre leur repas, et en leur offrant un contexte propice à la digestion.

- Les **professeurs de sciences naturelles** devraient inclure la nutrition dans leurs programmes, et ne pas simplement enseigner ce qu'il faut manger, mais pourquoi. Que les élèves sachent que leurs besoins nutritionnels et leurs goûts évoluent au fil des ans et que la croissance fait souvent augmenter l'appétit. Ce qui touche à la nourriture est trop souvent considéré comme un domaine exclusivement féminin ; ces sujets doivent cependant être enseignés aux filles comme aux garçons.

- Les **professeurs d'éducation physique** et les **entraîneurs sportifs** devraient eux aussi parler de nutrition avec leurs élèves, et ne pas leur conseiller de perdre du poids à la légère. Si toutefois ils estiment indispensable qu'un élève perde du poids, qu'ils le conseillent pour que cela soit fait sans préjudice pour sa santé et qu'ils veillent à ce qu'il ne maigrisse pas trop.

- Les **professeurs d'éducation physique** et les **entraîneurs sportifs** devraient donner l'exemple d'une vie saine, avec une alimentation équilibrée et des exercices réguliers. Qu'ils ne ferment pas les yeux s'ils voient un jeune sportif s'engager dans des comportements autodestructeurs pour modifier son poids — par exemple en suivant un régime excessif, en se faisant vomir, en jeûnant ou en abusant de laxatifs, diurétiques ou autres médicaments.

- **Tous les enseignants et éducateurs** peuvent influencer la façon dont les enfants vont commencer à se forger une image de leur corps. (Voir le paragraphe “Pédiatres et autres médecins en contact avec les familles”, p. 297.)

- **Tous les établissements scolaires**, pour ce qui est des Etats-Unis, devraient cesser cette récente pratique de mesurer et afficher la teneur en graisses du corps de leurs élèves. Dans la plupart des cas, ces mesures ne sont pas réalisées correctement ; elles donnent des idées fausses aux élèves et peuvent contribuer à un refus du corps et à des comportements alimentaires destructeurs.

Estime de soi, aptitude à communiquer et résolution des problèmes

- Les **éducateurs de jeunes enfants** devraient demander aux parents de noter le nombre de compliments et de critiques qu'ils adressent chaque jour à leur enfant. Qu'ils suggèrent un minimum de cinq compliments pour une critique. S'il apparaît que le comportement des parents est influencé par des problèmes non résolus issus de leur enfance, qu'ils leur suggèrent de lire certains ouvrages sur la question, voire de consulter un spécialiste pour inverser ces schémas. Aidez les pères, plus particulièrement, à comprendre les effets que même leurs paroles apparemment les plus anodines peuvent avoir sur leurs enfants.

- Les **programmes scolaires** et autres **activités destinées aux enfants** devraient favoriser la communication et donner aux enfants la possibilité d'exprimer leur opinion. La communication ne s'apprend pas seulement pendant les cours de français. Les activités favorisant l'expression, comme par exemple le dessin et la musique, devraient être encouragées. Il faudrait aussi donner aux enfants le sentiment que leurs efforts sont appréciés, quelle que soit la qualité de leur "œuvre".

- Les **établissements scolaires** devraient aussi apprendre aux enfants à prendre des décisions par eux-mêmes. Cela peut consister à les aider à voir comment se procurer les informations qui leur permettront de faire un choix ; il faudrait aussi leur apprendre à faire la différence entre les opinions et les faits, entre l'émotion et la logique, et à concilier les deux aspects. On peut également leur demander de décrire un problème auquel ils se trouvent confrontés, et la solution qu'ils proposent. Les enfants doivent comprendre qu'aucune décision n'est parfaite — il s'agit simplement de trouver celle qui leur convient le mieux !
  Des programmes spéciaux, par exemple des cours de théâtre ou des ateliers de santé, peuvent fournir l'occasion d'offrir diverses réponses à des situations difficiles. Les jeux de rôles peuvent inciter les jeunes à trouver d'autres solutions à leurs problèmes vis-à-vis de leurs parents, de leurs camarades et de leur inquiétude de ne pas "réussir".

Aider à traiter les troubles de la nutrition

- Par diverses actions à l'intention des élèves et de leur famille, les **établissements scolaires** peuvent contribuer à démystifier la thérapie et les problèmes psychiques. S'ils transmettent la notion que nous avons tous besoin d'être aidés un jour ou l'autre, les familles accepteront plus facilement de faire cette démarche. Il faudrait aussi faire comprendre aux pères combien leur soutien est important, aussi bien dans la prévention que dans la résolution des problèmes.

- Les **établissements scolaires** et **autres organismes** s'occupant d'enfants, d'adolescents et de jeunes adultes devraient former leur personnel à reconnaître les signes précurseurs et les symptômes d'un trouble de la nutrition. Chacun devrait aussi être conseillé sur la conduite à tenir s'il pense avoir décelé ce genre de situation. Il est essentiel de disposer d'une équipe qui puisse confirmer ce "diagnostic" et décider de la meilleure approche en fonction de l'élève et de sa famille. Il est généralement préférable d'en parler directement avec l'élève, puis de contacter sa famille — et sans tenir le père à l'écart ! Les éducateurs professionnels doivent se montrer directs et dire sincèrement ce qu'ils savent, mais sans brusquer l'élève ou ses parents. Ils devraient aussi aider les parents à prendre le problème en charge et à décider de la conduite à adopter.

- Les **établissements scolaires** devraient savoir à qui s'adresser dans la région en cas de trouble de la nutrition, et donner cette information aux parents. Préconisez une visite chez le médecin de famille aussi rapidement que possible, de façon à ce que ce dernier puisse évaluer l'état physique de l'élève. Demandez l'autorisation de téléphoner à ce médecin et informez-le de ce qui a pu être observé par les professeurs. Faites aussi savoir à la famille que vous surveillerez la situation et que vous vous assurerez qu'elle a bien pris les décisions qui s'imposent.

- Manifestez votre sympathie et montrez-vous solidaire dans toutes vos relations avec l'élève et avec sa famille. Il leur sera difficile de faire face au problème ; ils se feront des reproches et douteront d'eux-mêmes. Evitez de juger ou d'accuser ; souvenez-vous que les raisons d'un trouble de la nutrition sont extrêmement complexes, et que personne n'a souhaité en arriver là. Essayez d'instituer une véritable coopération entre l'école et la famille.

- Si la famille refuse d'avoir recours à une aide extérieure et si la situation semble grave (si par exemple l'élève tombe, ou s'évanouit pendant les cours), comportez-vous comme vous le feriez devant n'importe quelle autre situation où la vie d'une personne serait en danger. Réunissez votre équipe et envisagez d'avertir les services d'aide à l'enfance si l'élève a moins de 18 ans. S'il (ou elle) a plus de 18 ans, peut-être aurez-vous besoin d'un conseil juridique et médical pour vous aider à mettre sur pied une prise en charge extérieure à la famille. Mais même dans ce cas, poursuivez votre action pour que l'élève et sa famille acceptent d'entreprendre un traitement.

Annexe B
STRATÉGIES PROPOSÉES AUX MÉDECINS

Les familles accordent en général beaucoup de valeur aux paroles d'un médecin ou à ses prescriptions. Investis de cette confiance et de cette autorité, les médecins devraient donc eux aussi voir comment ils pourraient agir en faveur d'une restructuration de la famille qui élargirait le rôle des hommes et favoriserait la stabilité et le bien-être émotionnels des enfants. Le développement et la santé d'un enfant ne relevant pas d'un simple processus physique, les pédiatres devraient également s'attacher aux aspects psychologiques. Les médecins hommes peuvent donner l'exemple d'une relation chaleureuse et nourricière avec leurs jeunes patients ; ils pourraient aussi s'entretenir avec les pères, et les conseiller pour que ceux-ci se sentent plus à l'aise avec leurs enfants et s'impliquent davantage dans la protection de leur santé physique et mentale. Tous les médecins, homme ou femme, devraient veiller aux messages qu'ils transmettent à propos des rôles et devoirs parentaux ; ils pourraient aussi s'efforcer d'accorder une attention égale aux deux parents, et les charger à part égale d'appliquer leurs consignes.

En règle générale, ce sont les mères qui accompagnent les enfants à leurs rendez-vous chez le médecin, pratique qui limite considérablement l'influence qu'un praticien peut avoir sur la relation père-enfant. Mais une chose aussi simple que demander au père d'accompagner l'enfant ou de partager cette tâche avec sa femme, pourrait faire réaliser aux pères qu'ils ont besoin d'un contact régulier avec leur enfant pour mieux le comprendre. Et cela pourrait avoir un effet positif et durable permettant de réduire la faim du père.

- Les **pédiatres**, qui interviennent peu après la naissance de l'enfant, peuvent jouer un rôle important au niveau de la relation parent-enfant. Ces praticiens pourraient s'entretenir avec chaque parent de sa propre enfance et famille, et de son désir éventuel d'élever son enfant différemment. Prenez le temps d'expliquer combien il est difficile pour les pères de participer directement aux soins à donner à un petit enfant, et donnez quelques suggestions qui puissent les guider.

- A chaque nouveau stade de développement (premiers mois, petite enfance, âge préscolaire, âge scolaire, prépuberté, adolescence), les **médecins** pourraient parler avec le père de l'évolution des besoins de son enfant à son égard. Parallèlement, ils pourraient conseiller la mère pour qu'elle puisse aider son mari à s'impliquer.

- Si les parents lui demandent constamment si leur enfant mange trop ou trop peu, s'il est trop maigre ou a pris trop de poids, le **médecin** devrait les rassurer et les avertir qu'une ingérence excessive de leur part pourrait au contraire provoquer des problèmes de poids ou un trouble de la nutrition. Dans ce cas, il devrait également voir plus fréquemment l'enfant et les parents afin d'aider à régulariser la situation. Si l'un des parents (ou les deux) continue de manifester un souci exagéré, ou a lui-même des problèmes alimentaires ou de poids, il y a lieu de les adresser à un psychothérapeute qui pourra les aider.

- Les **médecins** devraient également parfaire leurs connaissances en matière de nutrition, et examiner leurs propres perceptions à propos du poids. Ils devraient aussi s'assurer qu'ils ne contribuent pas à pousser leurs jeunes patients à refuser leur corps ou à se livrer à des régimes dangereux. Un simple commentaire comme « Tu supporterais bien de maigrir un peu », sans en préciser la raison ni indiquer comment le faire et le nombre de kilos à perdre, peut avoir des effets catastrophiques sur un jeune qui doute de lui-même et ne s'estime pas.

- Les **médecins** devraient passer quelque temps en tête-à-tête avec leurs jeunes patients afin de les connaître plus directement et de leur manifester un intérêt personnel.

- Face à un jeune souffrant d'un trouble de la nutrition ou d'un problème d'image du corps, les **médecins** doivent absolument faire équipe avec les autres thérapeutes impliqués pour établir une approche conjointe. Une coordination de leur action avec l'école aidera les parents à faire face au problème. (Voir le paragraphe "Etablissements scolaires et autres organismes", page 292.)

- Les **pédiatres** et **autres médecins en contact avec les familles** peuvent aider les parents à véhiculer dès le plus jeune âge de l'enfant des attitudes saines vis-à-vis du poids, de la nourriture et de l'image du corps. Ils devraient ainsi inciter les deux parents à :

  — donner un exemple positif en acceptant et en écoutant leur propre corps ;

  — comprendre leurs attitudes vis-à-vis du poids et des régimes ;

  — s'informer des dangers liés aux régimes ;

  — prendre conscience des sollicitations permanentes de l'industrie des régimes et de la glorification de la minceur par l'industrie de la mode ;

  — parler avec leurs enfants des pressions auxquelles ceux-ci sont soumis pour avoir un corps "parfait" ;

— discuter des transformations du corps au moment de l'adolescence ;

— aider l'enfant à accepter son corps au lieu de chercher constamment à le modifier ;

— louer les valeurs et qualités intérieures de l'enfant et relativiser l'importance de la beauté physique ;

— aider l'enfant à exprimer ses sentiments de façon constructive, de telle sorte que les émotions difficiles ne soient pas converties en trouble de la nutrition ;

— laisser leur enfant commettre ses erreurs et en tirer la leçon. Mais c'est aussi à vous, pédiatres et médecins, de veiller à ce que les parents ne cherchent pas à rendre leur enfant parfait.

Annexe C
STRATÉGIES PROPOSÉES AUX PSYCHOTHÉRAPEUTES

Les psychothérapeutes ont un rôle important à jouer dans l'amélioration de la structure familiale. Mais s'il ne comprend pas sa propre faim du père, le clinicien sera moins en mesure de traiter les questions relatives au rôle des hommes dans la famille et à la répartition du pouvoir et des responsabilités entre les deux sexes. Si en revanche il a exploré sa propre expérience d'enfant et d'adolescent, l'équilibre entre le masculin et le féminin dans sa vie, et ses attitudes à l'égard des femmes — notamment vis-à-vis du poids, de la nourriture, de l'image du corps et de la répartition des rôles —, son aide sera bien plus efficace.

Si la pratique de la psychothérapie est toujours délicate, le traitement de patientes ou de familles sous le coup d'un trouble de la nutrition l'est encore bien davantage. Il est facile de développer des fantasmes salvateurs devant des symptômes si manifestes et si nocifs, mais les thérapeutes devraient donner à leurs patientes le pouvoir de regarder leur vie en face.

Il est tout aussi tentant d'avancer des explications simples (similaires au raisonnement du type « Si seulement... » ou « Je voulais juste... »). Par exemple, il arrive qu'un thérapeute attribue la responsabilité du problème à une seule et unique relation, telle qu'un père absent ou une mère envahissante, au lieu d'aider la patiente à comprendre pourquoi sa famille s'est comportée comme elle l'a fait. Il peut aussi ne pas avoir conscience des dangereux effets psychologiques et physiologiques d'un trouble de la nutrition, ou ne pas mesurer les problèmes propres à la famille, notamment le déséquilibre des rôles et la fonction des symptômes dans le système familial. En essence, le thérapeute peut ne pas percevoir l'importance que peuvent revêtir chez certaines familles la nourriture, l'image du corps, le poids, la pratique d'exercices physiques et l'apparence, alors que tout cela reflète l'absence d'un lien entre un père et sa fille.

- Il est indispensable que les thérapeutes analysent l'impact de la culture sur leurs propres expériences et attitudes, afin de pouvoir mieux aider les patientes et leur famille. Cette exploration doit inclure un examen de ce qu'ils/elles attendent des hommes au niveau de la famille ainsi que de leurs attitudes vis-à-vis des femmes, de l'apparence physique, du poids, de la nourriture et des rôles de chaque sexe.

- Les thérapeutes doivent s'informer des conséquences psychologiques et physiologiques des troubles de la nutrition. Ils doivent aider leurs patientes à comprendre ces conséquences, et s'attacher d'abord à l'éradication des symptômes ; ce n'est qu'ensuite que le travail de thérapie à plus long terme pourra prendre place.

- Les thérapeutes doivent prendre le temps d'explorer et de comprendre les dynamiques de la famille de la patiente, et comparer celles-ci à leur propre expérience. Avec cette information et la conscience de leurs propres problèmes non résolus, les thérapeutes seront plus à même de modifier le schéma en cause et d'éviter que les dynamiques de la patiente se reproduisent dans la relation thérapeutique.

- Les thérapeutes doivent évaluer chaque cas individuellement. La patiente possède les réponses à ses problèmes. Le travail du thérapeute consiste à écouter avec une attention aiguë, de façon à permettre à sa patiente d'utiliser sa propre sagesse. Ceci n'est possible que si le thérapeute a saisi les caractéristiques propres à sa patiente et à sa famille, et résiste à l'envie de généraliser.

- Les thérapeutes doivent encourager les transformations, tant au niveau familial que culturel, qui permettront un partage plus équitable du pouvoir et des responsabilités entre les deux sexes ; les pères pourront ainsi s'impliquer davantage dans leur famille, et les filles se sentir acceptées dans le monde masculin prévalant à l'extérieur de leur famille.

Annexe D

STRATÉGIES PROPOSÉES AUX AUTRES CORPS DE METIER ET AUX ADULTES EN GÉNÉRAL

Parmi les corps de métier susceptibles d'améliorer les relations père-enfant, les professions juridiques sont de toute évidence appelées à jouer un rôle essentiel. Les avocats, les spécialistes du droit de la famille, les législateurs, les juges et les tribunaux devraient prendre en considération l'importance de cette relation et veiller, dans leurs jugements de divorce et de droits de garde, à tout faire pour la préserver et l'améliorer. Ces corps de métier devraient signifier aux pères que leurs enfants n'ont pas seulement besoin de leur soutien financier, et que les conflits entre parents divorcés ou séparés découlent souvent de la distance émotionnelle du père. Ils devraient donner à ces couples la liste des organismes et associations susceptibles de les aider à tenir plus efficacement leur rôle de parent, et les informer plus spécialement de tout programme destiné à aider les hommes à se montrer plus actifs, plus constructifs et plus nourriciers.

De même, les employeurs, l'industrie et la fonction publique peuvent poursuivre ce travail en développant une politique du personnel qui prendrait en compte la famille et inciterait les pères à jouer un rôle plus actif.

Nos efforts personnels, associés à ceux des institutions, peuvent donner de merveilleux résultats. Il ne s'agit là que de quelques idées. Mais quelle que soit votre position, vous pouvez agir sur la faim du père et ses conséquences.

- Les **comités d'entreprise** pourraient organiser des débats sur les relations au sein de la famille et sur les scénarios prescrits aux hommes et aux femmes, afin d'accroître la participation des pères et alléger le fardeau des mères.

- Les **mouvements associatifs** pourraient organiser des débats avec des thérapeutes familiaux et des spécialistes du développement de l'enfant, afin d'apprendre aux hommes à s'impliquer davantage vis-à-vis de leurs enfants — notamment durant la petite enfance et l'adolescence, période où les pères sont le plus susceptibles de se sentir tenus à l'écart.

- Les **bibliothèques** pourraient établir la liste de leurs ouvrages sur l'éducation et sur les rôles sociaux des hommes et des femmes ; puis elles pourraient travailler avec les professions citées ci-dessus pour favoriser une prise de conscience chez les hommes et améliorer le rôle de ces derniers dans leur famille.

- Les **employeurs**, les **magistrats**, les **législateurs**, les **assistantes sociales**, et toute autre personne pouvant de par son métier exercer une influence sur les familles, devraient régulièrement examiner leur politique et leurs pratiques, afin de voir si celles-ci contribuent ou nuisent au rôle du père dans sa famille. Il importe tout particulièrement de réviser nos programmes d'aide sociale, qui ne sont accessibles aux familles qu'en cas d'absence du père. Ces programmes devraient au contraire aider les familles à rester unies et permettre aux enfants d'avoir une relation avec leur père.

- Les **avocats** et les **juges aux affaires familiales** devraient inciter les parents à faire la paix, résoudre leurs différends, et considérer l'impact qu'un divorce ou une action en justice à propos du droit de garde peut produire sur les enfants. Ces personnes devraient leur dire clairement qu'un enfant a besoin d'une relation à la fois avec sa mère et avec son père, et les exhorter à gérer leurs différends de façon à préserver le lien de l'enfant avec ses deux parents.

- Demandez aux **hommes politiques** et aux **grands industriels** de promouvoir une politique qui rendent les pères plus disponibles pour leurs enfants. La flexibilité des horaires et le travail à temps partiel ne devraient pas s'adresser exclusivement aux femmes. Mais il faudrait aussi que les femmes jouissent d'un rôle moins limité dans le monde du travail, de telle sorte que les jeunes filles puissent envisager un avenir où elles seraient reconnues, respectées et soutenues.

- Les **adultes** peuvent faire de nombreuses choses fort simples qui aideront leurs enfants. Quand vous leur lisez une histoire ou regardez la télévision avec eux, demandez-leur ce qu'ils ressentent : que pensent-ils de l'histoire, des rapports entre les personnages, du rôle donné au père, du dénouement choisi par l'auteur ? En quoi modifieraient-ils cette histoire s'ils devaient la réécrire ? Les enfants auront ainsi l'occasion de trouver d'autres solutions aux problèmes exposés, de faire part de leurs pensées, de sentir l'intérêt et l'attention que vous leur portez, et de devenir des acteurs du monde actifs et non plus passifs.
  Vous pourrez aussi aider vos enfants à comprendre le pouvoir de notre culture sur chacun d'entre nous. Apprenez-leur à devenir un consommateur critique, en leur expliquant que les images présentées par les médias ne correspondent pas toujours à la réalité. Dites-leur comment les publicitaires nous manipulent avec leurs images et leurs messages subliminaux. Saisissez la moindre occasion pour leur faire comprendre que ni l'homme, ni la femme, ne devraient être limités par des stéréotypes et des mythes dépassés. Enseignez-leur à chaque fois que vous le pouvez que filles et garçons, hommes et femmes, devraient vivre leur vie dans sa dimension la plus pleine, en étant reliés à eux-mêmes et à autrui dans des relations gratifiantes faites de respect, d'attentions réciproques et de tendresse.

Autres titres parus au Souffle d'Or

Sur le thème de la santé

- *Surfez sur votre stress*, John M. Perkins
- *Elixirs floraux, harmonisants de l'âme*, Philippe Deroide
- *Les élixirs floraux du Dr Bach*, Julian et Martine Barnard
- *Fleurs et santé, les harmonisants du Dr Bach*, Iona Sarah Salomon
- *Equilibrer l'énergie vitale par la polarité*, Franklyn Sills
- *La métamoprhose, le massage métamorphique*, Gaston Saint Pierre et Debbie Boater
- *Cinq minutes pour traiter vos phobies par la kinésiologie*, Dr Roger Callahan
- *Cinq minutes pour vaincre l'anxiété*, Dr Roger Callahan
- *Brain Gym, le mouvement clé de l'apprentissage*, Drs Paul et Gail Dennison
- *Kinésiologie, le plaisir d'apprendre*, Dr Paul Dennison
- *Kinésiologie pour enfants*, Dr Paul Dennison
- *Le corps ne ment pas*, Dr John Diamond
- *Toute la kinésiologie*, Freddy Potschka

PROCESSUS D'AUTO-GUERISON EN PSYCHOTHERAPIE

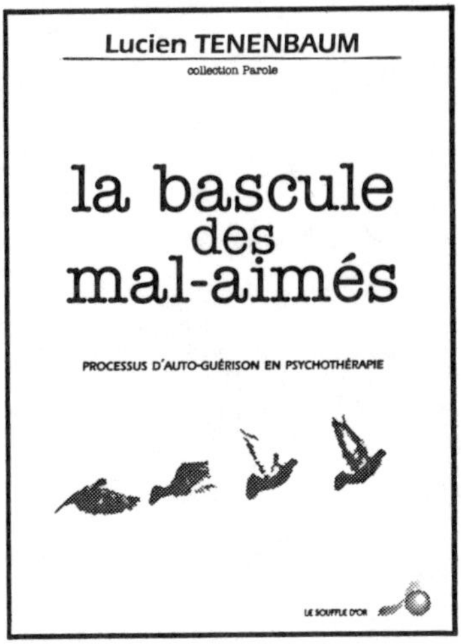

Dans ce livre, l'auteur aborde essentiellement le renversement radical du mal-amour, réservant les aspects plus techniques et théoriques à des ouvrages ultérieurs.

« Car ne s'agit-il pas, dans ce basculement, d'une rencontre — la rencontre enfin possible, au plus intime de l'être en souffrance, entre sa conscience et une dynamique qui le porte et que chacune de ses fibres connaît et reconnaît ? Dynamique que j'appelle l'amour, que d'autres peut-être appellent ou ont appelée Libido, Vis Vitalis, Désir, Christ, etc. »

Chaque chapitre est un essai articulé autour d'un des aspects que prend la bascule dans la pratique, et peut donc être lu indépendamment. S'y ajoute le thème particulier de la dépression.

Issu d'une pratique personnelle de la psychothérapie, le présent travail se veut d'abord outil proposé à tous ceux dont la vie reste en souffrance, ainsi qu'aux femmes et aux hommes engagés dans une thérapie, patients ou praticiens.

Lucien Tenenbaum a assumé pendant 16 ans la responsabilité de médecin chef psychiatre en établissement public. S'intéressant à des approches alternatives de la guérison, il développe à partir de 1989 sa propre pratique psychothérapeutique en libéral. Il utilise parfois une médiation corporelle, ou une médecine énergétique, toujours attentif à revenir à l'essentiel d'une destinée.

Un sentiment de vide intérieur, de solitude, d'inadéquation, de nostalgie spirituelle, est familière à nombre d'entre nous.
Pour échapper à cette souffrance essentielle, nous sommes tentés de plonger dans l'hyperactivité, les relations, ou l'usage de substances, c'est-à-dire dans des dépendances, dont le coût est très lourd (sanitaire, familial, social, etc.) Et cette recherche ne comble jamais notre manque profond.
S'appuyant sur son parcours personnel d'ancienne alcoolique, Christina Grof montre que la nature de ce désir intense est une soif d'unité et d'union avec notre source intérieure, comme le pensait Jung. Détaillant avec précision chaque étape, chaque rouage du mécanisme de la dépendance, Christina Grof dresse une véritable carte pour sortir de cette "marche dans le désert".
Elle interpelle chacun de nous, en qualité de dépendant potentiel, à regarder enfin ce sujet en face, sans évitement, ni dénégation, en toute simplicité : reconnaître notre état est vraiment le premier pas à faire, maintenant, ou lorsque nous toucherons le fond. Cette démarche a une immense valeur aussi au niveau social.
Le témoignage de Christina Grof est bouleversant par son exemplarité et par l'éclairage qu'elle offre sur ces domaines. Elle propose une démarche pragmatique avec entre autres le programme en 12 étapes, et une vaste réflexion philosophique, familiale et sociale. A notre époque de stress et d'éclatement, voici un guide plein de compassion et d'authenticité pour retrouver notre unité essentielle.

Christina GROF est thérapeute, conférencière internationale en psychologie transpersonnelle. Elle a écrit avec son mari Stéphane Grof : A la recherche du Soi. ■

Achevé d'imprimer en mai 1997
sur presse Cameron,
par ***Bussière Camedan Imprimeries***
à Saint-Amand-Montrond (Cher)

Dépôt légal : mai 1997.
N° d'impression : 1/1318.

Imprimé en France